Elisabeth von Thüringen

Ortrud Reber

Elisabeth von Thüringen

Landgräfin und Heilige

Eine Biografie

Verlag Friedrich Pustet

Bibliografische Information der Deutschen Nationalbibliothek

Die Deutsche Nationalbibliothek verzeichnet diese Publikation in der Deutschen Nationalbibliografie; detaillierte bibliografische Angaben sind im Internet unter http://dnb.d-nb.de abrufbar.

www.pustet.de

ISBN-10: 3-7917-2014-7
ISBN-13: 978-3-7917-2014-2

Umschlaggestaltung: Heike Jörss
Titelabbildung: Hl. Elisabeth, Holzfigur, Ende 14. Jahrhundert; Schloss Neuenburg
Gesamtherstellung: Friedrich Pustet, Regensburg
Printed in Germany 2006

Inhalt

Nachklänge

Vorwort

Wir feiern im Jahr 2007 den 800. Geburtstag der heiligen Elisabeth. Ihr Andenken ist in Deutschland und großen Teilen der Christenheit unvergessen. Gilt sie doch als die liebenswürdige, immer frohe und tatkräftige Heilige der Nächstenliebe, als ungarische Königstochter, als thüringische Fürstin und Landesmutter, als Krankenschwester in ihrer Hospitalgründung zu Marburg.

In unzähligen Elisabeth-Patrozinien, Elisabeth-Krankenhäusern und Elisabeth-Vereinen lebt so ihr Bild weiter.

Damit ist das Wesentliche über Elisabeths Leben gesagt. Und doch ist es ergänzungsbedürftig: Was war die Wurzel ihres Handelns, was der Kern ihrer Frömmigkeit? Vieles bleibt auch erklärungsbedürftig: Warum dieses unverständliche Fasten an der reichen landgräflichen Tafel, warum der Gehorsam gegenüber dem strengen Beichtvater Konrad von Marburg, warum das befremdliche Weggeben der eigenen Kinder? Schon diese Fragen lassen erkennen, dass Elisabeth eine Frau mit Ecken und Kanten war, dass ihr Lebensweg nicht geradlinig verlief. Eine Beantwortung der Fragen ist nur möglich, wenn man Elisabeth in ihre Zeit und Umwelt stellt. Sie war eine Frau des frühen 13. Jahrhunderts, in dem andere gesellschaftliche Normen herrschten als heute. Es war die Zeit der Kämpfe zwischen Staufern und Welfen, die Zeit des Minnesangs, der Kreuzzüge und der Städtegründungen, die Zeit der Armutsbewegungen, der Frühscholastik und der beginnenden Mystik. All dies ist mehr als ein farbiger Hintergrund für Elisabeths Leben – es bestimmt und gestaltet ihr Leben mit, ist ein Teil von ihm.

So wendet sich dieses Buch an den historisch interessierten Leser, der Elisabeth tiefer verstehen und sich von ihrer Gestalt faszinieren lassen will. Es wendet sich auch an den Historiker, der ein aus den Quellen gearbeitetes Werk mit wissenschaftlichen Nachweisen erwartet. Dabei werden nicht nur neuere Forschungen verwendet, sondern es können auch neue Ergebnisse vorgelegt werden. Zum Beispiel lassen sich durchaus nähere Angaben zum Geburtsdatum Elisabeths machen. Die Anmerkungen berücksichtigen vor allem die Quellenangabe; dort findet sich auch häufig der lateinische Wortlaut. Statt der Anmerkungen zur Sekundärliteratur muss auf das Literaturverzeichnis verwiesen werden. Um das Buch für alle gut verständlich zu halten, wurden die lateinischen Zitate übersetzt, schwerere mittelhochdeutsche Texte umschrieben und einige unvermeidbare Fachausdrücke bei ihrem ersten Gebrauch erklärt.

Möge das Buch dazu beitragen, Elisabeth in ihrer historischen Wirklichkeit ohne alle legendären Überzeichnungen vorzustellen.

Bamberg, im April 2006

Ortrud Reber

Die Quellen

Elisabeth lebte von 1207 bis 1231. Sie wurde in Ungarn geboren, kam mit vier Jahren nach Thüringen und starb in Hessen. In diesen vierundzwanzig Lebensjahren durchschritt sie die Stationen der Königstochter, der Landgräfin und der Hospitalschwester, die Entwicklungsstufen einer kindlich gelebten Frömmigkeit, der liebenden Ehefrau und Mutter, der ins Elend geratenen Witwe und der Mystikerin, die im leidenden Menschen Jesus Christus erkannte und schließlich ihr Leben der tätigen Nächstenliebe widmete.

Dies alles verraten uns die mittelalterlichen Quellen, die meist kurz nach Elisabeths Tod entstanden, wenn man sie nur zu lesen versteht. So sollen in diesem ersten Kapitel die Quellen zum Leben Elisabeths und, soweit greifbar, deren Verfasser vorgestellt werden. Quellen haben eine Entstehungsgeschichte, ihre Verfasser haben einen Standpunkt und verfolgen Zwecke. Jede Zeit hat ihre besonderen Ausdrucksmittel. Kennt man diese, kann man die Aussageabsicht des Autors erfassen und damit die Glaubwürdigkeit einer Quelle besser beurteilen.

Quellen zum Leben Elisabeths

Hier gibt es nur wenige Zeugnisse, die unmittelbar mit Elisabeth in Verbindung stehen. Immerhin sind Urkunden, Briefe, Bücher, Siegel, Münzen und Kleidungsstücke erhalten.

In einigen Urkunden wird Elisabeth genannt, indem sie ihre Zustimmung zu dem jeweils beurkundeten Vorgang gibt: Am 9. September 1221 geht es um eine Schenkung von Landgraf Ludwig IV. von Thüringen an das Kloster Ichtershausen, noch vor dem März 1222 um eine Verpfändung von Gütern an das Kloster Georgenthal. Am 7. April 1224 schickt Ludwig an das Kloster Kaufungen einen unrechtmäßig einbehaltenen Zins zurück, am 6. November 1225 verzichtet er zugunsten des Klosters Ichtershausen auf Rechte an fünf Hufen. In Vorbereitung des Kreuzzugs übergibt Ludwig mit Zustimmung Elisabeths sowie seiner „Söhne" (Elisabeth war schwanger) und Brüder im Jahr 1227 Konrad von Marburg das Verfügungsrecht über die landgräflichen Patronate. Papst Gregor IX. bestätigt dies mit

Brief vom 12. Juni 1227. 1223 gibt Elisabeth mit den anderen Familienmitgliedern ihre Zustimmung zur Gründung des Hospitals in Gotha. Später schreibt sie selbst an den Papst und bittet, dass die dortigen Hospitalbrüder eine Kapelle und einen Friedhof einrichten und einen Kaplan anstellen dürfen. Dieser Brief ist zwar nicht erhalten, doch beauftragt der Papst am 21. März 1229 den Erzbischof von Mainz, die erbetene Erlaubnis zu geben. Schließlich erteilt der Papst am 19. April 1229 dem von Elisabeth erbauten Franziskus-Hospital in Marburg einen Ablass und bestätigt auf Bitten Elisabeths am 11. März 1231 dem Hospital das Patronatsrecht über die Marburger Kirchen.

In einer Urkunde des Jahres 1230 bestätigt der ungarische König Bela IV. den Söhnen des nicht näher bekannten Grafen Berthold einen Besitz in Muhtsa (Klein-Mutschendorf), den dieser vor allem erhalten hatte, weil er und seine Gattin etwa ein Jahr bei Elisabeth in Thüringen verbracht hatten[1]. Vermutlich hatte dieses Ehepaar Elisabeth 1211 nach Thüringen begleitet.

Ein Brief von *Papst Gregor IX.* (1227–1241) an Elisabeth, der aber undatiert und nur in zwei Abschriften erhalten ist, dürfte in die schwerste Zeit Elisabeths, in das Jahr 1228 fallen, weil der Papst versucht, ihr Trost zu spenden, und zum Durchhalten ermuntert. Solche Briefe waren nichts Außergewöhnliches; z. B. tröstet Papst Gregor IX. auch die Herzogin Theodora von Österreich im Juli 1230 nach dem Tod ihres Mannes, Herzog Leopolds VI.[2].

Gregor IX. war am 19. März 1227 zum Papst gewählt worden. Als Kardinal Hugolino von Ostia hatte er die Armutsbewegung der Bettelorden geschützt, allerdings auch die Regel des Franziskanerordens – nicht im Sinn von Franziskus – beeinflusst. Als Papst sprach er Franziskus 1228, schon zwei Jahre nach dessen Tod, heilig und förderte seine Verehrung. Das Patrozinium des Franziskus-Hospitals in Marburg geht offensichtlich auf Gregors Anregung zurück.

Ein weiteres Charakteristikum seines Pontifikats war der Kampf gegen die Ketzer. So beauftragt Gregor IX. am 12. Juni 1227 Konrad von Marburg, zur Verfolgung der Ketzer in Deutschland sich Gehilfen zu nehmen. Am 11. Oktober 1231 lobt er Konrads bisheriges Vorgehen gegen die Ketzer, indem er bereits mehrere Häresien unschädlich gemacht habe. Er gestattet ihm, mehrere Gehilfen zu nehmen, weist ihn aber auch wegen des Verfahrens auf die geltenden Statuten hin[3] – ein versteckter Tadel? Später entzieht der Papst die Inquisition den Bischöfen und übergibt sie dem Dominikanerorden. In besonderem Maße waren der Kreuzzug und die damit verbundene Auseinandersetzung mit Kaiser Friedrich II. wichtige Anliegen von Gregor IX. Immer wieder fordert er, wie schon sein Vorgänger Honorius III., Prediger, Bischöfe und Landesherren zur Vorbereitung auf, so auch Landgraf Ludwig von Thüringen. Nach dessen Tod nimmt er Elisabeth in seinen besonderen Schutz und bestimmt Konrad von Marburg zu ihrem Verteidiger.

Überblickt man diese durch Schriften oder Urkunden belegten Ereignisse im Leben Elisabeths, so ergibt sich daraus schon ein wenn auch noch vages Bild von ihr. Sie unterschreibt in vermögensrechtlichen Urkunden der landgräflichen Familie, tritt in ihrer Sorge um zwei Hospitäler hervor und wird als Witwe eines Kreuzfahrers vom Papst beachtet. Dieser stand übrigens wie schon sein Vorgänger auch mit König Andreas II. von Ungarn und seinem Sohn Bela in Briefverkehr[4], so dass die Familie Elisabeths dem Papst gut bekannt war.

Siegel schließen jeweils eine Urkunde ab, sind aber seltener erhalten. Elisabeth besaß vermutlich kein eigenes Siegel; von ihrem Mann sind zwei bekannt. Das Siegel ihres Vaters, König Andreas II., von 1233, das auf der Rückseite den neun- oder siebenmal geschnittenen Schild hatte, gab das Vorbild für die rotweißen Balken im Wappen Thüringens bzw. Hessens. Von Elisabeths Schwiegervater, Landgraf Hermann I., sind Siegel für die Zeit von 1211–1216 nachweisbar, von seiner Gattin Sophia Siegel an Urkunden der Jahre 1222 und 1224[5].

Die Münzfunde sind für die Lebensgeschichte Elisabeths ergiebiger, da einige Brakteaten erhalten sind. Ein Brakteat war ein Hohlpfennig, aus dünnem Silberblech gestanzt und nur von einer Seite her geprägt; er konnte leicht hergestellt und daher für jede Regierungszeit oder Situation verändert werden. Von Landgraf Hermann I. gibt es Brakteaten, die ihn einmal als Reiter und einmal frontal thronend zeigen. Von Landgraf Ludwig IV. sind ein Reiterbrakteat und eine Darstellung als Kreuzfahrer überliefert. Am interessantesten ist der Brakteat, der Ludwig und Elisabeth nebeneinander sitzend zeigt: Ludwig trägt Barett und Schwert, am Mantel das Kreuz, Elisabeth hält in der Rechten ein Zepter, in der Linken einen Reichsapfel, also die Regierungssymbole. Dieser Brakteat, der um 1240 vergraben und 1860 im Münzschatz von Niederkaufungen gefunden wurde[6], muss aus der Zeit stammen, als Ludwig das Kreuz schon genommen (1224 oder 1226) oder Elisabeth als Regentin eingesetzt hatte (1226/27).

Regentschaftsmünze, Brakteat von 1226/27. Er zeigt Ludwig IV. als Kreuzfahrer, neben ihm Elisabeth mit Zepter und Reichsapfel.

Drei erhaltene Gebetbücher gehören zur Lebensgeschichte Elisabeths; zwei waren zeitweise in ihrem Besitz.

Der *Egbert-Psalter,* auf der Reichenau um 980 geschrieben, wurde in der Mitte des 11. Jahrhunderts im Auftrag von Gertruda, der Frau eines Kiewer Großfürsten, mit Gebeten und Miniaturen erweitert und etwa hundert Jahre später mit Nekrolog-Einträgen versehen, die zum Teil aus dem Hause Andechs stammen. Wohl über die Mutter Gertrud oder die Tante Hedwig von Schlesien kam der Psalter an Elisabeth. Diese schenkte ihn 1229 auf Wunsch ihres Onkels Berthold dem Dom von Cividale, wie ein Eintrag des 16. Jahrhunderts vermerkt[7].

Der sog. *Elisabeth-Psalter* wurde zwischen 1200 und 1210 wohl in Niedersachsen geschrieben und mit reichem Bilderschmuck versehen. Das Bild der Trinität zeigt in anbetender Haltung Landgraf Hermann I. und seine Frau Sophia, zwischen ihnen die Kirche „Renhersburdin", also Reinhardsbrunn. Man nimmt an, dass dieses Buch für Sophia angefertigt wurde. Es enthält wie das folgende außer den Psalmen einen Kalender, Gebete und Litaneien, als Nachtrag ein Gebet für den verstorbenen Landgrafen Hermann. Sophia wird das Buch Elisabeth gegeben und diese es wohl gleichzeitig mit dem Egbert-Psalter dem Dom von Cividale geschenkt haben. Der diesbezügliche Eintrag stammt aus dem 14. Jahrhundert.

Der sog. *Landgrafen-Psalter* wurde vermutlich zwischen 1211 und 1213 (1211 politische Annäherung von Thüringen, Böhmen und Ungarn, 1213 Ermordung Gertruds) in der gleichen niedersächsischen Werkstatt gefertigt. Er zeigt auf Miniaturen drei Herrscherpaare: Landgraf Hermann I. mit Sophia, König Andreas II. mit Gertrud und das mit beiden Häusern verwandte böhmische Königspaar Ottokar I. und Constantia. Vermutlich war dieses Buch für Hermann hergestellt worden. Es verblieb mindestens bis 1363 in Thüringen, kam dann ins Kloster Weingarten und nach der Säkularisation nach Stuttgart in die Württembergische Landesbibliothek.

Von den Kleidungsstücken, die Elisabeth zugeschrieben werden, könnten dem Alter und der Überlieferungsgeschichte nach drei von Elisabeth getragen worden sein. Der sog. Rock Elisabeths, auch Krönungsmantel Gertruds genannt, ist eine hüftlange Tunika, die aus Stoffteilen eines früheren Gewandes besteht, dessen Form und Größe nicht mehr feststellbar sind. Der Stoff ist ein grau-beiges Seidengewebe aus dem 11. Jahrhundert. Nach dem Inventar des Klosters Andechs von 1518 wurde Gertrud von Ungarn in diesem Gewand gekrönt. Elisabeth habe es als Brautrock getragen und es dem Kloster geschenkt. 1457 vermerkt die Heiltumsliste von Andechs, dass 1388 eine Reliquie Elisabeths darin eingewickelt gewesen sei.

Das sog. Bußgewand Elisabeths ist eine „cotte", ein Schlupfgewand aus bräunlichem Wollstoff, und stammt aus dem ersten Drittel des 13. Jahrhunderts. Es ist nur zur Hälfte erhalten, wurde 1976 im Württembergischen Landesmuseum restauriert und dabei mit braunem Stoff unterlegt. Es soll nach 1231 in das Deutschordenshaus nach Weißenburg im Unterelsass und von dort in das Frauenkloster Tiefenthal bei Eltville gekommen sein, das 1237–1273 der Aufsicht des Deutschen Ordens unterstand. 1803 nach Aufhebung des Klosters schenkte Fürst Carl von Nassau-Usingen das Gewand der Pfarrkirche St. Martin in Oberwalluf, wo es sich heute noch befindet.

Das sog. Unterkleid Elisabeths stammt aus dem ersten Drittel des 13. Jahrhunderts und wurde bis 1803 im Kloster Altenberg aufbewahrt, wo es nach Elisabeths Tod ihre Tochter Gertrud erhalten haben dürfte. Über die Reichsgrafen von Waldeck und Pfarrer Holsinger kam es 1850 an das Mutterhaus der Barmherzigen Schwestern in Trier. Das ärmellose Gewand oder Hemd besteht aus zwei Stofflagen und einer wärmenden Zwischenschicht, seine Rückenbreite an der Oberkante der Armschlitze beträgt 37,5 cm. Sollte Elisabeth das Gewand wirklich getragen haben, ließe diese Größenangabe auf eine eher stattliche Figur Elisabeths schließen.

Schriften des Kanonisationsverfahrens

Die Schriften, die zur Durchführung des Kanonisationsprozesses entstanden sind, bilden naturgemäß die wichtigsten Quellen für die Lebensgeschichte Elisabeths. Doch schildern sie nicht ihren Lebenslauf. Sie wollen vielmehr zeigen, wie Elisabeth ihr Leben gestaltete, wie sie ihr Lebensschicksal bewältigte. Durch die Hervorhebung ihrer Religiosität und ihrer Tugenden sollen sie beweisen, dass Elisabeth eine Heilige war. Insofern handelt es sich um zweckgebundene Schriften.

Für einen Kanonisationsprozess hatte erstmals 1200 Papst Innozenz III. anlässlich der Kanonisation von Kaiserin Kunigunde die alleinige Zuständigkeit des Papstamtes beansprucht. Drei Phasen sind nachweisbar, wie sie sich bis 1234 herausgebildet hatten:

Die *Petitio*, die Bitte zur Eröffnung des Verfahrens, die sich bereits auf die Schilderung des Lebens und einen Wunderbericht stützen musste, wurde im Fall Elisabeths durch Konrad von Marburg 1232 vollzogen.

Die *Informatio*, nähere Erkundungen an Ort und Stelle durch eine päpstliche Kommission, erfolgte durch zwei verschiedene Kommissionen, die die Berichte im Februar 1233 und Januar 1235 erstellten.

Die *Publicatio* veröffentlichte die Kanonisation durch den Papst im Mai 1235 mit der Kanonisationsbulle.

Die *Translatio*, die Erhebung der Gebeine im Mai 1236, bildete den feierlichen Abschluss des Verfahrens.

Die erste Phase wurde durch einen oder mehrere Briefwechsel zwischen Konrad von Marburg und der Kurie, näher dem päpstlichen Kaplan und Pönitentiar Raymund von Peñaforte, eingeleitet, indem Konrad einen Kanonisationsprozess erbat und Raymund ihn mehrmals aufforderte, über Wunder zu berichten. Als der Mainzer Erzbischof und mehrere Prälaten am 10. August 1232 zur Weihe der beiden Altäre in der neuen Grabeskapelle Elisabeths nach Marburg gekommen waren, ergriff Konrad die Gelegenheit, den Erzbischof zu veranlassen, die zusammengeströmten Menschen nach Wundern am Grab Elisabeths zu befragen und daraus einen Wunderbericht zusammenzustellen: Es entstand der *1. Wunderbericht* mit 60 Wundern, aufgenommen am 11. August 1232 von Erzbischof Siegfried III. von Mainz, den Äbten der Zisterzienserklöster Arnsburg und Bildhausen, der Prämonstratenserklöster Rommersdorf, Arnstein und Cappel, den Pröpsten von Bingen und Wirberg, dem Dekan von Momberg und den Predigern Konrad von Marburg und Angelus OFM. Konrad verfasste als Lebensabriss Elisabeths die *Summa vitae* und schickte beides mit einem *Begleitbrief* an den Papst.

Dieser gab in Briefen vom 13. und 14. Oktober 1232 nähere Anweisungen zu den Zeugenverhören und bestellte die päpstliche Kommission. Daraufhin wurde im Februar 1233 die *Epistola examinatorum sanctae Elisabeth ad dominum papam* zusammengestellt, die drei Teile enthält: ein einleitendes Schreiben, die Summa vitae und einen *2. Wunderbericht* von 106 Wundern, aufgenommen durch Erzbischof Siegfried von Mainz, Zisterzienserabt Raymund von Eberbach und Magister Konrad von Marburg. Die Epistola sollte in Marburg bleiben, bis der Papst sie anforderte; Konrad schickte aber doch eine Abschrift sofort nach Rom.

Die Anforderung des Papstes kam erst mit einem Brief vom 11. Oktober 1234, in dem der Papst eine neue Kommission einsetzte, nachdem Konrad von Marburg gestorben war und der Mainzer Erzbischof im Streit mit den Thüringer Landgrafen lag. Diese Kommission, bestehend aus Bischof Konrad II. von Hildesheim und Zisterzienserabt Hermann von Georgenthal (Abt Ludwig von Hersfeld beteiligte sich nicht), verfasste zwei neue Berichte: den *3. Wunderbericht* vom Januar 1235 mit 24 neuen und den zum Teil neu bestätigten Wundern von 1233 und den *Libellus de dictis quattuor ancillarum sanctae Elisabeth,* ein Bericht, der auf den Zeugenaussagen über das Leben Elisabeths beruht.

Beide Berichte führten zur Heiligsprechung Elisabeths am 27. Mai 1235 in Perugia, die der Papst mit der *Kanonisationsbulle* vom 1. Juni 1235 bestätigte. Am 1. Mai 1236 fand die Translation Elisabeths in Marburg statt.

Da die drei Wunderberichte sich nur mit Wundern am Grab Elisabeths befassen, für ihre Lebensgeschichte aber nichts aussagen, sollen sie hier nicht weiter verfolgt werden. Wenden wir uns Konrad von Marburg zu, dem Initiator von Elisabeths Heiligsprechung.

Konrad von Marburg und seine Summa vitae

Konrad wurde 1180/90 vermutlich in Marburg geboren, dem er zeitlebens verbunden blieb. Er wurde Weltgeistlicher und Magister. Sein Siegel zeigt ihn mit langem Talar (was auch für einen Prämonstratenser denkbar wäre), Buch und Kreuzfahne; die Umschrift lautet: *Sigillum magistri Cunradi predicatoris verbi Dei*[8]. Konrad wurde in die Gebetsgemeinschaft des Prämonstratenserklosters Arnstein aufgenommen, stand also diesem Orden nahe. Später arbeitete er auch mit Dominikanern und Franziskanern zusammen.

Als Kreuzzugsprediger wird Konrad erstmals 1216 für die Bremer und Trierer Kirchenprovinz bestellt, 1218 für die von Mainz und Meissen, 1227 wieder für Bremen. Konrad predigt aber auch im ganzen Reich.

Konrad scheint diplomatisches Verhandlungsgeschick besessen zu haben. Er wird 1218 vom Papst beauftragt, im Streit zwischen dem Kloster Nienburg und dem sächsischen Herzogshaus zu vermitteln. Er dient den Erzbischöfen Siegfried II. und Siegfried III. von Mainz als Bevollmächtigter in Rechtsgeschäften und Besitzstreitigkeiten. 1228 gelingt ihm die einvernehmliche Regelung über Elisabeths Witwengut und Ausgleichszahlung. 1232 kann er den Streit zwischen Landgraf Konrad und Erzbischof Siegfried III. von Mainz beilegen.

Völlig undiplomatisch geht Konrad allerdings bei seinem weiteren Auftrag vor, der Ketzerbekämpfung. Der Mainzer Erzbischof Siegfried II. scheint Konrad beauftragt zu haben, Ketzer aufzuspüren, um sie vor das zuständige bischöfliche Gericht zu stellen. Am 12. Juni 1227 befiehlt ihm der Papst, er solle dies weiterführen und sich dazu Gehilfen nehmen. Gleichzeitig beauftragt er ihn, für Reformen bei Pfarrern und Mönchen zu sorgen. Nachdem sich die weltlichen Gesetze unter Kaiser Friedrich II. geändert hatten und nachdem als geistliches Gericht das Inquisitionsverfahren eingeführt worden war, setzte der Papst am 11. Oktober 1231 Konrad von Marburg als selbständigen Ketzerrichter ein. In den folgenden Gerichtsverfahren, in denen die bei bisherigen Verfahren notwendige Gegenüberstellung von Angeklagtem und Zeugen nicht stattfand, verurteilte Konrad Hunderte von angeblichen Waldensern und Luziferianern (diesen wurde die Anbetung des Teufels nachgesagt) zum Tod. Der Mainzer Erzbischof versuchte zu mäßigen, König Heinrich (VII.) selbst bewahrte den angeklagten Grafen Heinrich von Sayn im fürstlichen Standesgericht vor der Verurteilung. Konrad von Marburg wurde von Anhängern des Grafen am 30. Juli 1233 in der Nähe von Marburg erschlagen[9].

Da Konrad erst fünf Wochen vor Elisabeths Tod zum Ketzerrichter ernannt wurde und er in den Jahren vorher für den Kreuzzug und kirchliche Reformen gepredigt hatte, kann es sein, dass Elisabeth von dieser letzteren Tätigkeit Konrads wenig erfahren hat. Auf sie macht Konrad, als er 1226 als Kreuzzugsprediger an den thüringischen Hof kommt, großen Eindruck, weil er arm ist, auf einem Maultier statt auf einem Pferd reitet, asketisch und sich selbst gegenüber streng ist und damit für Elisabeth eine konsequent lebende und dadurch überzeugende Persönlichkeit darstellt. Sie erwählt ihn im Frühjahr 1226 zu ihrem Beichtvater und gelobt ihm Gehorsam mit Ausnahme der Rechte ihres Mannes. In der Marburger Zeit hat sie allerdings zunehmend Furcht vor ihm; sie fürchtet ihn an Gottes Statt. Anfang 1228 bestimmt der Papst Konrad zum Defensor der verwitweten Landgräfin, Ende des Jahres wird er auch der Verwalter des neuerbauten Hospitals in Marburg[10]. So ist Konrad mit Elisabeths geistlichem Leben wie mit ihren weltlichen Angelegenheiten bestens vertraut.

Dies gibt der *Summa vitae* ihr Gewicht. Sie ist nicht nur die älteste, sondern auch eine der wichtigsten Quellen für das Leben Elisabeths. Konrad beschränkt sich in seinem Bericht auf die Zeit zwischen 1226 und 1231, also auf die Zeit seiner persönlichen Bekanntschaft mit Elisabeth. Dabei geht er nicht auf Einzelheiten des täglichen Lebens ein, sondern berichtet eher summarisch. So übergeht er z. B. das Gehorsamsgelübde Elisabeths von 1226. Man muss auch berücksichtigen, dass Konrad selten in Thüringen und nur zeitweise in Marburg anwesend war; er war ein Wanderprediger, der sich der Kreuzzugspredigt und später der Ketzerbekämpfung widmete. Begreiflich, dass der päpstlichen Kommission die Summa vitae nicht als alleinige Grundlage eines Heiligsprechungsverfahrens genügte.

Eine zweite Einschränkung ist zu machen: Nach Elisabeths Tod war Konrad wie viele andere Menschen von ihrer Heiligkeit überzeugt. Er war bestrebt, Elisabeth möglichst bald kanonisieren zu lassen: Eine Heilige, die so überzeugend den Glauben gelebt hatte, könne eine wirksame Hilfe in der Bekämpfung der Ketzer sein; sie könne diesen als leuchtendes Vorbild dargestellt werden. So schließt der 1. Wunderbericht: *Wir bitten Euch, wenn Ihr dies gelesen habt, zur Stützung der gesamten Kirche und zur Widerlegung der Schlechtigkeit der Ketzer, Elisabeth für würdig zu erachten, dass sie dem Verzeichnis der Heiligen eingereiht wird*[11]. Dieses Bestreben, Elisabeth als Heilige herauszustellen, scheint Konrad an einigen Stellen zu einer bewusst unklaren Ausdrucksweise veranlasst zu haben. Es lässt sich z. B. nicht feststellen, ob Elisabeth oder Konrad den Plan zur Hospitalgründung in Marburg hatte. Konrad schreibt ihn Elisabeth zu, vermutlich um ihre Verdienste zu mehren.

Andererseits schont Konrad sein eigenes Ansehen, indem er sein oft schroffes oder ungerechtes Verhalten gegenüber Elisabeth herunterspielt. Er entschuldigt es damit, dass Elisabeth im geistlichen Leben voranschreiten wollte und er sie vor Ansteckung habe schützen wollen[12]. Die genannten Tendenzen in der Darstellung Konrads müssen berücksichtigt werden, wenn man zu einer ausgewogenen Bewertung seiner Zeugnisse gelangen will.

Die *Forma de statu mortis Lantgraviae de Thuringia,* als Privatbrief eines ungenannten Autors über den Tod Elisabeths und die ersten Wunder bezeichnet[13], ist im Wesentlichen ein Auszug aus der Summa vitae, in eigener Wortwahl und mit etlichen Umstellungen. Z. B. weist Elisabeth Konrads Frage nach ihrem Testament in recht vorwurfsvoller Form zurück: Sie habe im Gehorsam ihm gegenüber schon alles hergegeben – vermutlich ein literarischer Kunstgriff, die früheren Verzichte Elisabeths hier zur Sprache zu bringen. Kleinere Zusätze fallen auf: Elisabeth habe nicht nur über Lazarus, sondern auch über Martha und Maria und über die erhoffte Seligkeit gesprochen, und Jesus habe drei Mal geweint – über Lazarus, über Jerusalem und am Kreuz. Die Angabe über Elisabeths Fröhlichkeit könnte aus dem Libellus stammen. Es werden zwölf Wunder aufgezählt, acht davon mit genauer Tagesangabe, aber ohne Namen.

Der Libellus de dictis quattuor ancillarum sanctae Elisabeth

Der *Libellus,* wie das Büchlein der Einfachheit halber in der Elisabeth-Literatur immer genannt wird, ist das Ergebnis der Zeugenverhöre, die die zweite Kommission über das Leben Elisabeths durchführte. Denn während die erste päpstliche Kommission unter der Leitung Konrads von Marburg noch der Meinung war, es genüge, dessen Summa vitae durch einige unter Eid vernommene Schwestern aus dem Marburger Hospital bestätigen zu lassen[14], führte die zweite päpstliche Kommission ab 1. Januar 1235 ausführliche Zeugenverhöre über das Leben Elisabeths durch. Bischof Konrad von Hildesheim und Abt Hermann von Georgenthal vernahmen im Januar/Februar 1235 Guda, die Gefährtin Elisabeths von Kindheit an, Isentrud von Hörselgau, Hofdame Elisabeths von der Geburt ihres ersten Kindes an, drei Mitschwestern am Hospital in Marburg und den Pfarrer von Marburg. Aus den Aussagen wurde ein Bericht zusammengestellt und nach Rom gesandt, der sogenannte *„kurze Libellus".*

Dieser wurde bald darauf zum so genannten *„langen Libellus"* umgearbeitet, nach der Kanonisation und noch vor dem 22. August 1241, dem Todestag Papst Gregors IX. Der Bearbeiter stellt als Prolog die Predigt *Ad decus et honorem* voraus, erweitert den Text mit Stellen aus der Summa vitae, der Kanonisationsbulle und Zusätzen, die offenbar aus bisher nicht aufgenommenen Stellen der Zeugenverhöre stammen, sowie mit Schriftzitaten und schließt mit einem Epilog. Der Verfasser ist unbekannt; es könnte ein Marburger Deutschordens-Geistlicher gewesen sein.

Beide Fassungen des Libellus finden sich auch mit dem Prolog *Cum multi discant verba scolae*[15]. Häufig wurde der Libellus in Lektionen eingeteilt, um ihn zum Stundengebet verwenden zu können. Als sachlicher Bericht entsprach er jedoch nicht der literarischen Form eines Heiligenlebens, zumal sich aus ihm eher der zeitliche Ablauf der Zeugenvernehmungen als der des Lebens Elisabeths erkennen lässt. So entstanden noch im 13. Jahrhundert etliche Viten der hl. Elisabeth, die ihre Kenntnisse lediglich aus dem Libellus und der Summa vitae schöpfen[16]. Sofern sie nicht weitere Aufschlüsse bringen, werden sie als Quellen hier übergangen.

Wer Zeugenverhöre liest, weiß, dass die Antworten wesentlich von den gestellten Fragen abhängen; was nicht gefragt wird, wird auch nicht berichtet. Nun gibt das päpstliche Schreiben vom 13. Oktober 1232 sehr detaillierte Vorgaben, wonach die Zeugen der Wunder befragt werden sollten, begnügt sich aber bezüglich des Lebens von Elisabeth mit einer allgemeinen Formel. Diese lautet im Brief vom 14. Oktober 1232, geeignete Zeugen seien über *das Leben und den Wandel* Elisabeths zu befragen[17]. Wir erfahren von keinem Tugendkatalog und bestimmten Heiligkeitskriterien, die vorgelegt worden wären. Die Aussagen von drei Mägden Elisabeths beziehen sich jedes Mal auf die Frage nach dem Leben und dem Wandel Elisabeths[18], während Hildegund und der Pfarrer nur zu einem bestimmten Vorgang befragt werden. Am Ende des Zeugenverhörs werden Guda und Isentrud nochmals befragt, wie lange sie mit Elisabeth zusammen gewesen seien und woher sie alles wüssten. Auch scheint es mir möglich, dass Irmengard am Schluss noch einzelne Fragen vorgelegt wurden, denn ihre bis dahin gegebenen Berichte werden nun abgelöst durch kurze, ohne Zusammenhang aneinandergereihte Abschnitte, die gut als Antworten passen würden auf Fragen nach Elisabeths Demut, Arbeitshaltung, Fürsorge für Arme, Gehorsam, Gabe der Tränen, Heiterkeit, Heiligenverehrung und Geduld. Auf jeden Fall waren die Kommissare nun überzeugt, dass sie genügend über die Heiligkeit, Demut, Geduld und das Urteilsvermögen Elisabeths aufgeschrieben hatten[19].

Wer sind nun die genannten „geeigneten Zeugen“? Unter der Bezeichnung „vier Mägde“ verbergen sich einzelne Personen in ganz verschiedenen Beziehungen zu Elisabeth.

Da ist *Guda*, die mit fünf Jahren der vierjährigen Elisabeth als Zofe und Spielgefährtin beigesellt wird. Man erfährt nichts von Geschlecht und Herkunft. Am Thüringer Landgrafenhof mit seinen zahlreichen Kindern – die Tochter Agnes war gerade ein Jahr älter als Elisabeth – hat man kaum ein weiteres Mädchen „angeworben". Eher ist anzunehmen, dass die ungarische Königin Gertrud ihrer Tochter ein Mädchen aus einer ihr vertrauten Familie mitgegeben hat. Das Königspaar schickte ja auch den Grafen Berthold und seine Gemahlin für ein Jahr zur Betreuung Elisabeths und zum besseren Eingewöhnen mit. Wie diese könnte Guda einer der zahlreichen deutschen Familien entstammen, die Gertrud in Ungarn förderte. Denn Guda muss ein deutschsprachiges Mädchen gewesen sein, damit Elisabeth, die sicher zweisprachig aufgewachsen war, sich nun ganz auf die deutsche Sprache konzentrieren konnte. Auffallend ist, dass Guda, nachdem sie von Konrad aus Marburg weggeschickt worden war, nicht zu ihrer Familie zurückkehren konnte oder wollte; sie wurde von Isentrud von Hörselgau aufgenommen. Die Trennung wird Guda mehr getroffen haben als Elisabeth: Diese hatte ihr Hospital und darin ihre Aufgabe, Guda war sie genommen. Sie hatte offenbar ihr ganzes Leben auf die Begleitung Elisabeths ausgerichtet. Getreu machte sie alles mit: Speisegebot, Verlassen der Wartburg, Reise nach Franken, Hospitalbau in Marburg und Einkleidung zur Religiosen. Von daher ist der Wert ihrer Zeugenaussage zu beurteilen: Mit Ausnahme der vier ersten und der zwei letzten Lebensjahre Elisabeths konnte sie über deren ganzes Leben Auskunft geben. Sie kannte sie sehr gut und war ihre Vertraute, Elisabeth liebte sie ganz besonders[20]. Gemäß ihrer religiösen Einstellung fühlte sich Guda der Wahrheit ihrer Aussagen verpflichtet.

Guda lebte weiterhin als eine Art Begine sehr asketisch. Mitte des 13. Jahrhunderts schreibt Konrad Holtnicker, Franziskanerprovinzial in Sachsen, über Guda in einer Elisabeth-Predigt, sie lebe in einer solchen Abtötung, dass sie weder Brot noch Fleisch noch Fisch esse, keinen Wein trinke und auf dem Bretterboden schlafe. Nach einer späten und daher unter Vorbehalt zu benutzenden Erzählung der Cronica Reinhardbrunnensis zum Jahr 1252 wohnte Guda in Hörselgau in ihrem Haus, bis sie wegen einer Erkrankung zur ärztlichen Behandlung nach Erfurt ging, wo sie starb. Dem Kloster Reinhardsbrunn sei es gelungen, ihren Leichnam als kostbaren Schatz in der Kirche zu begraben. Guda sei *die treueste Mitarbeiterin in allen Tugenden Elisabeths* gewesen[21].

Isentrud wird als *vidua religiosa de Hursilgowe* vorgestellt, die von 1222 bis 1228/29 in Elisabeths Familie lebte und dabei mit ihr so vertraut war, dass sie alle ihre Geheimnisse wusste. Ob Isentrud, als sie Hofdame wurde, schon eine – doch wohl eher junge – Witwe war oder eine Ehefrau, deren Kinder allmählich selbständig wurden und deren Mann im Dienst des Landgrafen stand, ist nicht zu beantworten. Es könnte sein, dass der Ministeriale Hertwich von Hörselgau ihr Mann war. Dieser begegnet in etlichen Urkunden des Landgrafen Ludwig von 1220 bis 1227 als Zeuge und muss gemäß der letzten vom Frühsommer 1227 für die Rückgabe eines Waldes von Kloster Georgenthal an Reinhardsbrunn sorgen[22]. Nach dem Kreuzzug wird er nicht mehr genannt; möglicherweise ist auch er dabei umgekommen. Unter der Annahme, Hertwich wäre Isentruds Mann gewesen, wäre sie etwa zur gleichen Zeit wie Elisabeth Witwe geworden. Wie dem auch sei, Isentrud konnte sich, nachdem sie Marburg verlassen hatte, nach Hörselgau zurückziehen. Sie wird in diesem Dorf ein Haus als Witwensitz erhalten haben, in dem sie mit Guda leben konnte. Die beiden Frauen besuchen Elisabeth in Marburg ein oder mehrere Male. Nachrichten aus späterer Zeit sind über Isentrud nicht erhalten[23].

Isentrud sagt als Zeugin vor allem über Elisabeths Ehezeit aus. Dabei beobachtet sie scharf und kann sich gut in Elisabeth einfühlen. Mit ihr legt sie das Gelübde ab, nach dem Tod ihres Mannes nicht mehr zu heiraten[24], und gilt als Religiose. Als Elisabeth die Wartburg verlassen hat, steht ihr Isentrud getreu zur Seite. Sie hätte auch weiterhin das Leben im Marburger Hospital gerne mit ihr geteilt. Bei der Bewertung von Isentruds Aussage ist zu beachten, dass sie als die vertraute Freundin[25] immer gut von Elisabeth spricht. Eine parteiische Stellungnahme ist aber nicht zu beobachten. Verständlich wäre, wenn Isentrud und Guda auf Konrad von Marburg nicht allzu gut zu sprechen wären. Sie bringen aber keine Klagen über ihn vor, weisen vielmehr öfter auf seine religiöse Motivation hin. Dagegen stellt Isentrud ihre Nachfolgerinnen nicht sehr schmeichelhaft vor. Es seien finstere Frauen, von denen Elisabeth viel Unterdrückung erfahren habe[26]. Selbst Konrad von Marburg charakterisiert die eine als unansehnliche Jungfrau, die andere als taube und sehr finstere Witwe[27]. Besagte Jungfrau könnte die Dienerin *Elisabeth* oder *Irmengard* gewesen sein, die von der Kommission vernommen wurde. Die Witwe wird von der Forschung als *Hedwig von Seebach* identifiziert, die aber nicht aussagt – vielleicht war sie zu schwerhörig oder von Marburg nach ihrem Gut verzogen.

Die Dienerin Elisabeth war eine Hospitalschwester. Sie hatte das graue Kleid genommen und wird im Wunderbericht von 1232 als *soror Elisabeth, que custodit eciam sepulcrum*[28] bezeichnet. Von der Jahreswende 1228/29 bis November 1231 war sie Elisabeth als Dienerin zugeordnet. Im Zeugenverhör von 1235 erzählt sie nach kurzen Bemerkungen über die Tätigkeit Elisabeths im Hospital drei Episoden ausführlich: die große Geldverteilung Elisabeths in Marburg, während ihres Aufenthalts in Wetter die Bekehrung des Junkers Berthold und den Vorfall mit der pflichtvergessenen Wöchnerin, bei dem die Hospitalschwester zeigt, dass sie bereits der Fürbitte Elisabeths vertraut. Auch berichtet sie vom Sterben Elisabeths[29].

Die Dienerin Irmengard, ebenfalls Hospitalschwester, ist nur aus ihren eigenen Aussagen bekannt. Sie kann den Vorfall mit Berthold bestätigen und berichtet dann ausführlich vom Alltagsleben im Hospital. Möglicherweise begleitete sie ihre Herrin auf einer Reise nach Kitzingen. Doch wahrscheinlich hat sie die Episode, dass Elisabeth nicht baden wollte, nur aus einer Erzählung gekannt. Denn Irmengard weiß einige Vorkommnisse aus früherer Zeit zutreffend darzustellen, so das Verlassen der Wartburg, und berichtet auch von ernsthaften Gesprächen mit Elisabeth. Sie geht mit ihr nach Altenberg und wird dort mit ihr zusammen gegeißelt. Auch bei Elisabeths Tod ist sie anwesend[30].

Eine dritte Hospitalschwester wird um ihre Aussage gebeten. Dies ist *Hildegund,* über deren Missgeschick bei der großen Geldverteilung und ihren Entschluss zum Eintritt in die Hospitalgemeinschaft die Dienerin Elisabeth berichtet hatte. Hildegund, die im Hospital anwesend ist und deren schöne Haare auch der Kommission gefallen, bestätigt und beschwört den Vorfall. Das tun ebenso der Leutpriester von Marburg und viele andere[31].

So gibt der Libellus ein farbiges Bild vom Leben Elisabeths. Die Zeuginnen wurden vereidigt und hätten auch kaum Interesse an einer Verfälschung gehabt. Sie praktizierten ein geistliches Leben, da sie selbst Religiose waren. Das mag sicher zu einer gewissen Einseitigkeit der Darstellung geführt haben – viele Fragen nach zeitlichen Ereignissen bleiben offen.

Die o. g. Predigt *Ad decus et honorem* wurde bei der ersten Bearbeitung dem langen Libellus vorangestellt. Der unbekannte Prediger bietet in ihr keine weiteren Erkenntnisse über Elisabeth, wohl aber eine Bewertung ihres Tuns, und versucht eine stilistisch einwandfreie Strukturierung. Damit ist die Predigt ein Zeugnis für das Heiligkeitsideal. Elisabeth habe bei sich die sieben Laster Stolz, Zorn, Neid,

Geiz, Begierlichkeit, Ausschweifungen und Trägheit ausgerottet und die Tugenden eingepflanzt. Sie sei ein Beispiel für gute Sitten, Buße und Unschuld geworden; Ehefrauen, Witwen und auch Jungfrauen könnten von ihr lernen. So sei sie eine *feminei sexus apostola* geworden. In der *Conclusio* weist der Verfasser auf die Translation und auf Wunder hin und fordert auf, Gott zu loben[32].

Die Kanonisationsbulle Gloriosus in maiestate vom 1. Juni 1235 wurde von Papst Gregor IX. oder einem Geistlichen der Kurie verfasst. Sie zieht eine Parallele von Christus, dem König, der in Menschengestalt herabstieg, zu Elisabeth, die, aus königlichem Geschlecht, sich zur Magd der Armen und Kranken machte. Der Name Elisabeth wird als *dei saturitas*, Sättigung Gottes, gedeutet: Durch die Erquickung der Armen habe sich Elisabeth das Brot der Engel verdient. Auf ihr vorbildliches Eheleben, ihre Askese und ihr reiches Gebetsleben wird hingewiesen. Sie sei dadurch zum Vorbild des rechten Glaubens gegen die Ketzerei geworden.

Schriften im Umfeld von Kanonisation und Translation

Der Brief von Papst Gregor IX. an Beatrix, Königin von Kastilien, Toledo und Leone vom 7. Juni 1235, eine Tochter des deutschen Königs Philipp, greift die Namensdeutung von Elisabeth und das Thema der Predigt *Vas admirabile* auf, die der Papst bei der Heiligsprechungsfeier gehalten hat. Sie ist verloren – in diesem Brief könnte sie in etwa erhalten sein. Was im Buch Jesus Sirach (Vers 43,2) von der Sonne ausgesagt wird: *wunderbares Gefäß, Werk des Höchsten,* wendet der Papst auf Elisabeth an. Sie sei von Gott erwählt worden, habe Wahrheit, Liebe und Stärke erhalten und habe in wahrem Mitleid den Armen und Kranken gedient.

Weder in der Kanonisationsbulle noch in diesem Brief des Papstes werden Einzelheiten vom Leben Elisabeths mitgeteilt. Der Papst hatte nur die von den Kommissionen gesandten Unterlagen lesen können, weswegen hier keine weitergehenden Kenntnisse vermittelt werden. Vermutungen über andere Prozessunterlagen, die eingesandt, aber nicht verwertet wurden, bleiben reine Spekulation. Im Grunde würden sie sogar dem folgenden Schreiben widersprechen.

Der Traktat *Processus et ordo canonisationis beate Elyzabet propter quorundam detractiones et calumpnias,* könnte von Raymund von Peñaforte stammen und ist vermutlich zwischen Kanonisation und

Translation entstanden. Er nimmt das korrekte Heiligsprechungsverfahren gegen Angriffe in Schutz und erzählt von den Feierlichkeiten am Tag der Kanonisation. Für das Leben Elisabeths ist der Traktat nur wichtig, weil er auf die Vereidigung der Zeugen Wert legt und damit ihre Glaubwürdigkeit bestärkt. Ein Zusatz auf drei Handschriften vermerkt, dass an der Kurie die Lebensführung eines Menschen mehr als die Wunder beachtet würde[33].

Zur Translation Elisabeths

Über die Translation Elisabeths am 1. Mai 1236 berichten fünf Quellen: ein Brief Kaiser Friedrichs II. an Elias von Cortona, die Annalen des Klosters St. Pantaleon in Köln, die „Zwettler Vita", die Narratio brevis und eine Predigt des Caesarius von Heisterbach. Aus dem Vergleich dieser Quellen lassen sich Rückschlüsse auf ihre Absichten und ihre Glaubwürdigkeit ziehen.

Kaiser Friedrich II., ein Vetter von Elisabeths Mann, Landgraf Ludwig IV., war 1227 wegen des Abbruchs des Kreuzzugs vom Papst gebannt worden. In seinem Rechtfertigungsschreiben führte er den Aufschub auf seine eigene Erkrankung und den Tod Ludwigs zurück. Im nächsten Jahr hatte Friedrich II. als Gebannter den Kreuzzug mit Erfolg durchgeführt und war 1230 wieder in Gnaden aufgenommen worden. 1236 bereitet er den Krieg gegen die lombardischen Städte vor, die mit dem Papst verbündet waren. Friedrich II. ahnt die Gefahr eines zweiten Bannes. Da ergibt sich die Gelegenheit, dass sich der Kaiser in Marburg an der Translation beteiligt und so als rechtgläubiger und demütiger Christ auftritt: Er kommt barfüßig im grauen Gewand, hebt als erster einen Stein vom Sarkophag und krönt Elisabeths Haupt. Auch stiftet er einen kostbaren Becher als Reliquienbehälter. So berichten es die *Annalen des Kölner Klosters St. Pantaleon,* geschrieben 1236/1237[34].

Kurz nach der Translation schreibt Kaiser Friedrich II. einen *Brief an Elias von Cortona,* Ordensgeneral der Franziskaner von 1232 bis 1239. Darin weist er auf seine Verwandtschaft mit Elisabeth und auf ihr königliches Geschlecht hin. Sodann betont er, dass Elisabeth im Hospital wie eine Magd gedient habe, und bittet Elias, eine Gebetsgemeinschaft zwischen den Franziskanern und dem Kaiser auszuschreiben. Der Kaiser ergreift also die Elisabethverehrung als Gelegenheit, sich den Franziskanern anzunähern. Die Hinwendung des Kaisers zu Elisabeth und den Franziskanern hat die Entstehung einer franziskanischen Tradition in der Elisabeth-Literatur begünstigt.

Dagegen findet sich im kaiserlichen Brief kein Anhaltspunkt für die Legende, Friedrich II. habe Elisabeth heiraten wollen.

Die Zwettler Vita *Beata autem Helisabeth regiis orta natalibus* muss noch vor dem 20. März 1239 geschrieben sein, da sie Hermann von Salza als Lebenden erwähnt. Sie dürfte wie der Brief an Elias, mit dem große stilistische Ähnlichkeiten bestehen, in der kaiserlichen Kanzlei oder deren Umkreis entstanden sein. Entgegen ihrer Vorlage, dem kurzen Libellus, bringt sie typisch franziskanische Zusätze: Elisabeth habe in Marburg das graue Gewand der Minoriten getragen, sie habe die Armut der Minderschwestern geliebt, bei ihrer Translation seien viele Franziskaner und Dominikaner zugegen gewesen[35].

Die *Narratio brevis de Translatione sanctae Elisabethae,* die weitgehend dem dritten Teil der Zwettler Vita entspricht, bringt die beiden letztgenannten Wendungen nicht. In ihr heißt es zutreffend, Elisabeth habe die Armut der Elenden geliebt, und bei der Translation seien sehr viele Religiose zugegen gewesen[36]. Auch wird berichtet, der Papst habe das Messoffizium selbst verfasst und die Festlichkeiten zur Translation angeordnet. Das sich an Elisabeths Grab ereignende Ölwunder wird korrekt beschrieben. Insofern kann die Narratio brevis kaum aus der Zwettler Vita abgeschrieben sein. Bestenfalls gehen beide auf eine gemeinsame Urform zurück; am wahrscheinlichsten ist, dass die Zwettler Vita die in Marburg entstandene Narratio brevis als Quelle benützt und leicht umgestaltet hat.

Caesarius von Heisterbach, dessen Ordensbruder Christian Augenzeuge der Translationsfeierlichkeiten war, unterscheidet sich in seiner Predigt in einer Hinsicht von der zutreffenden Version, wonach die zuständigen Prälaten die Erhebung vollzogen haben. Er schreibt, der Kaiser selbst habe mit anderen Fürsten den Leichnam Elisabeths aus dem Grab gehoben: *sepulchrum intravit et, principibus sibi assistentibus, archam cum sacro corpore elevans, cum multa vociferatione clericis laudes divinas resonantibus, ad locum preparatum transtulerunt.* Demnach hätten die singenden Kleriker die Prozession nur begleitet. Dann habe der Kaiser auf das Haupt Elisabeths, die eine Königstochter war, eine goldene Krone mit kostbaren Steinen gesetzt[37]. In dieser Darstellung geht Caesarius voll auf die Argumentation von Friedrich II. in seinem Brief an Elias ein, nur Adlige hätten einst die Bundeslade tragen dürfen (wiewohl es im Alten Bund die levitischen Priester waren, während König David vor der Bundeslade tanzte). Caesarius schreibt damit dem Kaiser eine Rolle zu, die ihm nach seiner Meinung gebührt hätte, die aber nicht mehr dem Verständnis des 13. Jahrhunderts entsprach.

Caesarius, um 1180 geboren und nach 1240 gestorben, war ab 1227 Prior im Zisterzienserkloster Heisterbach am Rhein, im Siebengebirge gelegen. Er hatte Konrad von Marburg persönlich gekannt und geachtet, hatte 1233 Marburg besucht und sich über die dortigen Menschenmassen gewundert. Er schrieb viele Predigten und zwei Exempla-Sammlungen, den *Dialogus miraculorum* und die *Libri miraculorum*. Diese Bücher sind Beispielsammlungen für Prediger, heute eher eine Fundgrube für Kulturgeschichte und Legendenforschung. Über den 1225 ermordeten Kölner Erzbischof Engelbert I. verfasste Caesarius eine Vita, die er als Märtyrervita gestaltete; sie sollte als Grundlage für eine Kanonisation dienen.

1236/1237 schrieb Caesarius von Heisterbach die *Vita sancte Elisabeth Lantgravie*. Vermutlich verfasste er zum ersten Jahrestag der Translation, also für den 1. Mai 1237, die oben schon erwähnte Predigt *Non potest civitas abscondi super montem posita*. Die Vita war eine Auftragsarbeit: Nach der Translation erbat sie der Marburger Deutschordens-Prior Ulrich von Dürn und schickte ihm durch den Zisterziensermönch Christian den kurzen Libellus als Vorlage. Caesarius verwendet ihn und die Kanonisationsbulle, letztere etwa zur Namensdeutung, die er aber weiter ausführt. Er geht auf die Familie Elisabeths ein, stellt vor allem die Tugenden der Landgräfin heraus und scheint sich in der literarischen Form an die Vita des hl. Martin gehalten zu haben, auf die er in der Predigt selbst verweist[38]. Er teilt die Vita in dreißig Kapitel ein, die als Lektionen verwendet werden können. Mit vielen Bibelzitaten und Verweisen auf theologische Literatur gestaltet er so seine Vorlage, den Libellus, zu einem hagiographischen Werk.

Caesarius bringt auch historisch wertvolle Einzelheiten, die nicht seinen Vorlagen entnommen sind: Mitteilungen über Konrad von Marburg, über Konrad, den Schwager Elisabeths und Deutschordensmeister, und über die Translation mit dem Ölwunder. Gerade bei diesem Vorgang ist trotz des Augenzeugen Christian eine ideologische Einfärbung nicht zu übersehen. Zwei in anderen Quellen nicht erwähnte Erzählungen aus der Lebenszeit Elisabeths werden von manchen Autoren als mündliche Überlieferung akzeptiert, sind aber eher als des Caesarius eigene Erfindungen einzustufen, mehr oder weniger gut erfundene Anekdoten. Caesarius beruft sich zwar bei der Episode des nächtlichen Gesprächs zwischen Ludwig und Elisabeth über die Armut, wie sie sich diese vorstellt, auf den Erzbischof von Trier[39], ohne freilich zu erklären, wie dieser davon erfahren haben will. Die andere Anekdote steht in der genannten Predigt. An deren

Ende schreibt Caesarius ganz „aufgeklärt", Wunder gehörten nicht zur Substanz der Heiligkeit, sondern seien nur deren Zeichen. Doch lässt er zu Beginn der Predigt Elisabeth scherzen, man solle ihre Lumpen aufbewahren, weil sie heilig sei und Gott durch sie später Wunder wirken werde. Caesarius legt also doch Wert auf Wunder, wie das besonders seine Exempla-Sammlungen zeigen.

Nachrichten über Elisabeth aus der Zeit nach der Heiligsprechung

Aus der Zeit nach Kanonisation und Translation Elisabeths sind nur wenige zusätzliche Nachrichten überliefert. Ihre Verehrung wurde verbreitet durch das vom Papst festgelegte Fest am 19. November und den Gedenktag der Translation am 1. Mai sowie durch die einzelnen Elisabeth-Viten und die Reimoffizien, die damals in den Klöstern für das Stundengebet üblich wurden. Diese hatten ihre Vorlagen in der Summa vitae oder dem Libellus, zuweilen auch in der Kanonisationsbulle. Zusätze lassen sich meist durch eine bestimmte Absicht erklären, so wie das in der Zwettler Vita schon festgestellt wurde, wo der Autor die Verbindung mit den Franziskanern ausbauen wollte. Diese Tendenz sollte zum Entstehen der sog. franziskanischen Elisabeth-Literatur führen. Als dann noch im 13. Jahrhundert ein toskanischer Franziskaner seine Elisabeth-Vita mit zahlreichen Wundern ausstattete, strömten nun Legenden in die späteren Viten ein.

Im Gegensatz dazu liefern uns jedoch zwei Franziskaner zusätzliche Nachrichten, die der historischen Prüfung standhalten.

Jordan von Giano (bei Spoleto) trat 1217/18 in den Orden der Minoriten ein und wurde 1221 unter der Leitung des Caesarius von Speyer mit 25 Brüdern nach Deutschland geschickt. Dieser zweite Versuch, den Orden in Deutschland bekannt zu machen, führte zum Erfolg. Jordan wurde 1223 zum Priester geweiht, kam im November 1224 nach Erfurt und war Kustos von Thüringen bis 1239. 1241 ging er als Provinz-Vikar nach Böhmen und Polen, wurde aber schon 1242 Vikar der sächsischen Provinz. Auf dem Generalkapitel der Franziskaner 1262 in Halberstadt wurde er aufgefordert, seine Erinnerungen über die Ausbreitung der Minoriten in Deutschland niederzuschreiben. So entstanden die *Denkwürdigkeiten,* die von den Jahren 1207 bis 1262 berichten. Der einzige Satz, der darin von Elisabeth handelt, erzählt, dass der Laienbruder Rodeger, der 1221 in Würzburg in den Orden eingetreten war, 1223 nach Hildesheim und vermutlich 1225 mit anderen Franziskanern nach Eisenach kam, Elisabeths *geistlicher Lehrmeister wurde, indem er sie unterwies, Keuschheit, Demut und Geduld zu üben, im Gebet zu verharren und in Werken der Nächstenliebe sich abzumühen*[40].

Konrad Holtnicker, auch Konrad Holzinger oder Konrad von Sachsen genannt, stammte aus Braunschweig und wurde nach dem Eintritt in den Franziskanerorden Lektor in Hildesheim und schließlich Provinzial in Sachsen (1247–1262 und 1272–1279). Etliche Predigten von ihm waren so bedeutsam, dass sie als Werke Bonaventuras galten und in dessen Opera omnia aufgenommen wurden. In der Predigt *Haec erat in omnibus famosissima* nimmt Konrad die Aussagen zu Elisabeth aus der Summa vitae und dem Libellus. Doch interpretiert er den Vorgang, dass Elisabeth in Marburg das Gewand der Religiosen genommen habe – ähnlich wie die Zwettler Vita – vorsichtig als Eintritt in die franziskanische Gemeinschaft. Er betont ausdrücklich, dass er selbst von ihrem Beichtvater und ihrer Magd gehört habe, Elisabeth habe das Gewand der Minoriten, *wie sie es konnte*, getragen[41]. Hier muss man kritisch fragen, warum Elisabeth das Gewand der Minoriten nicht hätte tragen können, wenn sie es denn gewollt hätte. Auch kann Konrad mit dem Beichtvater nicht den Laienbruder Rodeger gemeint, noch kann er mit Konrad von Marburg gesprochen haben. Dagegen ist es möglich, wenn auch unwahrscheinlich, dass Konrad Holtnicker Guda begegnet ist, als sie in Hörselgau oder Erfurt lebte. Für seine Bemerkung über deren asketisches Leben gibt Konrad keine Quelle an.

Thüringische Überlieferungsstränge

Es gibt einige Elisabeth-Traditionen des 13. Jahrhunderts, die thüringisches Lokalkolorit tragen.

Die früheste dieser Schriften befasst sich mit Landgraf Ludwig IV., dem Gemahl Elisabeths. Sein *Kaplan Berthold* schrieb die *Gesta Ludowici* wohl bald nach 1228. Er berichtet vom Leben Ludwigs, von dessen Geburt 1200 bis zur Beerdigung in Reinhardsbrunn 1228, ab 1218 vermutlich als Augenzeuge und auf Grund von eigenen Aufzeichnungen während dieser Zeit. Dabei geht er chronologisch vor und bringt genaue Daten und Aufzählungen der beteiligten Adeligen, weshalb das Werk heute für *das beste der thüringischen Geschichtsschreibung* gehalten wird[42]. Sein Latein ist einfach und etwas unbeholfen. Berthold möchte mit diesem Buch Ludwig, der ja sein Leben für Kirche und Reich auf dem Kreuzzug verloren hatte, als Heiligen vorstellen und rühmt folglich seine Taten und seine Opfergesinnung. Leider ist dieses Werk in seiner ursprünglichen Gestalt verlorengegangen. Es kann nur aus der Verwendung in anderen Schriften erschlossen werden.

Dietrich von Apolda hat 1289 in seiner Elisabeth-Vita die Gesta Ludowici benützt und etliche Stellen übernommen. Dabei hat er gekürzt und deshalb den *Sachgehalt gemindert,* schreibt dafür aber in gutem Latein[43].

Kurz nach 1308 benützt ein uns unbekannter Reinhardsbrunner Mönch die Gesta Ludowici und die Elisabeth-Vita des Dietrich von Apolda in der sogenannten Reinhardsbrunner Rezension von nach 1293, um seine *Vita Ludovici* zu verfassen. Er verwendet dazu weitere Geschichtswerke von Reinhardsbrunn und Wundergeschichten, die man nach 1292 über Ludwig aufgeschrieben hatte oder sich erzählte. In diesem Jahr war nämlich das Kloster Reinhardsbrunn abgebrannt. Man war bemüht, durch den „heiligen“ Ludwig das Kloster zu einem Wallfahrtsort zu machen. Auch diese Vita ist nicht erhalten, wohl aber ihre mittelhochdeutsche Übersetzung: Diese, *Das Leben des heiligen Ludwig,* fertigt *Friedrich Ködiz von Saalfeld* zwischen 1314 und 1323 an, als er Rektor der Klosterschule in Reinhardsbrunn ist. Er scheint sich in seiner Übersetzung treu an seine Vorlage gehalten zu haben.

Schließlich hat auch die *Reinhardsbrunner Chronik* die Vita Ludovici verwendet. Sie stellt ein namentlich nicht bekannter Reinhardsbrunner Mönch vor 1349 zusammen. Er verwendet dabei auch die Elisabeth-Vita des Dietrich von Apolda in der Reinhardsbrunner Rezension sowie weitere Chroniken, auf die hier nicht eingegangen werden soll. Er schreibt seine Quellen meist wörtlich und oft seitenlang ab und hat uns dadurch die Vita Ludovici nahezu vollständig überliefert[44].

Das Abhängigkeitsverhältnis der genannten Werke stellt sich demnach schematisch so dar, wie auf S. 31 gezeigt.

Durch den Vergleich der erhaltenen drei Werke konnte O. Holder-Egger bei der Herausgabe der Reinhardsbrunner Chronik die Stellen kennzeichnen, die auf die Gesta Ludowici des Kaplans Berthold zurückgehen dürften und die er deshalb für vertrauenswürdig hält. Hat sich doch in der Chronik sogar der Schlusssatz von Berthold erhalten, dass er das alles notiert habe[45]. Als historisch gesichert gelten die Fakten: Landgraf Hermanns I. zwei Frauen, Ludwigs Geburt, seine Geschwister, sein Ritterschlag, Fehde und Versöhnung mit dem Erzbischof von Mainz, der Tod Dietrichs von Meißen, die Reise nach Ungarn, die Geburt des Sohnes Hermann, die Auseinandersetzung mit Meißen und Henneberg und die Vermittlung des Friedens durch Herzog Otto von Andechs-Meranien, die Geburt der Tochter Sophia, der Kriegszug von Stauda nach Lebus, das Gesuch nach Rom wegen der Verwandtschaft mit Leopold von Österreich, der Aufbruch nach Cremona mit Aufenthalt in Oberitalien, Hungersnot, Rückkehr auf die Wartburg, Rundreise in den östlichen Landesteilen, Besuch in Prag zur Schlichtung eines Streits, Kreuzzug, Rückführung der Gebeine einschließlich der Beerdigung.

Durch den Vergleich kann man weiterhin feststellen, dass die Vita Ludovici von 1308, der ja die Gesta und das Werk Dietrichs vorlagen, im Zweifelsfall oder bei Wiederholungen lieber zu Dietrichs Ausführungen gegriffen hat. Dagegen kann man nicht feststellen, ob schon die Gesta oder erst die Vita die Rückführung der Gebeine Ludwigs als eine Prozession darstellten und ob es zum ursprünglichen Textbestand gehört hat, dass Bischof Ekbert Elisabeth den zurückkehrenden Kreuzfahrern anvertraut hat.

Der Verfasser der Reinhardsbrunner Chronik hat bei der Anordnung des umfangreichen Stoffes manchmal die Übersicht verloren. So schreibt er z. B. zum 20. März 1224 die Geburt der Tochter Sophia aus den Gesta ab, wiederholt diese Nachricht *in quadragesima* des Jahres 1225 und fügt nach dem 27. April 1227 hinzu, dass zu diesem Zeitpunkt eine zweite Tochter Sophia geboren worden und später in Kitzingen Nonne geworden sei. Seitdem gibt es in der thüringischen Tradition diese zweite Sophia, so auch bei Johannes Rothe in der thüringischen Chronik und in seinem Reimgedicht[46]. Selbst noch 1855 lässt Moritz von Schwind auf seinen Fresken in der Wartburg Elisabeth mit vier Kindern flüchten. Im Übrigen sind in der Reinhardsbrunner Chronik ausgesprochen thüringische Interessen wahrnehmbar. Zum Jahr 1229 bringt sie den lapidaren Satz: *Anno Domini 1229 beata Elizabeth a Thuringia migravit in Martpurg in Hassia.* Von da an beschäftigt sie sich nicht mehr mit Elisabeth, nicht ihrem Wirken in Marburg und ihrer Heiligsprechung! Lediglich zwei Handschriften vermerken zum Jahr 1231 ihren Tod und zum Jahr 1236 ihre Translation[47]. Dabei war Elisabeth einst thüringische Landesfürstin gewesen. Zur Zeit des Chronisten waren die Landesteile Thüringen und Hessen allerdings schon lange getrennt. Oder sollten die Mönche Elisabeth böse gewesen sein, dass sie sich nicht in Reinhardsbrunn neben ihrem Gatten begraben ließ? Das Kloster hätte eine ganz andere Bedeutung gewonnen.

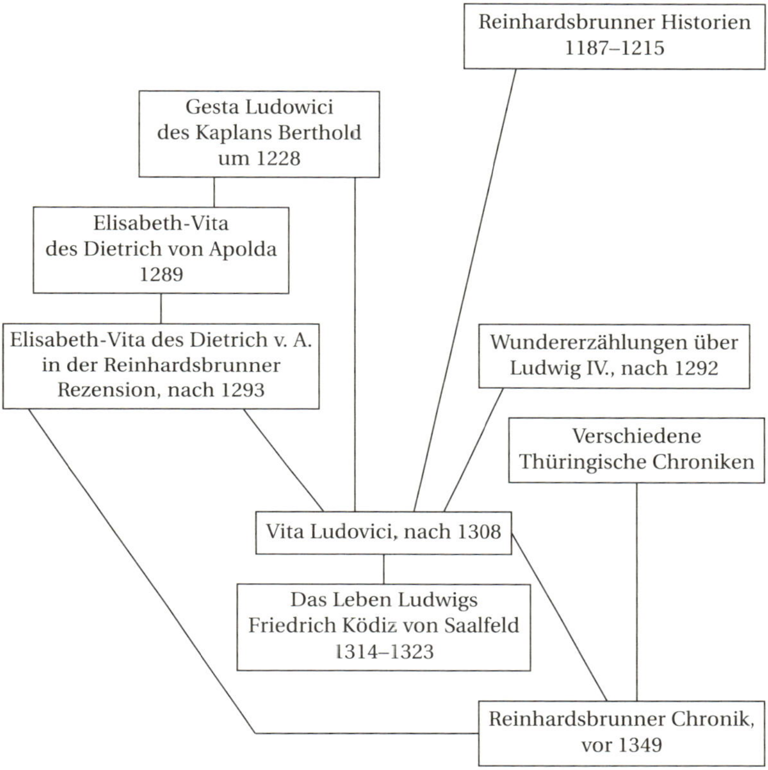

Die Elisabeth-Vita des Dietrich von Apolda

Dietrich von Apolda, 1228/29 geboren, trat 1247 in das Dominikanerkloster in Erfurt ein. Er schrieb mehrere Bücher, darunter eine Vita des heiligen Dominikus, etwa 1286/88 begonnen, aber erst 1297 vollendet. 1289/90 verfasste er die *Vita sanctae Elisabeth*[48]. Trotz dieser späten Abfassungszeit kann das Werk für die Lebensgeschichte Elisabeths noch als Quelle dienen; dies vor allem deshalb, weil Dietrich die Gesta Ludowici des Kaplans Berthold abschreibt, soweit ihm dies für das Verhältnis von Ludwig IV. zu Elisabeth und für die Regierungstätigkeit des Landgrafen angebracht erscheint. Wir erfahren dadurch etliche Sachverhalte, wie Ortsangaben, Daten und Personenlisten. Dietrich von Apolda gibt allerdings das Werk von Berthold nicht als eine seiner Quellen an. Als solche zählt er auf den *Libellus* (er verwendet den langen Libellus), die *Summa vitae* des Konrad von Marburg mit dem ersten Wunderbericht, die Predigt *Ad decus et honorem* und eine Predigt *Mulierem fortem* eines Dominikaners Otto, die verlorengegangen ist. Dietrich schreibt weiter, noch andere Schriften durchforscht zu haben, allerdings erfolglos. So erfolgslos kann das nicht gewesen sein, da er Berthold eifrig abschreibt und den *Processus et ordo canonisationis* verwendet. Auch habe er zuverlässige und alte Personen befragt[49]. Von diesen mag er thüringische Lokaltraditionen erfahren haben.

Wie zuverlässig sind nun die Ausführungen Dietrichs, die über die bisher schon vorgestellten Quellen hinausgehen? Dietrich übernimmt seine Vorlagen oft wörtlich, manchmal leicht gekürzt oder umformuliert. Allerdings verändert er die Reihenfolge so, dass sich eine Art Biographie Elisabeths ergibt. Auch schaltet er theologische Überlegungen ein. Den Schwerpunkt legt er nicht auf die Marburger, sondern auf die thüringische Zeit Elisabeths. Dabei hebt er die positive Rolle der Thüringer Ministerialen hervor, denen er ja selbst angehört. So vermitteln einmal Ritter Walter von Vargula und einmal Ritter Rudolf von Vargula, um die Feindseligkeiten, denen Elisabeth am Landgrafenhof vor der Heirat und nach dem Tod von Ludwig ausgesetzt war, zu überwinden. Dazu verändert Dietrich sogar seine Vorlage, den Libellus, dahin, dass es durch das Eingreifen Rudolfs von Vargula zu einer Aussöhnung mit dem Schwager Heinrich Raspe gekommen und Elisabeth auf die Wartburg zurückgekehrt sei; erst einige Zeit später sei sie nach Marburg gegangen. Diese Darstellung ist bei Dietrich einmalig und durch seine Anhänglichkeit an das ausgestorbene Geschlecht der Ludowinger zu erklären. Außerdem stellt Dietrich das Verhalten Konrads von Marburg gegenüber Elisabeth geschönt dar.

Der Wahrheitsgehalt der Thüringer Lokaltraditionen lässt sich an zwei Beispielen überprüfen, wobei allerdings das Ergebnis verschieden ausfällt:

Dietrich erzählt, Ludwig habe beim Abschied von Elisabeth in Schmalkalden vor dem Kreuzzug ihr einen Ring gezeigt; wer ihn ihr wieder bringe, gebe die richtige Kunde vom Landgrafen. Ein echtes Sagenmotiv, wie es scheint! Und doch muss man annehmen, dass der Vorgang der Wahrheit entspricht, denn wir kennen dazu drei frühe Zeugnisse. Schon 1233 war eine Ballade entstanden, die bis ins 15. Jahrhundert gesungen wurde. Die Rückführung der Gebeine des Landgrafen mit dem Zeugnis des Ringes wurde vor 1250 auf dem

Schrein Elisabeths und vor 1257 im Glasfenster der Elisabeth-Kirche in Marburg dargestellt[50]. Dietrich verwendet damit eine verbürgte Tradition.

Anders verhält es sich mit Dietrichs Darstellung des Sängerkriegs auf der Wartburg. Dieser ist nachgewiesenermaßen eine Fiktion. Eine „thüringische Dichterschule“ mag in der Mitte des 13. Jahrhunderts die zwei ersten Sängerstreitgedichte vom „Fürstenlob“ und dem „Rätselspiel“ geschaffen haben, woraus sich die Sage vom Sängerkrieg entwickelte. Dietrich übernimmt diese, lässt aber zusätzlich Meister Klingsor die Geburt Elisabeths in Ungarn weissagen[51]. Diese Verknüpfung dürfte seine eigene Erfindung gewesen sein. Die *Vita Ludowici* folgt ihm hierin.

Bleibt das Motiv der „bösen Schwiegermutter“, das bei Dietrich zurückhaltend anklingt. Er lässt Landgräfin Sophia, als Elisabeth ihre Krone ablegt, nur *verwundert* blicken und vor der Vermählung *bekümmert überlegen*[52], ob Elisabeth nicht in ein Kloster gegeben werden solle. In anderem Zusammenhang meint sie indigniert, Elisabeth gehöre eher in die Schar der Dienerinnen als in die der herrschenden Fürsten. Diesen Satz könnte Dietrich sogar als vorausschauende Prophetie über Elisabeths späteres Wirken eingeschoben haben. Solche Voraussagen waren ihm wichtig[53]. Erst die späteren Zusätze in Dietrichs Vita erzählen von einer feindseligen Haltung Sophias gegenüber Elisabeth und verfälschen damit die historische Wahrheit, vermutlich um Elisabeths Geschick dem eines Märtyrers anzugleichen.

Wenn auch Dietrich von Apolda mehr Hagiograph als Historiograph war, so ist doch anzuerkennen, dass er mit seinen Vorlagen sorgfältig umgeht, sie geschickt einzuarbeiten weiß, lokale Traditionen aufgespürt und somit erhalten hat. Diese sind im Einzelfall auf ihren Wahrheitsgehalt zu prüfen.

Die ungarische Tradition zum Geburtsort

Eine ungarische Lokaltradition aus späterer Zeit lässt sich als Quelle für den vermutlichen Geburtsort Elisabeths, Sárospatak, anführen. Es handelt sich dabei um die Predigten des *Osvaldus de Lasco* oder *Laskai Ozsvát* (1450–1511), der zuerst Guardian des Franziskanerklosters in Pest und später Provinzial des Salvatorianerordens für ganz Ungarn war. In seinem 1497 in Hagenau gedruckten Werk *Sermones de sanctis Biga salutis intitulati* bringt er zwei Predigten über Elisabeth. Seine Vorlagen sind drei Elisabeth-Predigten des Pelbartus de Temeswar (1435–1504) und die Legenda aurea, die er in eigenständiger Weise benützt. Bezeichnend für die ungarische Tradition ist, dass Pelbartus wie Oswaldus die Legende vom Rosenwunder in die Kindheit Elisabeths verlegen, wie sie einmal ihrem Vater Andreas begegnet sei. Auch habe Elisabeths Übersiedlung nach Thüringen erst im Alter von fünf Jahren stattgefunden. Damit konnten einige Züge ihrer Heiligkeit für Ungarn gerettet werden.

In seiner 108. Predigt wendet Osvaldus Lk 1,41 (Elisabeth, die Mutter Johannes des Täufers, wird vom Heiligen Geist erfüllt) auf die heilige Elisabeth an und bemerkt über ihre Kindheit, Elisabeth sei in der Stadt Sárospatak geboren[54]. Dies findet sich bei Pelbartus von Temeswar nicht, dürfte aber bis zur Reformationszeit Lokaltradition in Sárospatak gewesen sein. Der Kalender des Szalkai-Kodex von 1490–1492 hebt Elisabeth mit roten Buchstaben als Heilige der ungarischen Nation hervor. Laszló Szalkai, später Erzbischof von Esztergom, hatte in der Schule der Augustiner in Sárospatak studiert und offensichtlich diese Tradition von dort mitgebracht[55]. Mit der Einführung der Reformation im 16. Jahrhundert ging sie verloren und lebte erst in der Barockzeit und nach 1968 wieder auf[56].

Familien und Länder

Ungarn und die Eltern Elisabeths

Werfen wir einen Blick auf die Lage und die politischen Strömungen in Ungarn zur Lebenszeit von Elisabeth. Die ersten vier prägenden Lebensjahre verbrachte sie hier im Schoß ihrer Familie. Ihre Eltern waren König Andreas II. aus dem Hause der Arpaden und Königin Gertrud von Andechs-Meranien.

Das Geschlecht der Arpaden herrschte in Ungarn von 900 bis 1301. Das ursprünglich stark nach Byzanz und dem orthodoxen Christentum hin orientierte Ungarn wurde durch Stephan I. (1001–1038) zum Königreich erhoben. Dieser hatte sich, wie schon sein Vater, stärker dem Westen zugewandt und Gisela, die Schwester des späteren deutschen Kaisers Heinrich II., geheiratet. Stephan erbat sich vom Papst die Königskrone, die ihm dieser auch zusandte. Der König errichtete zwei Erzbistümer und acht Bistümer, die alle den lateinischen Ritus übernahmen. Auch wurden zehn Klöster gegründet. Als 1083 König Stephan und sein Sohn Emerich dank der Bemühungen seines späteren Nachfolgers, König Ladislaus I., und schließlich 1192 dieser selbst kanonisiert wurden, galt das Geschlecht der Arpaden als heiliger Stamm.

Allerdings gab es in diesem Geschlecht beim jeweiligen Regierungswechsel häufig Thronwirren, was eigentlich nicht zu einem „heiligen Stamm" passt. Ursache war, dass in der Frühzeit das Seniorat (der Älteste des Hauses regiert) üblich war, bis sich dann die Primogenitur (der erstgeborene Sohn des Königs übernimmt die Regierung) durchsetzte. Als König Bela III. 1196 starb, hatte er zwar seinen älteren Sohn Emerich zum Thronfolger bestimmt, doch der jüngere Sohn Andreas beanspruchte eine Teilhabe an der Herrschaft. Es kam zu Kämpfen zwischen den Brüdern, die Andreas 1198 das Herzogtum Dalmatien und Kroatien einbrachten. Dadurch wurde er Nachbar des in Kärnten und Krain regierenden Herzogs Berthold IV. von Andechs-Meranien und heiratete zwischen 1200 und 1202 dessen Tochter Gertrud. Auch der Streit zwischen Staufern und Welfen kann dabei eine Rolle gespielt haben: Emerich unterstützte den Welfen Otto IV., der Meranier und Andreas standen auf der Seite des Staufers

Philipp. 1203 brach der Bruderzwist erneut aus. Diesmal konnte Emerich im Oktober 1203 Andreas gefangennehmen und in der Burg Esztergom festhalten; seine Gemahlin Gertrud wurde in ihre Heimat zurückgeschickt. Erst nach dem Tod Emerichs im September 1204 kam Andreas frei. Er ergriff sofort die Herrschaft und holte Gertrud zurück. Emerichs Sohn, der erst fünfjährige, aber schon zwei Mal gekrönte König Ladislaus II., musste mit seiner Mutter Konstanze nach Wien fliehen und starb dort im Mai 1205. Noch im selben Monat ließ sich Andreas zum König krönen und regierte als Andreas II. von 1205 bis 1235.

Zu dieser Zeit gehörten zum Königreich Ungarn das Karpatenbecken und Slavonien (= Nordkroatien), die Nebenländer Dalmatien und Kroatien, Rama (= Süd-Bosnien) und Serbien. Dazu kamen Halic, Lodomerien und Kumanien (= Walachei und Moldau). Das Königreich war in 72 Komitate aufgeteilt. Es hatte zwei Erzbistümer und zwölf Bistümer, etwa 200 Klöster und Stifte und etliche Salz- und Silberbergwerke. Dieses große Reich musste sich im Spiel der Mächte bewähren. Es galt als Bollwerk gegen das östliche Heidentum, war aber auch Brücke zum orthodoxen Christentum.

Die Beziehungen zu Byzanz wurden weiterhin gepflegt, einige Male in der Hoffnung, das byzantinische Kaiserreich zu erben. So hielt sich Bela III. (* um 1148, König 1172–1196), der Großvater von Elisabeth, in seiner Jugend von 1163 bis 1167 in Byzanz auf, wurde mit der Kaisertochter Theodora Porphyrogennita verlobt und galt bereits als byzantinischer Thronfolger, bis Kaiser Manuel nochmals heiratete und einen Sohn bekam. In Ungarn König geworden, bemühte sich Bela 1184/85, in zweiter Ehe die Großnichte des verstorbenen Manuel, Theodora Komnena, zu heiraten, was aber abgelehnt wurde. Ähnlich zerschlugen sich die Versuche seiner Söhne Emerich 1202 und Andreas 1217, in Byzanz Fuß zu fassen. Dafür nahm letzterer die Tochter von Kaiser Theodor Laskaris zu sich, um sie mit seinem Sohn Bela IV. zu verheiraten.

Die ungarischen Könige trieben im allgemeinen eine papstfreundliche Politik, was viele Briefwechsel zwischen den Regierenden und der päpstlichen Kurie beweisen. An den ersten Kreuzzügen beteiligten sie sich nicht direkt, mussten aber die Kreuzfahrer durch ihr Land ziehen lassen. Bela III. gelobte, sich an einem Kreuzzug zu beteiligen, verschob das jedoch und konnte sein Gelübde vor seinem Tod nicht mehr einlösen. Den dafür angesparten Schatz vermachte er seinem zweiten Sohn Andreas mit der Auflage, den Kreuzzug durchzuführen. Andreas tat dies erst 1217, als er hoffte, Kaiser von Byzanz zu werden.

Er konnte aber weder militärische noch politische Erfolge erringen und kehrte bereits im Frühjahr 1218 nach Ungarn zurück.

Bela III. orientierte sich in seinen Heiraten nach Osten wie nach Westen: Seine erste Frau war Agnes von Chatillon, Prinzessin von Antiochien, seine zweite Frau Margarethe Capet, die jüngere Schwester von König Philipp II. August von Frankreich. Letztere Verbindung führte dazu, dass in den fünf von Bela gegründeten Zisterzienserklöstern, darunter 1184 Pilis, die Mönche unmittelbar aus Frankreich kamen und den dortigen Mutterklöstern unterstellt blieben. Durch die Visitationen erhielt sich der französische Einfluss. Belas Tochter Konstanze wurde 1198 mit König Ottokar I. von Böhmen verheiratet.

Deutscher Einfluss machte sich in Ungarn mehrere Male geltend. Schon mit Stephans I. Frau Gisela kam eine größere Zahl bayerischer Ritter ins Land, die vermutlich die Begründer mehrerer ungarischer Aristokraten- und Ritterfamilien wurden. Zur Zeit König Belas III. wurden Deutsche im Norden und Osten angesiedelt: in der Zips und in Siebenbürgen. 1224 wurden die Süd-Siebenbürgener Sachsen durch das Diploma Andreanum dem König unmittelbar unterstellt. Als König Andreas II. um 1201 Gertrud, die Tochter Herzog Bertholds IV. von Andechs-Meranien, heiratete, brachte sie viele Ritterfamilien als ihr Gefolge mit. Gertrud förderte die Karriere ihres jüngsten Bruders Berthold, der in jungen Jahren Dompropst in Bamberg geworden war und 1206 zum Erzbischof von Kalocsa in Ungarn gewählt wurde. Weil er das vorgeschriebene Mindestalter von 30 Jahren noch nicht erreicht hatte, erhielt er – auf Betreiben von König Andreas – Ende 1207 vom Papst Dispens für die Bischofsweihe. Berthold studierte noch zwei Jahre in Vicenza, bis ihn am 21. Januar 1209 der Papst aufforderte, als „erwählter" Erzbischof nach Kalocsa zu gehen. Dort übernahm er auch weltliche Ämter; er war 1209–1212 Banus von Dalmatien und Kroatien, 1212 Woiwode in Siebenbürgen, 1213 Gespan von Bacs und Bodrog.

Zwei andere Brüder Gertruds, Bischof Ekbert von Bamberg und Markgraf Heinrich von Istrien, flüchteten Ende 1208 zu ihr nach Ungarn, weil sie der Mitwisserschaft des Königsmordes an Philipp von Schwaben (am 21. Juni 1208) verdächtigt wurden und am 11. November 1208 die Reichsacht über sie ausgesprochen worden war. Das Königspaar gewährte ihnen Gastfreundschaft. König Andreas II. verlieh Bischof Ekbert einige Gebiete in der Zips, die dieser mit oberfränkischen Bauern besiedelte, wie sprachliche Ähnlichkeiten wahrscheinlich machen. Ein größeres Gut in der Zips schenkte der König 1209 auf Bitten Ekberts einem Propst Adolph und seiner Schwester, die von der Königin herbeigerufen worden waren, und behielt sich nur das königliche Gericht vor[1]. Die Urkunde dieser Schenkung erwähnt die vier Geschwister Gertrud, Berthold, Ekbert und Heinrich – ein Beweis, wie diese in der Fremde zusammenhielten. Mit der Rückkehr von Ekbert Anfang 1211 und ein halbes Jahr später von Heinrich, der Ermordung von Gertrud und der Vertreibung von Berthold 1213 endete diese Episode der ungarischen Geschichte.

Die Berufung des Deutschen Ordens nach Ungarn 1211 könnte noch auf die Andechs-Meranier-Brüder zurückzuführen sein. Als nämlich die Kumanen immer wieder in das Burzenland an der Südostgrenze Siebenbürgens einfielen, benötigte König Andreas eine militärische Schutzmacht für das gefährdete Grenzgebiet. Da er den ungarischen Hochadel nicht weiter begünstigen wollte, sondern ein Gegengewicht zu ihm brauchte, war ihm der Deutsche Orden willkommen. Dieser erhielt 1211 ein Lehen und weitgehende Privilegien. Wohl mehr als hundert Deutschordens-Angehörige aus Thüringen, Sachsen und Flandern wurden nach Siebenbürgen entsandt. 1212 kamen weitere Schenkungen hinzu, die 1222 erweitert, aber auch verändert wurden. Da der Deutsche Orden in kirchlicher wie in politischer Hinsicht zu mächtig zu werden drohte, entließ ihn König Andreas II. 1225, ohne den päpstlichen Schiedsspruch in dieser Auseinandersetzung abzuwarten. Der Deutsche Orden hatte allerdings die Aufgabe der Grenzsicherung erfüllt; der älteste Königssohn Bela IV. als rex iunior konnte die Verwaltung des Gebiets erfolgreich übernehmen.

König Andreas stand mit den benachbarten deutschen Fürsten in freundschaftlichen Beziehungen. König Ottokar I. von Böhmen war sein Schwager. Sein Vetter Leopold von der Steiermark half Andreas im Kampf mit seinem Bruder und nahm ihn nach seiner Niederlage als Flüchtling auf. 1217/18 nahmen am ungarischen Kreuzzug dieser Leopold VI., jetzt Herzog von Österreich, und die drei Schwäger Herzog Otto VII. von Andechs-Meranien, Bischof Ekbert von Bamberg und Erzbischof Berthold von Kalocsa teil. Vermutlich durch König Ottokar oder Bischof Ekbert vermittelt, trat Landgraf Hermann I. von Thüringen 1211 mit König Andreas in Verbindung. In diesem Jahr kam es zur Verlobung des thüringischen Thronfolgers mit der ungarischen Königstochter Elisabeth und zu ihrer Übersiedlung nach Deutschland. Für König Andreas bedeutete das eine verstärkte Westbindung, für Landgraf Hermann eine Aufwertung oder Betonung seines Reichsfürstenstandes. Bischof Ekbert hatte mit dem Thüringer einen Freund an der Nordgrenze seines Bistums und einen Verbündeten für die staufische Sache gewonnen, der er offensichtlich nicht untreu geworden war.

In der Zeit von 1205 bis 1220 unternahm König Andreas 14 Feldzüge und erreichte, dass er Galizien seinem Reich einverleiben konnte, wo er 1217 seinen zweiten Sohn Koloman zum König machte. Letztlich behauptete sich Andreas gegenüber allen Nachbarn und hatte auch großen Einfluss, nicht zuletzt durch seine Heiratspolitik. Er heiratete in zweiter Ehe 1214/15 Jolanthe, die Tochter Peters von Courtenay und Jolanthes von Konstantinopel, in dritter Ehe 1234 Beatrix, Tochter des Markgrafen Aldobrandino III. von Este. Mit Böhmen stand er durch seine Schwester Konstanze in Verbindung, mit Polen durch die Schwester seiner ersten Frau, Herzogin Hedwig. Gertrud schenkte dem schlesischen Zisterzienserkloster Leubus eine goldene Krone, damit daraus ein Kelch angefertigt werde. Eine bulgarische Zarentochter wurde 1213 mit dem Thronfolger Bela verlobt, der später allerdings die Kaisertochter Maria Laskaris von Nikäa heiratete. Von den anderen Kindern wurde Koloman mit einer Tochter des Herzogs von Polen verheiratet, Andreas mit einer Tochter des Fürsten von Nowgorod und Maria mit Ivan II. Asan, Zar von Bulgarien.

In der Innenpolitik hatte Andreas mit ständigem Geldmangel und, dadurch bedingt, mit dem Adel zu kämpfen. Diesem hatte er während der Thronwirren Begünstigungen versprochen, wenn er sich auf seine Seite stelle. König geworden, musste er sie einlösen. Da Ungarn kein Lehensstaat war, vergab der König Burgen, Komitate und Einkünfte als „ewiges Erbe“ – die Beschenkten mussten also keine ständige Gegenleistung erbringen. Spätestens ihre Erben vergaßen rasch ihre Dankesschuld, Misswirtschaft und Chaos waren die Folge. Andreas führte Steuern und Zölle ein und verpachtete seine königlichen Salzdepots, was ihm den Vorwurf einbrachte, er verpachte die Finanzen an Juden und Muslime. Durch Vermittlung der Kirche kam es im Frühjahr 1222 zu einem außerordentlichen Gerichtstag, bei dem die *Goldene Bulle* erlassen wurde. In dieser wurde dem Hochadel und dem sich entwickelnden Dienstadel Steuerfreiheit zugestanden, ferner, dass er nur zur Verteidigung des Vaterlandes Kriegsdienst zu leisten und ein Widerstandsrecht gegen den König habe, wenn der diese Bestimmungen verletze. 1231 wurde diese Bulle mit einigen Änderungen bestätigt.

Die Andechs-Meranier

Die ungarische Königin Gertrud, Elisabeths Mutter, stammte aus dem Geschlecht der Andechs-Meranier, das im 12. Jahrhundert einen gewaltigen Aufstieg erlebte. Sein Kerngebiet war die Grafschaft Dießen-Andechs. Dazu kamen in der Mitte des 11. Jahrhunderts die Mitgift und das Erbe der Gisela von Schweinfurt, Ehefrau des Grafen Arnold von Dießen, im Obermaingebiet, nach dem sich die Andechser auch zeitweise *Grafen von Plassenberg* nannten. In der nächsten Generation konnte durch Erbschaft Besitz in Istrien und der Krain, in der Steiermark und in Kärnten erworben werden. Die Vogteien über die Klöster Benediktbeuren und Tegernsee sicherten dort den Einfluss der Andechs-Meranier. Mitte des 12. Jahrhunderts konnte der Besitz wiederum erweitert werden, indem die Formbacher Erbschaft mit Neuburg, Schärding und Windberg 1158 an die Andechser Linie ging. Auch wurde Berthold III. mit den Grafschaftsrechten im Inn- und Pustertal belehnt, was ihm 1180 die Gründung von Innsbruck ermöglichte. Somit war der Weg von Deutschland nach Italien über den Brenner weitgehend unter der Kontrolle der Andechser. Das machte sie für die Stauferkaiser unentbehrlich. Mit diesen waren die Andechser verwandt, ihnen dienten sie immer treu. (Sollte 1208 eine Ausnahme gewesen sein?) Friedrich I. Barbarossa erhöhte das Grafengeschlecht denn auch mit zwei für dieses sehr wichtigen Titeln: Nach 1173 belehnte er Berthold III. mit dem Titel *Markgraf von Istrien*, wodurch dieser in den Reichsfürstenstand erhoben wurde, und Ende 1180 Berthold IV. mit dem Titel eines Herzogs von Meranien. Nachdem 1177 dessen Onkel Otto als Otto II. Bischof von Bamberg geworden war, erloschen auch die Auseinandersetzungen zwischen dem Hochstift und den Andechsern; das Geschlecht stand auf dem Höhepunkt seiner Macht.

Berthold IV. suchte nun, das Ansehen seiner Familie durch entsprechende Heiraten seiner Töchter zu festigen, wobei er allerdings nicht immer eine glückliche Hand bewies. Die älteste Tochter Hedwig wurde im Alter von 12 Jahren zwischen 1188 und 1190 mit dem späteren Herzog Heinrich I. von Schlesien aus dem Hause der Piasten verheiratet. Eine Tochter unbekannten Namens wurde 1189 Tohu, dem Neffen des Großzupans von Serbien, zur Ehe versprochen; ob die für 1190 geplante Eheschließung stattfand, ist unbekannt. 1196 gab Berthold seine Tochter Agnes König Philipp II. August von Frankreich zur Frau, obwohl Blutsverwandtschaft im 4. Grad vorlag und Philipps Scheidung von Ingeborg von Dänemark, 1193 durch ein französisches Bischofs- und Grafengericht ausgesprochen, päpstlicherseits nicht anerkannt war, also auch keine neue kirchlich anerkannte Ehe geschlossen werden konnte. Als der Papst deshalb 1200 ein Interdikt über ganz Frankreich verhängte, trennte sich Philipp II. von Agnes, die 1201 nach der Geburt ihres zweiten Kindes starb. Die Kinder Maria und Philipp wurden im Jahr darauf legitimiert. Gertrud wurde zwischen 1200 und 1202 dem ungarischen Prinzen Andreas zur Ehe gegeben, also zu einer Zeit, als man noch kaum erwarten konnte, dass er König würde. Die jüngste Tochter Mechthild trat in das Zisterzienserinnenkloster St. Theodor in Bamberg ein und wurde 1214 im Bamberger Eigenkloster der Benediktinerinnen in Kitzingen Äbtissin. Sie leitete es bis zu ihrem Tod 1254.

Als Herzog und Markgraf Berthold IV. 1204 starb, beerbten ihn seine beiden älteren Söhne Otto VII. und Heinrich IV.: Otto erhielt den Herzogstitel mit den nördlich der Donau gelegenen, also auch den fränkischen Besitzungen, Heinrich den Markgrafentitel und die südlich der Donau gelegenen Gebiete. Otto konnte 1208 die staufische Prinzessin Beatrix von Burgund heiraten und wurde damit auch Pfalzgraf von Burgund. Das Ehepaar bekam fünf Töchter und einen Sohn, den späteren Herzog Otto VIII. Beatrix starb 1231, Otto VII. 1234.

Bertholds dritter Sohn Ekbert wurde erst Propst von St. Gangolf in Bamberg, dann Dompropst. Im Februar 1203 wurde er zum Bischof von Bamberg gewählt. Da er aber noch zu jung war, musste er sich beim Papst um Dispens bemühen. Mit dem Versprechen, in Dingen des staufisch-welfischen Thronstreits die Weisungen des Papstes zu beachten (was zu diesem Zeitpunkt praktisch die Parteinahme für den Welfen bedeutete), erhielt Ekbert im Dezember 1203 die Bischofsweihe und das Pallium. Weil er aber bereits im Mai 1204 auf die Seite des Staufers trat, wurde er vom Papst suspendiert, bat jedoch um Verzeihung und wurde im März 1206 wieder in sein Amt eingesetzt. Das Pallium sollte er sich im Oktober in Rom holen. Die Heimreise führte ihn über Ungarn und Kärnten zum Reichstag nach Worms, wo im August 1207 unter Vermittlung päpstlicher Legaten und der Fürsten zwischen dem Welfen Otto IV. und dem Staufer Philipp II. ein Waffenstillstand vereinbart wurde, der bis zum 24. Juni 1208 gelten sollte. Drei Tage vor dessen Ablauf wurde Philipp in Bamberg ermordet. Ekbert musste wegen vermuteter Mitwisserschaft nach Ungarn flüchten. Er erhielt erst 1211 sein Bistum zurück, das er bis zu seinem Tod 1237 verwaltete.

Der vierte Sohn Herzog Bertholds IV., wiederum Berthold, wurde 1206 zum Erzbischof von Kalocsa gewählt, 1207 vom Papst bestätigt,

1213 vom Adel vertrieben, konnte aber wahrscheinlich später zurückkehren. 1218 wurde er sogar Patriarch von Aquileja, was ihm die höchste geistliche Würde nach dem Papst verlieh. Den Sitz des Patriarchats verlegte Berthold nach Udine. Im Kampf zwischen dem Papst und dem Staufer Friedrich II. stand er lange auf des Kaisers Seite und sicherte diesem die Bewegungsfreiheit in Oberitalien. 1239 suchte er nach der zweiten Bannung des Kaisers zu vermitteln und trat erst 1249 in das Lager des Papstes über. 1245 beim Konzil von Lyon machte Berthold durch seine Prunksucht von sich reden. 1251 starb er.

Diese Töchter und Söhne Herzog Bertholds IV. waren die Tanten und Onkel Elisabeths. Persönlich gekannt hat sie drei von ihnen: Herzog und Pfalzgraf Otto, der 1224 auf der Neuenburg im Streit Landgraf Ludwigs mit seiner Schwester Jutta vermittelte. Dem dürften häufigere Kontakte der beiden Fürstenhäuser vorausgegangen sein. Von Mechthild und Ekbert wissen wir, dass sie sich 1228 um Elisabeth gekümmert haben. Allem Anschein nach hatte sie auch mit Hedwig und Berthold Verbindung, denn nach ihrem Tod finden sich Gegenstände von ihr im Besitz der beiden[2]. Nachdem aber Elisabeth am Thüringer Hof aufgewachsen war, dürfte ihre Bindung an das Haus der Andechs-Meranier nicht allzu eng gewesen und vielleicht erst nach dem Bruch Elisabeths mit ihrem Schwager Heinrich Raspe zum Tragen gekommen sein.

Die Ludowinger und die Landgrafschaft Thüringen

Nach dem Erlöschen des alten Stammesherzogtums Thüringen im 10. Jahrhundert war das Land in mehrere kleine Grafschaften zerfallen. Eine neu entstehende Grafschaft sollte schließlich die Vorherrschaft erlangen, die der Ludowinger. Ludwig mit dem Barte wanderte um 1030 aus Mainfranken ein, gewann durch Rodung Besitz bei Friedrichsroda und gründete die Schauenburg, nach der er sich Graf von Schauenburg nannte. Sein Sohn Ludwig der Springer konnte die 1080 erstmals erwähnte Wartburg erbauen oder in seinen Besitz bringen, weitete diesen durch Rodung aus und gründete 1085 das Hauskloster Reinhardsbrunn. Dort zogen Benediktinermönche aus Hirsau ein. Deren Skriptorium dürfte den Ludowingern als eine Art Kanzlei gedient haben. Ab 1110 war das Kloster die Grablege der Ludowinger. Durch Heirat erwarb Ludwig der Springer Gebiete um Sangershausen und Freyburg an der Unstrut, als Reichslehen die Grafschaften Brandenburg an der Werra und Eckartsberga. Sein

Sohn, wiederum ein Ludwig, konnte vor 1122 die Erbtochter von zwei hessischen Grafschaften heiraten und somit den 1122 verstorbenen Graf Giso IV. beerben. Das brachte ihm die Gebiete um Maden/Gudensberg (Niederhessen) und um Marburg (Oberhessen) ein sowie die Vogtei über das Kloster Hersfeld. Er regierte ab 1123.

Die allmählich gewonnene Vormachtstellung der Ludowinger unter den thüringischen Grafen erkannte König Lothar III. an, indem er – wahrscheinlich auf dem Reichstag zu Goslar Anfang 1131 – Ludwig zum Landgrafen machte. Damit übernahm Ludwig praktisch die Machtstellung des Grafen Hermann II. von Winzenburg, den ein Fürstengericht kurz zuvor gestürzt hatte. Ludwig I. (1131–1140) erhielt als Landgraf die Gerichtsbarkeit über alle thüringischen Grafen und Herren (unbeschadet deren eigener Gerichtsbarkeit über ihre Leute) und übte sie, anknüpfend an das alte Landthing des thüringischen Stammes auf der Tretteburg, in der Landthingstätte Mittelhausen als *magnus comes, comes patriae* oder eben als *lantgravius* aus. Das Gericht bildete für Thüringen ein einigendes, zentrales Band. Ab dem 13. Jahrhundert hatte der Landgraf auch für die Wahrung des Landfriedens zu sorgen, also Hausfriedensbruch, Notzucht, Diebstahl, Totschlag und Verwundung zu ahnden.

Landgraf Ludwig II. (1140–1172) unterstützte, wie schon sein Vater, die deutschen Könige Konrad III. und Friedrich I. Barbarossa in vielerlei Hinsicht auf Reichs- und Hoftagen und auf Feldzügen. Dem Versuch Kaiser Friedrichs, das Reichsland auf der Linie Mainfranken – Thüringer Wald – Ichtershausen – Erfurt – Magdeburg auszubauen, legte er nichts in den Weg. Er heiratete Jutta, die Nichte von König Konrad und die Halbschwester Friedrichs I., die vom Kaiser die Erlaubnis bekam (allerdings erst nachträglich), die Burg Weißensee auf dem Grund des Grafen von Beichlingen zu errichten, wertvoll für den Kaiser wie für den Landgrafen. Seine vier Söhne Ludwig, Friedrich, Heinrich Raspe und Hermann konnten sich rühmen, staufisches Blut in den Adern zu haben.

Landgraf Ludwig II. drückte sein fürstliches Selbstverständnis durch eine rege Bautätigkeit aus; die Zahl seiner Burgen hat er mehr als verdoppelt. Neben militärischen Zwecken dienten gerade die größeren Burgen wie Wartburg, Eckartsberg, Creuzburg, Neuerburg (im rheinischen Gebiet) und Neuenburg (an der Unstrut) der Repräsentation. Der Palas der Wartburg mit Festsaal und Wohnräumen ist der älteste und größte nachweisbare Palas einer Burg. Er dürfte zwischen 1157 und 1170 entstanden sein[3]. Die erhaltenen seiner ehemals 130 romanischen Kapitelle zeigen reiche Pflanzen- und Tierornamentik und gehören der 2. Hälfte des 12. Jahrhunderts an. Das zweite Obergeschoss (Strickhausen nennt es das dritte, weil er das wegen der Hanglage nur halb ausgebaute Kellergeschoss als Erdgeschoss auffasst) mit dem großen Saal, ursprünglich nicht geplant, könnte aufgesetzt sein, um dem Saalbau auf der Burg Dankwarderode (1164/66 vollendet) von Heinrich dem Löwen Konkurrenz zu machen. Kaiser Friedrich I. übernahm beim Bau seiner Pfalz Gelnhausen (um 1170–1180) den Bautyp des Palas in reicherer Ausgestaltung. Diese wurde zum Vorbild für weitere Pfalzen. Die Umbauten der Kaiserpfalz in Goslar wurden erst um 1182 vollendet.

Auch die landgräflichen Ämter werden von Ludwig II. vermehrt: Für die Wartburg sind ab 1137, für die Neuenburg ab 1178 Burggrafen nachweisbar. In den 70er und 80er Jahren des 12. Jahrhunderts entwickelte sich die landgräfliche Hofkanzlei, in der Kapläne und Notare die ersten Urkunden schrieben. Ludwig III. (1172–1190) führte vor 1178 sogar die vier – ursprünglich königlichen – Hofämter ein: In einer Urkunde vom 9. Juni 1178 treten auf der Neuenburg als Zeugen auf: Schenk Rudolf von Vargula, Truchsess Günther von Schlotheim, Marschall Heinrich von Eckartsberga, Kämmerer Hermann von Fahner. Ihre Ämter blieben in den Familien bis 1227 bzw. 1247 erblich[4].

Im 12. Jahrhundert (wie auch noch unter heutigen Gelehrten) scheint es strittig gewesen zu sein, ob mit der Landgrafenwürde die Erhebung zum Reichsfürsten verbunden war. Als Reichsfürsten galten noch 1125 Herzöge, Markgrafen und Pfalzgrafen. Seit 1180 wurden sie definiert als Herrscher mit unmittelbarer lehnsrechtlicher Bindung an den König in einem Territorium, in dem sich ihnen weitere Lehnsträger, z. B. Grafen, untergeordnet hatten. Ludwig II. war überzeugt, dass sein Geschlecht nun gleichen Rang, Namen und Ruhm habe wie die hervorragendsten Fürsten des Reiches und er seine Fähigkeiten und seinen Eifer „zum Nutzen des Reiches" gebrauchen müsse. Das sollte auch sein Bruder Heinrich Raspe tun, dem er diese Worte als Mahnung zwischen 1140 und 1155 schreibt; er solle sich den Reichsangelegenheiten widmen, wie es einem Fürsten zieme[5]. Selbst der Mainzer Erzbischof, im allgemeinen kein Freund der Landgrafen, verwendet in einer Urkunde von 1171 sieben Mal die Ausdrücke *princeps* bzw. *principatum,* die auch andere thüringische Chroniken gebrauchen[6]. So begründet die *Reinhardsbrunner Gründungsgeschichte,* die dort zwischen 1190 und 1198 entstand und nur in einem Auszug *De ortu principum* von 1234/35 erhalten ist, den Fürstentitel für die Ludowinger mit deren Verwandtschaft mit Karolingern und Saliern sowie mit der landrechtlichen Befugnis (Kirchenlehen, königliche Verleihungen, Rodungs- und Siedlertätigkeit, Burgenbau und Klostergründungen) und der Übergabe eines Fahnenlehens durch den König, womit der Landgraf den Namen eines Fürsten erlangt habe[7].

Entscheiden sollte sich die Frage nach dem Reichsfürstenstand 1180 bei dem Prozess gegen den Welfen Heinrich den Löwen. Dieser war Reichsfürst, konnte also nur von einem Kollegium von Reichsfürsten gerichtet werden. Würde Landgraf Ludwig als solcher anerkannt? Tatsächlich saß er im Rat der Reichsfürsten, sprach mit ihnen das Urteil und verkündete es vielleicht auch. Denn er steht in der betreffenden Gelnhäuser Urkunde an der Spitze der weltlichen Fürsten – hier ausdrücklich *principes* genannt. Von da an gehörten die Ludowinger unumstritten zum Reichsfürstenstand, wie er sich im 12. Jahrhundert herausgebildet hatte. Allerdings blieben sie die einzigen Landgrafen, denen dieser Aufstieg gelang. Es ist anzunehmen, dass er nicht allein vom Titel, sondern auch von der persönlichen Tüchtigkeit bzw. dem Durchsetzungsvermögen der zwei ersten Landgrafen abhängig war. Der Reichsfürstenstand der Ludowinger ist für unseren Zusammenhang wichtig, denn sonst wäre eine Heirat mit einer Königstochter wie Elisabeth kaum möglich gewesen.

Ludwig III. erhielt 1180 von den welfischen Besitzungen an der Nordgrenze seines Landes die Pfalzgrafschaft Sachsen zwar zugesprochen, konnte davon aber nur den Hassegau erobern. Er gab Besitz und Titel 1181 an seinen Bruder Hermann ab. Ludwig selbst widmete sich dem Ausbau der Burgen, weniger zu militärischen als zu Repräsentationszwecken, und der Städte. Die Städtegründungen des ausgehenden 12. Jahrhunderts sind wichtig. Vermutlich schon Ludwig II. hatte Creuzburg, Gotha und Eisenach zu Städten erhoben. In letzterer erbaute er die Pfarrkirche St. Nikolai und den Landgrafenhof. Ludwig III. gründete in Eisenach die Georgenkirche als neue Pfarre und ein Benediktinerinnenkloster an der Nikolaikirche. Hermann I. ließ die Städte Thamsbrück, Waltershausen, Weißensee, Sangershausen, Freyburg und andere folgen. Eisenach hatte 1196 zwei Münzmeister und acht Ratsmänner, die unter einem vom Landgrafen eingesetzten Schultheiß standen.

Ludwig III. nahm 1190 am Kreuzzug unter Friedrich Barbarossa teil, kämpfte vor Akkon und starb 1190 auf der Rückreise – ohne männlichen Erben. Der Stauferkaiser Heinrich VI. wollte nun Thüringen als erledigtes Reichslehen einziehen, doch Hermann erreichte mit Hilfe anderer Reichsfürsten, dass er als Bruder des Verstorbenen die Regierung antreten konnte. Er regierte als Hermann I. von 1190 bis 1217. Auch er beteiligte sich am Kreuzzug 1197/98, den Kaiser Heinrich VI. vor seinem Tod, 1196, noch geplant hatte, und war 1198 in Akkon bei der Gründung des Deutschen Ordens dabei.

Inzwischen hatte 1198 die „Doppelwahl" zum deutschen König stattgefunden: Der Staufer Philipp von Schwaben, mit den echten Reichsinsignien am falschen Ort gekrönt, und der Welfe Otto, ohne die Insignien am richtigen Ort gekrönt, standen sich gegenüber. Hermann musste sich entscheiden und tat dies zunächst für Otto, der ihm die Städte Nordhausen und Saalfeld versprach, später für Philipp, von dem er noch Mühlhausen zu erhalten hoffte. So wechselte er einige Male die Partei, nur auf den Vorteil für das eigene Land bedacht. Dieses schädigte er allerdings durch die Kämpfe schwer und konnte ihm die drei Städte doch nicht einfügen. Ab 1210 neigte sich Hermann endgültig der staufischen Partei zu und wählte 1211 mit Ottokar von Böhmen, Ludwig von Bayern und Leopold von Österreich den Staufer Friedrich II. zum König.

Hermann I. machte wie sein Bruder kirchliche Stiftungen. So ließ er auf der Wartburg die Kapelle erneuern und in Creuzburg 1215 die Nikolaikirche erbauen. 1215 gründete er mit seiner Frau und seiner Nichte Imagina, Herzogin von Brabant, in Eisenach das Katharinenkloster, wohin er Zisterzienserinnen berief. Imagina wurde dessen erste Äbtissin. Es entwickelte sich zur neuen Grablege der Ludowinger, nachdem Hermann mit seinem bisherigen Hauskloster Reinhardsbrunn in Streit geraten war, weil er dessen Türme abgerissen hatte, um mit den Steinen ein Tor in Gotha zu bauen. Der Auftrag für zwei Psalter für seine Gemahlin Sophia und ihn selbst fand zwischen 1200 und 1213 statt. Die Bücher waren, wie damals üblich, für Laien konzipiert, die Latein lesen konnten.

War auch die Regierungszeit Hermanns von Kämpfen überschattet, so war sie doch von Kunstverständnis und Mäzenatentum geprägt. Hermann konnte die repräsentativen Bauten seiner Vorgänger mit höfischem Leben erfüllen, das Hofzeremoniell im Kreis der Edelfreien und Ministerialen entfalten und Dichter und Sänger auftreten lassen. Ganz sicher hatte sein Vater, Ludwig II., durch sorgfältige Erziehung und Bildung den Grund dafür gelegt. Erhalten ist ein Brief von 1162/63, den Ludwig an den französischen König schrieb, worin er ihn um Unterstützung bat; er wolle nacheinander je zwei seiner Söhne nach Paris zum Studium schicken, um zu prüfen, welcher von ihnen sich am besten für eine wissenschaftliche Laufbahn eigne. Ob es zur Reise nach Paris kam und welche Söhne in Paris gewesen sein könnten, ist nicht bekannt. Sie müssen jedoch einen entsprechenden

Bildungsstand gehabt haben. Bei Hermann darf man Französisch- und Lateinkenntnisse voraussetzen, was für einen Ritter der damaligen Zeit ungewöhnlich war – aber nicht für einen Fürsten.

Schon als Pfalzgraf gab Hermann I. zusammen mit seinem Bruder Friedrich dem Dichter *Heinrich von Veldeke* das von ihrem Bruder Heinrich entwendete Manuskript des Äneas-Romans *Eneit* zurück und bot ihm an, es am thüringischen Hof zu vollenden. Heinrich von Veldeke nahm an und konnte in den Jahren 1184 bis 1190 Gastfreundschaft auf der Neuenburg genießen. Damit hatte Hermann dem frühhöfischen Roman Eingang in Thüringen verschafft. Nach 1190 schrieb in der Nachfolge von Veldeke *Herbort von Fritzlar* das *Liet von Troye* – die Vorlage dazu, den Roman *de Troie* des Benoit de Saint Môre, hatte ihm Hermann über den Grafen von Leiningen besorgt. Hermann beauftragte *Albrecht von Halberstadt* mit der Übersetzung der Metamorphosen des Ovid aus dem Lateinischen, und vermutlich *Biterolf* mit einem (nicht erhaltenen) Alexanderepos. Der *Eraclius* eines gewissen *Otte* und das Gedicht über *Athis und Profilias* dürften auch im Umkreis des Thüringer Hofes entstanden sein. Dessen Vorliebe für antike Stoffe könnte auf Hermann selbst zurückgehen.

Mit *Wolfram von Eschenbach* gelangte der hoch-höfische Roman mit seiner Artusepik an den Thüringer Hof. Wolfram wird hier Teile seines *Parzival* bei seinem Aufenthalt 1203/04 gedichtet haben. Dann erhielt er von Hermann I. den Auftrag, das französische Heldenlied *Bataille d'Aliscans,* das er ihm vermittelt hatte, zu einer deutschen Dichtung umzugestalten. Wolfram schuf ab 1210 den *Willehalm* und vor 1217 den *Titurel,* in dem er den Landgrafen ob seiner Freigebigkeit preist. Beide Werke blieben unvollendet.

Minnesang und Spruchdichtung hielten ab 1198 mit *Walther von der Vogelweide* Einzug am Thüringer Hof. Walther kehrte einige Male dort ein und rechnet sich sogar zum *ingesinde* des Fürsten, während Wolfram die Ritter eher als *uzgesinde* charakterisiert. Auch Walther beanstandet das laute Treiben der Ritter und die Verschwendungssucht des Landgrafen, dichtet aber doch in seinem Interesse.

Die literarischen Strömungen der Epik und des Minnesangs sowie die Pracht der Hofgesellschaft hat Elisabeth als Kind von vier bis zehn Jahren am Thüringer Hof gehört, gesehen und in sich aufgenommen. Ihre eigenständige Wertung dieser höfischen Welt sollte sich erst später entwickeln.

Das ungarische Königspaar, Eltern Elisabeths;
Darstellung im sog. Landgrafenpsalter; 1211–1213

Landgraf Hermann und seine Gemahlin Sophia;
Große Heidelberger Liederhandschrift 1300–1330

Das Leben Elisabeths

Die Kindheit

Das Datum von Elisabeths Geburt ist, wie meist im Mittelalter, nicht überliefert; doch kann man das Jahr ihrer Geburt errechnen. Denn als Elisabeth in der Nacht vom 16. auf den 17. November 1231 stirbt, schreibt Konrad von Marburg: *Obiit XVI kalendas decembris anno etatis sue XXV*[1]*; sie starb im 25. Lebensjahr.* Das ergibt als Geburtsjahr 1207. Der Geburtstag muss in der zweiten Jahreshälfte gewesen sein, etwa zwischen August und Mitte November, denn Elisabeths älterer Bruder wird im Herbst 1206 geboren: Der Papst lässt am 29. November seine Glückwünsche an das ungarische Königspaar durch Bischof Ekbert ausrichten[2].

Ein Geburtsort Elisabeths wird in den frühen Quellen nicht genannt. Die ungarische Königsfamilie hielt sich meist in einer der königlichen Pfalzen auf; König Emerich und König Andreas II. bevorzugten die Pfalzen Buda, Pilis, Zólyom, Patak (= Sárospatak), Bereg, Torna und Segesd. Im späten 15. Jh. schreibt Osvaldus de Lasco in der ersten seiner beiden Elisabeth-Predigten – und fügt das ganz bewusst entgegen seiner Vorlage ein –, dass Elisabeth in Sárospatak geboren sei. Nachdem dies damals im Besitz Königin Gertruds war, liegt es nahe, dass sie dort ihre Tochter zur Welt gebracht hat. Von der einstigen königlichen Pfalz ist nichts erhalten. Von der ihr angeschlossenen Rundkirche aus dem 11./12. Jh., in der dann Elisabeth getauft worden sein könnte, stehen noch wenige Steine des Fundaments[3]. Nebenan erhebt sich heute die Burg aus dem 13. und 15. Jahrhundert mit etlichen späteren Erweiterungen.

Wichtiger als Datum und Ort ist für einen Menschen die Familie, in die er hineingeboren wird. Elisabeths Eltern Andreas und Gertrud hatten etwa 1202 geheiratet, wurden aber während der Kämpfe um den Thron bald von einander getrennt und konnten erst 1204 wieder ihr gemeinsames Leben aufnehmen. Andreas wurde im Mai 1205 zum König gekrönt und regierte von da an unangefochten. Das Königspaar bekam fünf Kinder: Bela war ein Jahr älter als Elisabeth, Koloman ein Jahr jünger als sie. Später wurden die Geschwister Andreas und Maria geboren, die Elisabeth vermutlich nicht mehr kennengelernt hat. Sicher wuchs Elisabeth zweisprachig auf, wobei Deutsch im wörtlichen Sinn ihre Muttersprache war. Gertrud hatte sich mit deutschen Rittern umgeben und förderte in Ungarn das Deutsche und die Deutschen, wo sie konnte. So mag Elisabeth bald ihren jüngsten Onkel Berthold kennengelernt haben, wenn er zu seinen Besuchen an den Königshof kam, ihn aber eher als lebenslustigen jungen Herrn denn als frommen Bischof erlebt haben.

Wohl um die Jahreswende 1208/1209 kam der zweite Bischof der Familie, Gertruds Bruder Ekbert aus Bamberg, an den ungarischen Königshof, im Frühsommer 1209 ihr Bruder Heinrich, Markgraf von Istrien. Beide waren Flüchtlinge und mussten sich, um ihr Leben zu retten, außerhalb des deutschen Reiches aufhalten. Denn sie waren kurz nach dem Mord an König Philipp II. durch Pfalzgraf Otto von Wittelsbach am 21. Juni 1208 der Mitwisserschaft oder der Beteiligung an einer Verschwörung verdächtigt und am 11. November durch ein Fürstengericht in Frankfurt zusammen mit dem Mörder und etlichen Ministerialen für friedlos erklärt worden: Sie verloren alle Würden, Lehen und das Erbgut; wer sie töten wollte, durfte dies ungestraft tun. Das Frankfurter Fürstengericht hatte nach fränkischem Recht geurteilt. Da die Andechs-Meranier aber Bayern waren, wurden sie am 6. Januar 1209 nochmals auf bayerischem Boden bei Augsburg verurteilt. König Otto IV. hatte schon vier Tage nach dem Frankfurter Urteil die Reichslehen von Pfalzgraf Otto von Wittelsbach und „dem Mörder Heinrich" an Herzog Ludwig von Bayern verliehen, der sie sofort zu besetzen suchte. Markgraf Heinrich verteidigte zwar sein Land, wurde aber bald überwältigt und zog sich im März 1209 mit einigen Getreuen zurück. Er reiste nach Rom und dann nach Ungarn[4].

Es ist hier nicht der Ort, den Hintergründen für den Königsmord und der Art der Beteiligung der beiden Andechs-Meranier nachzugehen. Dieser Kriminalfall der Geschichte wird wohl niemals geklärt werden, und man kann noch heute bei der Benutzung der gleichen Quellen zu recht konträren Meinungen kommen. Wichtig für die Brüder war, dass sie zunächst ihr Leben gerettet hatten und von Ungarn aus ihre Rehabilitation betreiben konnten. Dabei hatte Bischof Ekbert die besseren Aussichten: Man hatte ihn zwar wegen des Mordkomplotts verurteilt, konnte aber nur beweisen, dass er es als Gastgeber an der nötigen Sicherheit für den König habe fehlen und den Mörder entkommen lassen. Auch musste er als Geistlicher von einem geistlichen Gericht verurteilt werden. Ekbert appellierte sofort an den Papst und konnte damit verhindern, dass in Bamberg ein Nachfolger für ihn gewählt wurde. Papst Innozenz III. gab am 16. Januar 1209 zwei Legaten den Auftrag, die Mitschuld Ekberts vor einem geistlichen Gericht zu untersuchen: Sollte ein Ankläger vor diesem erscheinen und die Schuld Ekberts nachweisen, solle er seines Amtes und seiner kirchlichen Pfründe verlustig gehen; sollte dieser Nachweis nicht erbracht werden, sei Ekbert zum Reinigungseid aufzufordern; könne er ihn innerhalb von drei Monaten leisten, sei er vom Gericht für unschuldig zu erklären[5]. Der Papst wählte hier den älteren Akkusationsprozess, bei dem der Ankläger den Nachweis der Schuld des Angeklagten zu führen hatte, nicht den schon zu Beginn des 13. Jahrhunderts meist angewandten Inquisitionsprozess, bei dem der Richter von sich aus Schuld oder Unschuld des Angeklagten zu beweisen hatte. Auf ein solches Verfahren mochte Ekbert gehofft haben, denn damit wäre rascher ein Urteil gesprochen worden. Zum anberaumten Gerichtsverfahren kam Bischof Ekbert im Mai 1209 nach Würzburg, doch da legten seine Ankläger Berufung an den Papst ein. Also weilte Ekbert im Sommer und Herbst 1209 in Rom, um die Anklage der zur Kaiserkrönung dort anwesenden Fürsten zu erwarten, die aber nicht erfolgte. Schließlich reiste er zum dritten Versuch im März 1211 nach Mainz. Die Anklage unterblieb. So konnte im Juni 1211 in Bamberg Ekbert nach einem Reinigungseid wieder in seine Rechte als Bischof eingesetzt werden. Markgraf Heinrich von Istrien kehrte etwa zur selben Zeit auf seine Güter in Krain und der unteren Steiermark, die ihm sein Bruder Otto erhalten hatte, zurück; ab August 1211 urkundet er dort wieder[6].

Der knapp zweijährige Aufenthalt Ekberts in Ungarn wird immer wieder mit der Verlobung Elisabeths in Zusammenhang gebracht. Sicher nicht zu Unrecht. Lag die Verlobung am Beginn von Ekberts Aufenthalt, also 1209, oder am oder gar nach seinem Ende 1211? Betrachtet man die Situation Ekberts 1209, so hatte er persönlich sicher andere Probleme zu lösen, als eine einjährige Nichte mit einem fernen und unbekannten Mann zu verloben. Die politische Situation war 1209 instabil. Weder wussten die Andechs-Meranier, ob Landgraf Hermann von Thüringen endgültig auf der Seite des Welfenkönigs stand oder doch eine andere Lösung anstrebte, noch konnte Hermann den Andechsern wegen deren zwielichtiger Rolle trauen. Eine Verbindung der Ludowinger und der Arpaden oder der Länder Thüringen und Ungarn hätte zu diesem Zeitpunkt keine Änderung der Lage gebracht.

Die Meinung, Elisabeth sei bereits im Alter von einem Jahr verlobt worden, geht auf einen Vermerk in der Elisabeth-Vita des Dietrich von Apolda zurück. Er schreibt, Elisabeth sei 1207 geboren und *nicht viel später* und *bis dahin noch an der Brust saugend auf den Wink Gottes hin verlobt worden*[7]. Auch wenn anzunehmen ist, dass Elisabeth etwa ein bis zwei Jahre lang von einer Amme gestillt wurde – ihre Mutter, die in drei Jahren drei Kinder bekam, konnte das gewiss nicht tun – so ist diese frühe Verlobung doch unwahrscheinlich. Der Ausdruck *sugens* bzw. *sugentem ubera* beruht auf Zitaten aus dem Alten Testament. Jesaja (66,11) stellt den aus der Babylonischen Gefangenschaft zurückkehrenden Israeliten die Schönheit des zukünftigen Jerusalem vor und fordert auf: *Saugt euch satt an ihrer tröstenden Brust, trinkt und labt euch an ihrem mütterlichen Reichtum!* Von den Christen wurde dieses Bild auf die Kirche und ihre Gläubigen übertragen. Im Hohen Lied (7,12) sagt eine junge Frau, sie wolle mit dem Geliebten in den Weinberg gehen, wo sie ihm ihre Brust geben werde, das heißt, ihm ihre Liebe schenken wolle. Der Ausdruck ist also schon an den Originalstellen eine Metapher und wird in der Mystik als Bild der persönlichen Beziehung des Gläubigen zu Jesus gebraucht. Bernhard von Clairvaux fordert in seinem 322. Brief seine Mönche auf, in der Versuchung nicht nur an den Wunden, sondern auch an den Brüsten des Gekreuzigten zu saugen[8]. In ähnlicher Weise wird dies in anderen mystischen Schriften ausgedrückt: Man saugt aus der Brust Jesu himmlische Süße, Erkenntnis, Barmherzigkeit oder göttliche Minne. In dieser Sprache, mit der Dietrich vertraut war (er stand mit Mechthild von Magdeburg und Heinrich von Halle in Verbindung), ist sein Ausdruck *sugens ubera* wohl allgemein als *Liebe saugen und empfangen* zu deuten: Elisabeth wurde als kleines Kind mit Liebe genährt. Vor allem hat sie göttliche Liebe empfangen, worauf der unmittelbar folgende Ausdruck *auf den Wink Gottes* hinweist. Es war ein Zeichen der Liebe Gottes, dass sie schon als Kleinkind mit Ludwig verlobt wurde. Ein Datum kann man aus diesem Satz Dietrichs nicht ableiten.

Die Verlobung Elisabeths wird eher mit dem Ende von Ekberts ungarischem Aufenthalt in Verbindung zu bringen sein[9]. Im Jahr 1211 hatte sich die politische Lage grundlegend geändert. Am 18. November 1210 hatte Papst Innozenz III. Kaiser Otto IV. gebannt, was am Gründonnerstag, dem 31. März 1211, allgemein verkündet worden war. Der Papst rief die deutschen Fürsten zum Widerstand auf. Dieser formierte sich denn auch bald. Wie die Reinhardsbrunner Chronik berichtet, verschworen sich der Mainzer und der Magdeburger Erzbischof, König Ottokar I. von Böhmen und der Markgraf von Meißen – nach der Erfurter Chronik aus St. Peter war auch Landgraf

Hermann von Thüringen dabei gewesen – gegen Otto IV. an einem geheim gehaltenen Ort. Auf der Bamberger Fürstenversammlung im Juni 1211 suchten sie, weitere Bundesgenossen zu gewinnen, ebenso wie im September in Nürnberg. Auf beiden Versammlungen war Landgraf Hermann dabei; er trat so deutlich auf die Seite des Staufers Friedrich, dass er mit Otto IV. im Sommer 1212 in Kampf geriet und seine Burg Weißensee belagert wurde. Im September 1212 entschieden sich die obengenannten Fürsten zusammen mit den Herzögen Ludwig I. von Bayern und Leopold von Österreich für den Staufer Friedrich von Sizilien als deutschen König. Dieser machte sich nach Deutschland auf und konnte am 5. Dezember 1212 von den Fürsten gewählt und vier Tage später als Friedrich II. zum König gekrönt werden[10]. Zu welchem Zeitpunkt sich die Andechs-Meranier wieder auf die staufische Seite schlugen, ist nicht eindeutig zu bestimmen. Vermutlich hüteten sie sich, durch die letzten Jahre vorsichtig geworden, ihren Standpunkt allzu früh bekannt zu machen. Noch an Pfingsten 1212 kamen Herzog Otto und Bischof Ekbert zum Reichstag Kaiser Ottos nach Nürnberg; vielleicht wurde Ekbert hier von der Reichsacht losgesprochen. Öffentlich bekannten sie sich erst Ende Februar 1213 in Nürnberg zum Staufer[11].

Überblickt man die Ereignisse, so trafen spätestens im Juni 1211 Bischof Ekbert, Landgraf Hermann und König Ottokar, dessen zweite Frau Konstanze die Schwester von König Andreas von Ungarn war, in Bamberg zusammen. Hier suchte Hermann Bundesgenossen für die staufische Sache. Ekbert und Ottokar könnten Ungarn ins Spiel gebracht und sich als Vermittler angeboten haben. Der traditionell den Staufern geneigte König Andreas und die den Deutschen zugetane Königin Gertrud werden Hermanns Angebot, seinen Sohn mit Elisabeth zu verloben, gerne zugestimmt haben. Somit wurde die staufische Partei gestärkt. Bischof Ekbert und Herzog Otto von Andechs-Meranien bekamen an den Nordgrenzen ihrer Länder einen ihnen verwandtschaftlich verbundenen Nachbarn, was nur von Vorteil sein konnte. So mag es im Frühherbst 1211 um Elisabeths vierten Geburtstag gewesen sein, dass der Verlobungsvertrag ausgehandelt wurde. Es war in der damaligen Zeit durchaus üblich, politische Heiraten im Kindesalter der späteren Ehepartner zu vereinbaren und vertraglich zu sichern, sollte doch die angestrebte Bündnis- und Friedenssicherung sofort eintreten. Wenn außerdem die Braut an den Hof des Bräutigams gebracht wurde, so war beabsichtigt, dass sie sich in die dortigen Verhältnisse gut einlebe und die Sprache beherrschen lerne.

Die Übergabe der Braut erfolgte in Pressburg, an der Grenze zwischen Ungarn und Österreich. Königin Gertrud hatte eine reiche Aussteuer zusammengestellt: kostbare Gefäße, Schmuck und Textilien und dazu tausend Silbermark; die Geldsumme wollte sie später noch erhöhen, wozu es aber nicht mehr kam. Gertrud gab ihrer Tochter auch Begleitung mit. Der deutschstämmige Graf Berthold und seine Frau blieben ein Jahr lang bei Elisabeth in Thüringen, um ihr die Zeit des Eingewöhnens zu erleichtern und dem Kind Sicherheit zu bieten. Das Ehepaar erhielt später für diesen Dienst eine Schenkung von König Andreas, die 1230 von seinem Sohn Bela IV. bestätigt wurde[12]. Vermutlich wurde auch die Gespielin Guda mitgesandt, die dauernd bei Elisabeth blieb. Die thüringische Gesandtschaft bestand aus Graf Meinhard von Mühlberg, Ritter Walter von Vargula (Bruder des Schenks) und der Witwe Bertha von Bendeleben[13]. Sie übernahmen Elisabeth mit ihrer Begleitung und brachten sie an den Thüringer Hof. Wo dieser damals gerade residierte, ist nicht mehr auszumachen. Es kann der Landgrafenhof in Eisenach, das „Steinerne Haus", gewesen sein, das vermutlich im Spätherbst und im Winter bevorzugt wurde, oder eine der zahlreichen Burgen, wie Creuzburg, Wartburg oder Neuenburg. Wichtig für Elisabeth dürfte gewesen sein, dass Landgräfin Sophia, die jetzt Mutterstelle an ihr übernehmen sollte, die gleiche bairische Sprache hatte wie ihre eigene Mutter: Sophia war die Tochter des bayerischen Herzogs Otto I. aus dem Hause Wittelsbach. Sie war eine mütterliche und religiöse Frau, hatte sechs Kinder und sollte nun mit Elisabeth und Guda zwei weitere übernehmen.

Die Familie Landgraf Hermanns war groß. Er hatte um 1181 Sophia, die Tochter des sächsischen Pfalzgrafen Friedrich von Sommerschenburg, geheiratet. Sie gebar ihm zwei Töchter: Jutta, die 1195 Markgraf Dietrich I. von Meißen heiratete, und Hedwig, die um 1204 Graf Albert von Orlamünde ehelichte. Nach dem Tod der ersten Gemahlin heiratete Hermann um 1196 die Wittelsbacherin Sophia. Auch sie bekam 1197 zunächst eine Tochter, Irmengard, die 1211 Heinrich I. von Anhalt heiratete und vielleicht bei Elisabeths Ankunft schon nicht mehr im Hause weilte. Dann gebar Sophia vier Söhne: als vielleicht ältesten Hermann – er wird in einer Urkunde vom 29. Mai 1214 als erster genannt[14] –, der im Dezember 1216 starb. Am 28. Oktober 1200 wurde Ludwig geboren. Es folgten Heinrich Raspe und Konrad, dessen Geburtsjahr auf 1207 anzusetzen ist, da er in einer Urkunde von 1214 noch nicht mit seinen Brüdern zeichnet, also noch keine sieben Jahre alt ist, und 1240 im Alter von 33 Jahren starb. Die Tochter Agnes muss 1206 auf die Welt gekommen sein, denn sie ist ein Jahr älter als Elisabeth. In diese Kinderschar hinein kam nun Elisabeth und wurde zusammen mit Agnes erzogen.

Dietrich von Apolda erzählt, Elisabeth sei nach ihrer Ankunft neben ihren jugendlichen Bräutigam ins Bett gelegt worden, um gleichsam die künftige Hochzeit symbolisch darzustellen. Dieser Vorgang ist anderweitig nicht bezeugt, könnte aber der Sitte entsprechen. Ansonsten wurden Knaben und Mädchen nach dem Kleinkinderalter getrennt erzogen. Die Landgrafensöhne Hermann, Ludwig und Heinrich waren bei der Ankunft Elisabeths etwa dreizehn, elf und neun Jahre – oder elf, neun und sieben Jahre – alt und hatten sich ihrer ritterlichen Ausbildung zu widmen: fechten, schießen, turnieren und jagen. Vielleicht diente einer von ihnen auch schon als Knappe an einem anderen Hof. Der jüngere Konrad kann sich eher einmal den kindlichen Spielen der Mädchen zugesellt haben.

Etwa bis zum Alter von sieben Jahren blieben im Mittelalter die Kinder in der Obhut der Frauen. Man hielt sich in den Kemenaten auf; die adligen Damen machten Handarbeiten, die Kinder spielten mit Bällen aus Leder, mit Puppenwiegen und Puppen, mit kleinen Gefäßen, Ritterfigürchen und Pferden aus Ton und mit Steckenpferden. Im Freien machte man Reigen- und Ringspiele, spielte Fangen und Verstecken, maß sich beim Murmelspiel und Kreiselschlagen. Elisabeth hatte besondere Freude an den Hüpf- und Fangspielen und verband damit ihre kleinen Nebenabsichten: Sie lief zur Kapelle für ein kurzes Gebet oder küsste von außen die Wand der Kapelle – Creuzburg, Neuenburg und Wartburg hatten zu dieser Zeit eine Kapelle im Burghof. Bei Wettspielen wollte Elisabeth gerne gewinnen, gab dann aber von den Gewinnen mitspielenden ärmeren Mädchen den zehnten Teil ab, so wie Erwachsene den Kirchenzehnten zahlten. Manchmal forderte Elisabeth von den Beschenkten als Gegengabe, einige Vaterunser und Ave-Maria zu beten[15]. Elisabeth ergriff öfter die Gelegenheit, allein in die Kapelle zu gehen, und obwohl sie noch nicht lesen konnte, kniete sie vor dem Altar und schlug den Psalter auf, als ob sie darin bete, erzählt Guda. Mit etwa sieben Jahren wurde adligen Mädchen Unterricht im Lesen, später im Schreiben erteilt, was für Damen der höfischen Gesellschaft zur Bildung gehörte, während es für Ritter nicht üblich war. So erhielt einmal Ulrich von Lichtenstein, immerhin ein Minnesänger, eine Nachricht seiner verehrten Dame und musste, um den Inhalt zu erfahren, sehnsüchtig warten, bis sein Schreiber von einer Reise zurückkehrte. Wenn Wolfram von Eschenbach mitteilt, er könne keine Buchstaben, so wird sich das nicht nur auf Latein und Französisch bezogen haben, sondern allgemein gelten. Wolfram ist eher stolz darauf: *schildes ambet ist mîn art.* Lesen und Schreiben war bei Rittern wenig geachtet – das überließ man den Frauen und Klerikern[16]. Wir hörten schon, dass Landgraf Hermann hier anders dachte.

Möglicherweise hatte Königin Gertrud den kostbaren alten Egbert-Psalter Elisabeth schon als Aussteuer mitgegeben oder Landgräfin Sophia ihren neuen, in einer niedersächsischen Werkstatt entstandenen in der Kapelle hinterlegt. Durch seinen reichen Bilderschmuck war er für Kinder interessant: Das Kalendarium zeigt neben dem Monatsbild zwei Miniaturen vom Leben oder Martyrium eines Heiligen oder vom Festgeheimnis des Monats. Zwischen den Psalmen werden wichtige alttestamentliche Szenen dargestellt. Bilder vom Leben Jesu werden durch einen Psalmvers oder einen Prophetenspruch gedeutet. Einige ganzseitige Miniaturen heben christliche Glaubenssätze heraus wie die Trinität, das Weltgericht, das Agnus Dei, die Krönung Mariens. Schlussbild ist die Gegenüberstellung von Vita activa und Vita contemplativa mit der Ermahnung Gregors des Großen, diese Werke während des Lebens auch zu vollbringen. Der Psalter könnte geradezu das Religionsbuch für die Kinder gewesen sein und Sophia sie durch das Anschauen der Bilder unterwiesen haben. Elisabeth hat sie tief in sich aufgenommen und Zeit ihres Lebens *im Herzen getragen.*

In Familien des Hochadels wurden manchmal Mädchen, die zur Ehe bestimmt waren, im Alter von etwa sieben Jahren zur Ausbildung in ein Kloster gegeben, wie zum Beispiel Hedwig, die Tante Elisabeths, die im Kloster Kitzingen erzogen wurde und später Herzog Heinrich von Schlesien heiratete. Am Landgrafenhof hielt man offensichtlich von der höfischen Bildung und Sitte mehr. Die Mädchen lernten meist Flachs spinnen (was Elisabeth aber nicht konnte), weben, nähen und sticken, Musikinstrumente spielen, singen und tanzen. Sie hatten auf gesittetes Benehmen zu achten. Edle Gebärden hatten sich mit Schamhaftigkeit, Demut und Verschwiegenheit zu paaren. All dies konnten sich die Mädchen am Auftreten Landgräfin Sophias am besten absehen. Die Kinder lernten auch das Reiten, was für Mädchen, die im Damensattel ritten und deshalb das Pferd mit der Gerte statt den Oberschenkeln leiten mussten, sicher nicht einfach war. Elisabeth hat das sehr gut gekonnt.

Wir erfahren nicht, wie Elisabeth die musikalischen und literarischen Anregungen des Landgrafenhofes aufnahm, ob sie ein Instrument spielte, Verse dichtete oder Schach spielte. Das alles ist nicht auszuschließen, doch wurde bei den Zeugenverhören nicht danach gefragt, und sicher war auch Elisabeths Interesse nicht darauf gerichtet. Guda erzählt dagegen, wie Elisabeth sich täglich bestimmte Gebete vornahm und, wenn sie tags nicht dazukam, sie noch abends im Bett verrichtete. Sie erwählte sich den Apostel Johannes zum Beschützer ihrer Keuschheit. Es gab ein Spiel der Mädchen, die Namen der verschiedenen Apostel auf Kerzen oder kleine Kärtchen zu schreiben, diese dann vermischt auf den Altar zu legen und auszulosen. Elisabeth betete darum, das Johannes-Los zu erhalten, und hatte das Glück, es drei Mal nacheinander zu ziehen. Wer im Namen von Johannes Elisabeth um eine Gefälligkeit bat, wurde von ihr nie abgewiesen. Elisabeth übte sich sehr in der Selbstdisziplin: Gott zuliebe entsagte sie so mancher Belustigung oder auch dem Reigentanz. Auch machte sie kleine Gelübde, um der Putzsucht und Eitelkeit einen Riegel vorzuschieben. Zum Beispiel heftete sie an Festtagen vor der Messe die üblichen weiten Schmuckärmel nicht an das Gewand und zog an Sonntagen keine Handschuhe an. Auch nahm sie öfter in der Messe bei bestimmten Evangelien ihre Hals- und Armbänder ab. Das Gebände, ein kunstvoll gewundenes Kopftuch, legte sie gewöhnlich vom Evangelium bis zum Ende des Kanons zur Seite[17]. Das mag gegen die Etikette verstoßen und der Landgräfin Ärger bereitet haben, wie es Dietrich ausmalt. Guda nennt Elisabeths Absicht: Demut und Ehrfurcht vor Gott, auf den sie ihr ganzes Handeln ausrichtete.

Schon in ihrer Kindheit erfuhr Elisabeth Tod und Sterben, einmal mit sechs und dann mit neun Jahren. Am 28. September 1213 wurde ihre Mutter Gertrud ermordet. Es musste sich eine Verschwörung ungarischer Adliger gegen den mächtigen deutschen Einfluss gebildet haben, denn die älteste Quelle gibt als Grund an, die Königin sei *gegenüber den Deutschen, woher sie nur kommen sollten, stets freigebig und weitherzig und um ihr Wohlergehen in jeder Hinsicht besorgt* gewesen[18]. Auch Gertruds Bruder Berthold wurde in diesen Tagen überfallen und mit den ihn umgebenden Geistlichen geschlagen, konnte aber entkommen und wurde mit Geleit von zwei Bischöfen außer Landes gebracht. Gertruds Mörder, Peter von Töre, wurde gefasst und hingerichtet. Gertrud wurde in der Zisterzienserkirche in Pilis bestattet. Dort ließ König Bela, ihr Sohn, in den Jahren 1230–1240 ein großes Grabmal für sie errichten, zu dessen künstlerischer Gestaltung der Franzose Villard de Honnecourt berufen wurde. Von Elisabeth ist keine Äußerung über den Tod ihrer Mutter erhalten, der aber dem Kind nicht verschwiegen werden konnte.

Zwei weitere Todesfälle erschütterten die landgräfliche Familie. An

Silvester 1216 starb, offenbar sehr unerwartet, der Sohn Hermann. Vielleicht war er zunächst Elisabeths Bräutigam gewesen. Kurz danach erkrankte Landgraf Hermann und war nicht mehr regierungsfähig; am 26. April 1217 starb er in Gotha. Vater und Sohn wurden in der Katharinenkirche in Eisenach beigesetzt, nicht in der alten Grablege der Ludowinger in Reinhardsbrunn. Diese Todesfälle bewegten nicht nur die Gefühle der Familienmitglieder, sondern stellten auch alle Pläne infrage. Was sollte mit Elisabeth geschehen? Wenn der eingeschobene Bericht im langen Libellus, der offensichtlich nicht von Guda stammt, einen „Sitz im Leben“ Elisabeths haben soll, dann hier. Nach ihm habe eine einflussreiche Familie am Hof Elisabeth schon immer mit Zurücksetzungen gedemütigt. Im heiratsfähigen Alter hätten Ratgeber dazu gedrängt, Elisabeth ihrem Vater heimzuschicken und eine Braut mit größerer Mitgift aus einer mächtigen Familie in der Nähe zu suchen. Als sich Elisabeth in ihrer Bedrängnis ganz dem Willen Gottes empfohlen habe, habe sie in Ludwig einen Tröster gefunden[19]. In der Tat entschied Ludwig die Frage, wenn es denn eine war: Er übernahm nicht nur die Regierung des Landes, sondern auch die Braut.

Ludwigs erste Urkunde stammt vom 15. Januar 1217. Als Ludwig IV. ergriff er dann Ende April 1217 die Regierung. Damit trat er sogleich in die Endphase des Kampfes zwischen Welfen und Staufern ein. Der Welfe, Kaiser Otto IV., hatte seinen Kampf um die Herrschaft noch nicht aufgegeben, obwohl fast alle deutschen Fürsten von ihm abgefallen waren. Friedrich II. rückte im Herbst 1217 von Fulda her gegen Otto vor, durchquerte dabei Thüringen, wo vermutlich Ludwig mit seinen Truppen zu ihm stieß, und schloss Otto in Braunschweig ein. Wahrscheinlich auf Betreiben von Ludwig, dessen Schwester Irmengard mit Graf Heinrich I. von Anhalt verheiratet war, trat dieser nun auch zum Staufer über. Der Kampf wurde letztlich durch den Tod Ottos am 19. Mai 1218 auf der Harzburg beendet[20]. Ludwig weilte im November 1217 bei König Friedrich in Altenburg und nahm im Dezember 1218 am Hoftag in Fulda teil. Er hielt immer treu zum Staufer und wurde von ihm sehr geschätzt.

So hatte sich Ludwig seine Sporen bereits verdient, als er am 6. Juli 1218 in der St. Georgskirche zu Eisenach die Schwertleite feierte[21]. Ein solcher Akt wurde normalerweise mit einem Gottesdienst begonnen, in dem das Schwert gesegnet und dann dem Knappen umgegürtet wurde. Dadurch wurde er in aller Öffentlichkeit wehrhaft gemacht und in den Ritterstand aufgenommen, der im Hochmittelalter Fürsten, Edelfreie und Ministerialen vereinte. Deswegen wurde die Feier meist mit einem Turnier beschlossen. Der junge Ritter gelobte, von nun an in ritterlicher Sitte und Gesinnung zu leben. Anlässlich der Schwertleite des Grafen Wilhelm von Holland am 7. Oktober 1247 stellt Johann von Beka geradezu einen ritterlichen Tugendkatalog vor: Der Ritter soll hochgemut und von edler Gesinnung sein, freigebig, tadellos und ehrenfest. Er soll täglich die Messe hören, für den Glauben das Leben wagen und die Kirche und ihre Diener von Bedrückern befreien. Er soll Witwen, Waisen und Unmündige beschirmen, ungerechte Kriege vermeiden, unbillige Dienste verweigern, Unschuldige durch Zweikampf befreien und Turniere nur zur ritterlichen Übung besuchen. Ferner soll er dem Kaiser gehorchen, das Reich respektieren, keine Lehensgüter veräußern und überhaupt untadelig vor Gott leben.

Wolfram von Eschenbach und Walther von der Vogelweide, die Ludwig persönlich kannte, gaben ihrerseits Weisungen für ein ritterliches Leben. So lässt Wolfram in seinem *Parzival* den alten Ritter Gurnemanz sagen: Der Ritter soll schamhaft sein. Als Herr soll er sich der Notleidenden, besonders der armen Ritter, annehmen. Er soll freigebig, gütig und demütig sein, um Gottes Gnade zu gewinnen. Zwischen Armut und Reichtum soll er das rechte Maß einhalten, Verschwendung taugt nicht. Ein Ritter soll auch nicht zuviel fragen, sondern besser zuhören. Bei ritterlichem Kampf soll er Erbarmen üben, nach dem Waffentragen auf Sauberkeit achten. Der Ritter soll den Frauen geneigt sein, sie nie wankelmütig betrügen, denn Mann und Frau gehören zusammen wie Sonne und Tag. Stellt so Gurnemanz die ritterlichen Tugenden von *zuht* und *mâze* heraus, ergänzt sie der Einsiedler Trevrizent: Der Ritter soll vor allem Gott vertrauen, nicht verzagen und auch bei Schuld auf das Erbarmen Gottes hoffen. Für Frauen und Priester soll er sorgen, weil sie wehrlos sind. Am Schluss des *Parzival* fasst Wolfram zusammen, dass Gottes Huld, der Frauen Liebe und die Ehre der Welt im Leben des Ritters erstrebenswert sind[22]. Während in den Epen Wolframs stets die Ehe eine wichtige Rolle spielt, schildert Walther von der Vogelweide in seinen Minneliedern die niedere und die hohe Minne. Nur letztere entspricht der höfischen Sitte: Der Ritter verehrt die Dame und erbittet von ihr lediglich einen huldvollen Gruß. Walther lobt die deutschen Frauen, die recht wie Engel seien und Tugend und reine Minne übten. Er widmet sich auch den politischen Aufgaben des Ritters oder Herrschers, der zu überlegen habe, wie man drei Dinge im Leben erwerben könne: Weltliche Ehre, Besitz und Gottes Huld. Dazu müssen aber zuerst Friede und Recht im Reich hergestellt werden[23].

Ludwig IV. hatte diese Gedanken in sich aufgenommen und sich lebenslang bemüht, ein christlicher Ritter zu sein, was ihm bisweilen schwergefallen sein mag. Schon im Jahr 1219 wurde er in einen Zwiespalt zwischen (vermeintlichem) Recht und kirchlichem Gehorsam gestellt. Es ging um die Besitzrechte an hessischen Kirchenlehen, die die Ludowinger seit jeher vom Mainzer Erzbischof inne hatten und die der neugewählte Erzbischof Siegfried II. von Eppstein anscheinend nicht wieder verleihen oder für deren Belehnung er Geld haben wollte. Als Verhandlungen nicht zum Ziel führten, griffen beide Seiten zu den ihnen gemäßen Waffen: Der Erzbischof bannte Ludwig und erklärte, auch sein Vater sei im Kirchenbann gestorben. Ludwig fiel in Gebiete von mainzischen Vasallen ein und verwüstete in Hessen Ländereien des Merenbergers und der Herren von Scharfenstein. So konnte er Friedensverhandlungen erzwingen, die unter Vermittlung der Äbte von Fulda und Hersfeld am 20. Juni 1219 in der Bonifatiuskirche in Fulda zur Versöhnung führten: Ludwig und sein Vater wurden vom Bann gelöst[24]. Allerdings brach im April 1220 auf dem Reichstag in Frankfurt der Streit erneut aus. Damals sahen die Reichsfürsten den Frieden im Reich gefährdet, sobald König Friedrich II. nach Italien gereist sei, und wählten deshalb Friedrichs Sohn Heinrich (VII.) zum König und Stellvertreter. Danach konnten sie den Streit zwischen den Ludowingern und dem Mainzer Erzbischof doch noch schlichten[25].

Diese Auseinandersetzung ist bezeichnend für eine Änderung der Herrschaftsstruktur an der Wende vom 12. zum 13. Jahrhundert. Bisher bestanden die Herrschaftsrechte aus einzelnen Alloden, Grafschaften, Kirchenlehen und Klostervogteien, deren verstreute Lage als eine weite Einflussmöglichkeit durchaus positiv empfunden wurde und wohl auch Vorteile für den Handel und regional verschiedene Anbaugebiete (Getreide, Wein, Holz) brachte. Die Ludowinger beherrschten Gebiete vom Rhein bis zur sächsischen Saale – ein Streubesitz. Im 13. Jahrhundert versuchte nun jeder Fürst, sich ein geschlossenes Territorium aufzubauen, um Landesherr in einem enger begrenzten Gebiet zu sein. So verkauften die Ludowinger ihre rheinischen Allodialbesitzungen an den Erzbischof von Köln, der den Rest der Schuld 1197 begleichen konnte[26]. Lagen Besitzungen zweier Fürsten eng verzahnt wie in Hessen die des Erzbistums Mainz und die der Ludowinger, und wollte jeder sein Gebiet abrunden, so mussten sie unweigerlich in Streit geraten. Verstärkt wurde der Zwiespalt durch die Auffassung der einen Seite, ein Lehen solle erblich sein, im Gegensatz zur anderen, dass der Lehensherr beim Erbfall frei sein müsse in der Entscheidung, wem das Lehen zu übertragen sei. Dass der Mainzer Erzbischof zu der an sich geistlichen Waffe der Exkommunikation griff, war im späten Mittelalter nichts Ungewöhnliches. Die Exkommunikation wurde hier zu einer politischen Waffe und daher nicht immer ernst genommen. Der Kirchenbann von Landgraf Hermann war vermutlich nicht öffentlich bekanntgemacht worden, weil Hermann ohne Bedenken in einer Kirche beigesetzt wurde. Ludwig scheint, als er gebannt wurde, keine religiösen Skrupel bekommen zu haben. Von Elisabeth ist eine Stellungnahme zum Kirchenbann ihres Bräutigams nicht überliefert. Sie scheint sich auch keine Sorgen darüber gemacht zu haben, als Ludwig zur Zeit ihrer Ehe 1222 von Bischof Eckehard von Meißen gebannt wurde. Allerdings gelang es Ludwig beidemale, sich bald vom Bann zu lösen.

Die Zeit der Ehe

Als Elisabeth 13 und Ludwig 20 Jahre alt waren, schlossen sie die Ehe – allem Anschein nach im Januar 1221[27]. Damit war die politische Absicht, ein Bündnis zwischen Thüringen, Ungarn und Andechs-Meranien herzustellen, besiegelt. Die Stoßrichtung, dies zu Gunsten der staufischen Macht zu tun, war nicht mehr aktuell; der Staufer hatte sich bereits durchgesetzt, Ludwig stand auf seiner Seite. Der Erbe Ottos IV., der Welfe Pfalzgraf Heinrich, stellte für die Nordgrenze Thüringens keine Gefahr mehr dar. Die Südgrenze zu den fränkischen Andechs-Meranier-Besitzungen und den mit diesen verwandten Hennebergern schien gesichert.

Im landgräflichen Haus trat nun eine Veränderung ein: Landgräfin Sophia übergab die Haushaltsführung an Elisabeth und trat in das Katharinenkloster der Zisterzienserinnen in Eisenach ein, das sie mit ihrem Mann selbst gegründet hatte und in dessen Kirche dieser und ihr Sohn Hermann begraben lagen. Aus dem Schutzbrief des Papstes vom 2. März 1221 geht hervor, dass Sophia sich nicht nur, wie oft üblich, dem Tagesablauf der Nonnen anschloss, sondern dass sie das Gelübde der Enthaltsamkeit für Witwen ablegte, das Nonnengewand anlegte, also tatsächlich Nonne wurde, allerdings mit einer Ausnahme: Sie behielt ihre Güter, um die von ihrem Mann Geschädigten befriedigen zu können[28]. Das bedeutete, dass ihr Witwengut nicht aus dem Gesamtvermögen der Familie herausgelöst wurde, sondern dass Sophia in der Gemeinderschaft, der Vermögensgemeinschaft einer

Großfamilie, blieb. Bei vermögensrechtlichen Urkunden der Familie musste auch Sophia unterschreiben und deshalb vorher zu Rate gezogen werden. So geschah es nachweislich am 9. September 1221 bei einer Schenkung an das Kloster Ichtershausen. Bald danach stimmte Sophia, der Not ihres Sohnes Rechnung tragend, sogar zu, dass Güter aus ihrem Witwengut dem Kloster Georgenthal in Zahlung gegeben wurden, da Ludwig seinen Zahlungstermin nicht einhalten konnte. Noch im März 1223 beglich Ludwig an das Kloster Pforta Schulden seines Vaters[29]. Zu solchen vermögensrechtlichen und wohl auch familiären Anlässen bekam Sophia die Erlaubnis, die Klausur des Klosters zu verlassen, das Imagina, ihre Nichte, als Äbtissin leitete. Sophia lebte nicht mehr im Haushalt von Ludwig und Elisabeth, wie das etliche Legenden der späteren Zeit voraussetzen. Dagegen weilten die drei jüngeren Geschwister Ludwigs weiterhin im Haushalt, wenn Ludwig nicht seinen Brüdern Heinrich Raspe und Konrad schon Aufgaben in eigenen Gebieten, zum Beispiel der Pfalzgrafschaft Sachsen oder der Grafschaft Hessen, zugewiesen haben sollte, was aber nicht nachweisbar ist. Agnes, die erst vier Jahre nach Elisabeth heiratete, war in der nicht ganz einfachen Lage, nun der Jüngeren die Führung überlassen zu müssen.

Ehelehre, Ehegüter

Welche Ideale und Werte strebten Elisabeth und Ludwig in der Ehe an? Sicher kannten sie die geltende kirchliche Lehre von den drei Ehegütern: Nachkommenschaft, gemeinsame Verwirklichung des Glaubens, Verbindung im Sakrament der Ehe.

Als erstes Eheziel galt im Mittelalter die Zeugung und Erziehung von Kindern, für eine geregelte Erbfolge und zur Heranbildung von Gliedern des Reiches Gottes, dessen Fortbestand gesichert werden sollte. Selbstverständlich hatte gerade eine fürstliche Familie das existentielle Anliegen, einen männlichen Erben zu bekommen. Wegen der großen Kindersterblichkeit waren mehrere Söhne wünschenswert. Auch Töchter waren willkommen. Man konnte sie an befreundete Herrscher oder an solche, die Freunde werden sollten, verheiraten. Die Pflege der höfischen Kultur war ohne Beteiligung von Frauen nicht denkbar. Kinder galten als Reichtum, weswegen die Frauen viele Schwangerschaften klaglos auf sich nahmen. So bekam Hildegard, die zweite Frau Karls des Großen, in den zwölf Jahren ihrer Ehe neun Kinder. Nach dem Tod einer Ehefrau heiratete ein Herrscher in der Regel wieder.

Wartburg, Hoffassade des Palas

Selbstverständlich wollten auch Ludwig und Elisabeth Kinder, und Elisabeth hatte das Glück, gleich als erstes Kind einen Sohn zu gebären. Er kam am 28. März 1222 auf der Creuzburg zur Welt und wurde nach seinem Großvater Hermann genannt. Das zweite Kind, nach der Großmutter Sophia benannt, erblickte am 20. März 1224 auf der Wartburg das Licht der Welt. Dort wurde auch das dritte Kind, Gertrud, am 29. September 1227 geboren und erhielt den Namen der anderen. Vor Gertruds Geburt, die ihr Vater nicht mehr erlebte, mag er gehofft haben, es möge wieder ein Sohn werden. Das geht aus einer Urkunde hervor, die Ludwig kurz vor dem Aufbruch zum Kreuzzug ausstellen ließ und wo er von der Zustimmung seiner Gemahlin Elisabeth, seiner „Söhne" und seiner Brüder spricht, wie aus der Genehmigung des Papstes zum beurkundeten Vorgang vom 12. Juni 1227 hervorgeht[30].

Hat Elisabeth ihre Kinder gestillt oder sie einer Amme übergeben, wie das viele Fürstinnen taten? Aus drei Gründen ist anzunehmen, dass Elisabeth ihre Kinder selbst gestillt hat. Einmal ist der zeitliche Abstand zwischen den Geburten so groß, dass ein Stillen ein bis zwei Jahre lang, wie üblich, möglich und wahrscheinlich war. Auch forderten damals kirchliche Kreise, Mütter sollten ihre Kinder selber stillen, so Gratian um 1140 und Albert der Große ein Jahrhundert später. Dieser widmete dem Thema sogar eine eigene Predigt, in der er Lk 11,27 – *Selig die Frau, ... deren Brust dich genährt hat* – auslegte. Astesanus bemerkte in seiner *Summa de casibus* von 1317, die Frau habe eine Stillpflicht dem Säugling gegenüber und es sei eine verwerfliche Gewohnheit des Mannes, eine Amme anzustellen[31]. Im späten Mittelalter wurden auch im Westen, wie im Osten schon ab dem 10. Jahrhundert, Darstellungen von Maria, die ihren Sohn Jesus stillt, gebräuchlich. Eine findet sich sogar im Tympanon der Kathedrale in Assisi aus dem 13. Jahrhundert. Schließlich erfahren wir von Elisabeth selbst, sie wolle sich in ihrer Mutterfreude ganz so wie arme Frauen verhalten. Zum Muttersegen ging sie barfuß und in wollenem Kleid zur Pfarrkirche, trug ihr Kind auf dem Arm und brachte es mit einer Kerze und einem Lamm auf dem Altar dar, dabei dem Beispiel Mariens folgend. So dürfte es für Elisabeth selbstverständlich gewesen sein, ihre Kinder zu stillen. Nach dem Verlassen der Wartburg hatte sie denn auch ihre Tochter Gertrud immer bei sich, bis diese etwa eineinhalb Jahre alt war.

Die Benediktion zum Einzug der Wöchnerin in die Kirche war zwar kein kirchliches Gebot, aber in Deutschland ab dem 9. Jahrhundert gebräuchlich. Die Frauen stellten sich bewusst in die Nachfolge Mariens, die nach Lk 2,22 am 40. Tag nach der Geburt Jesu in den Tempel ging, wie es zur Reinigung der Frau im Judentum Vorschrift war. Im Christentum stand der Gedanke der Danksagung und des Segens im Mittelpunkt: Die Wöchnerin, mit einer brennenden Kerze in der Hand, wurde an der Kirchentür vom Priester empfangen, der Psalmen und Gebete sprach und dann die Frau an der Hand in die Kirche geleitete, wo weitere Gebete gesprochen wurden. Die Frau opferte die Kerze für die Kirche und eine weitere Gabe – wie selbstgesponnenes Garn oder Geld – für den Priester. Segen und Besprengung mit Weihwasser schlossen die Zeremonie ab, der sich eine Bewirtung der begleitenden Frauen anschloss. Elisabeth wählte zur Opfergabe ein Lamm, weil sie reich war. Den bei dieser Gelegenheit oft zur Schau gestellten Putz verabscheute sie, weil sie schlicht sein wollte. Das wollene Kleid schenkte sie anschließend einer armen Frau.

Aus heutiger Sicht fällt auf, dass in den Prozessakten nichts steht, wie Elisabeth ihre Kinder erzogen hat. Offensichtlich hat man damals nicht darüber theoretisiert, sondern die Kinder einfach am täglichen Leben teilnehmen lassen, jedenfalls so lange sie so klein waren wie die Kinder Elisabeths, während sie mit ihnen zusammenleben konnte. Wenn manchmal behauptet wird, im Mittelalter seien die Kinder wenig beachtet und geliebt worden, so ist dies eine Fehleinschätzung. Zielinski hat aus den Wunderberichten und den Darstellungen der Glasfenster der Marburger Elisabethkirche den hohen Sozialrang der Kindheit nachgewiesen. Er konnte aufzeigen, wie die Eltern sich um erkrankte Kinder gesorgt, welche Mühen sie um deren Gesundung auf sich genommen, wie sie beim Tod eines Kindes gelitten haben. Auf den Glasgemälden führen Mütter ihre Kinder an der Hand, Väter tragen sie auf dem Arm oder lassen sie auf den Schultern reiten – wie heute. Das alles setzt liebevolle und innige Eltern-Kind-Beziehungen voraus. Auch ist die Sorge für Kinder und Jugendliche typisch für die religiöse Frauenbewegung jener Zeit.

Bei Elisabeth war es nicht mangelnde Liebe zu den Kindern, als sie sich vorübergehend nach dem Verlassen der Wartburg und dann endgültig bei der Übersiedlung nach Marburg von den beiden älteren Kindern, ein halbes Jahr später von Gertrud trennte, sondern blanke Notwendigkeit. In Eisenach musste sie das Überleben der Kinder an einem wohnlichen Ort sichern. In Marburg war das Hospital mit seiner Ansteckungsgefahr kein Aufenthaltsort für Kinder. Außerdem musste sich Elisabeth um die Kranken kümmern. Hermann als späterer Landesfürst und Sophia sollten am landgräflichen Hof aufwachsen, um die ihrer Stellung entsprechende Bildung zu erhalten. Gertrud sollte im Prämonstratenserinnenkloster Altenburg ihre geistliche Ausbildung und ihre Heimat finden. Elisabeth liebte ihre Kinder und vertraute sie Gottes Führung an[32]. Die Trennung von Gertrud begründete sie, *damit sie sie nicht übermäßig liebe und durch sie am Dienst Gottes gehindert werde.* Die Gottesliebe hatte Vorrang und drängte Elisabeth, ihr Leben den Kranken zu widmen. Selbstverständlich dachte sie oft an ihre Kinder, wie ein spontaner

Ausspruch zeigt: Als Hildegund sich entschloss, nachdem sie ihre schönen Haare verloren hatte, als Hospitalschwester einzutreten, rief Elisabeth aus: *Da ist es mir lieber, dass du die Haare verloren hast, als dass mein Sohn Kaiser geworden wäre!*

Zweiter Ehezweck war, die von Gott in seiner Schöpfung grundgelegte Einheit von Mann und Frau zu verwirklichen. Hatte Gott doch schon im Paradies den Auftrag gegeben, Mann und Frau sollten fruchtbar sein und die Erde bevölkern. Und steht es doch schon vor dem Sündenfall in der Genesis (1,27 f und 2,24): Darum verlässt der Mann Vater und Mutter und bindet sich an seine Frau, und sie werden ein Fleisch. Das Mittelalter rätselte viel über die „Paradiesesehe", ob schon im Paradies Geschlechtsverkehr stattgefunden habe und mit Lust verbunden gewesen sei. Das war eine ernste Frage nach der Schöpfungsordnung, die Frage, ob Ehe und Geschlechtsverkehr ursprünglich gut gewesen seien und ob sie auch von der gefallenen Menschheit ohne Sünde vollzogen werden können. Ersteres spielte in der frühen Kirche eine Rolle im Kampf gegen die Manichäer, die alles Materielle und Leibliche dem Reich der Finsternis und des Bösen zurechneten, und im Mittelalter in der Auseinandersetzung mit den Katharern, die die Ehe als irdische und damit böse Befleckung ablehnten. Dank der beiden Genesis-Stellen und deren ausdrücklicher Bestätigung durch Jesus (Mk 10, 6–8) hielten alle mittelalterlichen Theologen an der ursprünglichen positiven Wertung der Ehe fest.

Trotzdem drang durch Augustinus von Hippo, der einst Anhänger des Manichäismus gewesen war, ein gewisser „Sexualpessimismus" in die theologische Lehre und Pastoral ein. Zunächst vertrat Augustinus die Ansicht, Begierlichkeit und Geschlechtslust seien Folge der Erbsünde. Später sagte er, die Geschlechtslust sei wohl schon im Paradies vorhanden gewesen, habe aber dem Willen gehorcht und den Geist nicht ausgeschaltet. Nach dem Sündenfall sei beides nicht mehr möglich, weswegen Geschlechtsverkehr auch innerhalb der Ehe nur aus dem Willen zum Kind heraus sittlich einwandfrei sei. Da aber der erbsündliche Mensch in Gefahr stehe, seiner Begierlichkeit zu erliegen, habe der Apostel Paulus geraten, dem Ehepartner die eheliche Pflicht zu leisten (1 Kor 7, 2–6). Weil Paulus den Rat als „Zugeständnis" bezeichnete, schloss Augustinus daraus, dass Geschlechtslust eine lässliche Sünde sei. Dabei übersah Augustinus den folgenden Vers, in dem Paulus lehrt, jungfräulicher Stand wie Ehestand seien eine „Gnadengabe" von Gott.

Im frühen Mittelalter wird dann, gemäß Augustinus, die Meinung vertreten, ehelicher Verkehr sei wegen der damit verbundenen Lust als lässliche Sünde zu bezeichnen. Psalm 51,7 wird zur Bestätigung herangezogen: *Denn ich bin in Schuld geboren; in Sünde hat mich meine Mutter empfangen.* Man hielt diesen Satz als gültig für alle Menschen. Selbst der glühende Marienverehrer Bernhard von Clairvaux meint, auch für Maria sei keine heilige Empfängnis, sondern eher eine heilige Geburt anzunehmen. Die Bußbücher oder Pönitentialsummen (Hilfen für Beichtväter, welcher Rat und welche Buße dem Beichtenden zu geben seien) belegen allerdings den ehelichen Verkehr ohne den Willen zum Kind nicht mit einer Buße. Wenn einer der Ehepartner den Geschlechtsverkehr wünsche, solle es für den anderen selbstverständlich sein, darauf einzugehen. Vor allem die Frau solle sich so verhalten, dass ihr Mann nicht an außerehelichen Geschlechtsverkehr denken müsse; sie solle ihn durch liebevolles Verhalten und angenehmes Äußere fesseln und nach Möglichkeit auf seinen Reisen begleiten. Wilhelm von Rennes fordert 1241 zum Beispiel, dass die Frau ihren Gatten von Ort zu Ort, von Provinz zu Provinz begleiten solle, weswegen der Mann kein Wallfahrtsgelübde ohne Zustimmung seiner Frau ablegen dürfe[33]. Ritterliche und fürstliche Ehen hatten es in dieser Hinsicht schwer, weil der Mann sehr oft unterwegs war. Außerdem wurden von der Kirche geschlossene Zeiten vorgeschrieben, während derer kein Geschlechtsverkehr stattfinden sollte: Advent bis einschließlich Oktav von Epiphanie, Septuagesima bis Oktav von Ostern, Bitt-Tage bis Oktav von Pfingsten – es waren insgesamt zwanzig Wochen. Ludwig und Elisabeth dürften sich, wenn man die Geburtstage ihrer Kinder berechnet (März, März, Ende September), daran gehalten haben.

Im Mittelalter bürgerte sich ein, Jesu Gleichnis vom Sämann den verschiedenen Lebensständen zuzuordnen: „Ein Teil des Samens fiel auf guten Boden und brachte Frucht … dreißigfach, sechzigfach und hundertfach" (Mk 4,8 und 20). Dreißigfältige Frucht bringe der Ehestand, sechzigfältige der Witwenstand, hundertfältige der Stand der Jungfräulichkeit. Der Verfasser des Prologs zum Libellus erkennt Elisabeth allerdings die hundertfältige Frucht zu, weil sie das Wort Gottes in ihrem Herzen aufgenommen und in Geduld bewahrt habe. Bei den Ausführungen über Elisabeths Ehe findet er, den Meinungen seiner Zeit entsprechend, fast nur warnende Formulierungen: Die Eheleute könnten von Elisabeth lernen, die Begierden des Fleisches zu bezähmen, dem Luxus zu entsagen, hoffärtigen Schmuck zu unterlassen, sich von leichtsinnigen Sitten abzuwenden, liederliches

Gehabe zu zügeln und die Beständigkeit der ehelichen Sittsamkeit zu zeigen, schließlich die Nachkommenschaft in guten Sitten zu erziehen[34].

Bei dieser im Allgemeinen doch geringeren Einschätzung der Ehe seitens der Kirche jener Zeit ist es kein Wunder, wenn Elisabeth, als sie Konrad von Marburg kennenlernte, ihm gegenüber bedauerte, verheiratet zu sein und das gegenwärtige Leben nicht in der Blüte der Jungfräulichkeit beschließen zu können[35]. Falls Konrad hier nicht einfach ein zeitgemäßes Klischee einer heiligmäßigen Ehefrau übernahm, könnte diese Bemerkung Elisabeths nach einer entsprechenden Predigt gefallen sein. Mit den Aussagen der Dienerinnen stimmt Konrads Aussage nicht überein. Er schreibt nichts über das Verhältnis zwischen Ludwig und Elisabeth, das ihm doch gut bekannt sein musste. Das mag bezeichnend für ihn sein.

Zu diesem Sexualpessimismus setzte mit der Frühscholastik eine Gegenbewegung ein, angestoßen von Abaelard (1079–1142) mit seiner These, nicht die Tradition, sondern die Vernunft entscheide über die Richtigkeit einer Theorie. Wenn der Schöpfer Nahrungsaufnahme und ehelichen Verkehr mit Lust verknüpfe, so können diese keine Sünde sein. Ausschließlich die Lust zu suchen, sei aber tierisch. Der ethische Wert des ehelichen Aktes werde wie bei jeder Handlung durch das Motiv der Gottesliebe bestimmt – von dieser sollten sich die Eheleute leiten lassen.

Hugo von Sanct Victor (Ende 11. Jh.–1141), gleichzeitig mit Abaelard akademischer Lehrer in Paris, richtete sein Augenmerk auf die eheliche Liebe zwischen Mann und Frau, hierin angeregt durch Anselm von Laon: Eva sei aus der Seite Adams gebildet worden, nicht aus dem Kopf oder den Füßen. Deshalb sei die Frau keine Herrin oder Magd des Mannes, sondern seine Gefährtin. Das gleiche Bild findet sich bei Petrus Lombardus, seit 1140 an der Domschule in Paris, gestorben 1164. Die Ehe sei Liebes- und Lebensgemeinschaft. In gemeinsamer Liebe und Frömmigkeit, in Mitleid und Mitfreude sorgen die Ehepartner füreinander und leben so glücklicher als allein. In ungeteilter Hingabe sei der Mann einzig und allein für immer seiner Frau verbunden. So ist die Ehe ein Symbol jener Gemeinschaft, die zwischen Gott und der Seele bestehe, und Symbol der Verbindung von Christus mit seiner Kirche. Die geistige Gattenliebe, die Seelengemeinschaft, sei *res sacramenti.* Auch spende die Ehe Gnade, um den Ehepflichten gerecht zu werden und die Konkupiszenz zu mildern.

Damit erläutert Hugo von Sanct Victor das dritte der Ehegüter, die Ehe als Sakrament. Nur wenige frühmittelalterliche Autoren gehen auf die Sakramentalität der Ehe ein: Der Sakramentsbegriff war vor 1300 noch nicht geklärt, die Siebenzahl der Sakramente wurde erstmals 1247 als Lehre der Kirche verkündet und erst im Tridentinum endgültig festgelegt. Bei der Sakramentalität der Ehe tat man sich sowieso schwer, weil sie offensichtlich schon von Gott im Paradies und nicht erst von Jesus eingesetzt worden war. Jesus hatte allerdings den Paradiesesauftrag bestätigt und auf der Einehe bestanden (Mk 10, 2–12). Der Epheserbrief betonte den Gleichnischarakter der Ehe mit der Verbindung zwischen Jesus und seiner Kirche (Eph 5,21–32). So bezogen sich Autoren meist nur dann auf das Sakrament der Ehe, wenn sie auf die Ausschließlichkeit und die Treue der Gatten zu sprechen kamen. Raymund von Peñaforte zum Beispiel stellt in seiner Pönitentialsumme, die er zwischen 1222 und 1235 schrieb, die Begriffe Sakrament und Unauflöslichkeit der Ehe einander gleich, weil Christus sich untrennbar an seine Kirche gebunden habe.

Zur Zeit der Hochscholastik, die zur Lebenszeit Elisabeths beginnt, entwickeln Albert der Große und Bonaventura in ihrer Pariser Zeit diese Gedanken weiter. Der Dominikaner Albert (um 1200–1280) schreibt seine diesbezüglichen Werke zwischen den Jahren 1240 und 1248, der Franziskaner Bonaventura (1221–1274) vor 1257. Albert der Große stellt fest, dass jede Lust, die mit einer guten Tat verbunden sei, auch sittlich gut sei. Weil der eheliche Geschlechtsverkehr sittlich gut sei, sei es auch die naturgemäß mit ihm verbundene Lust. Man solle aber den Geschlechtsverkehr nicht nur als *Akt der Natur,* sondern als *Akt des Menschen* werten. Als Ausdruck der Personengemeinschaft sei er ein *ministerium sacramenti,* nicht so sehr Zeugungsakt als vielmehr Hingabeakt. Er sei *actus optimus et dignissimus,* weil das Kind ein Gemeinschaftswert sei. Außerdem soll er Versicherung sein, auch in Zukunft in Liebe zu Gott vereint zu bleiben bis in die ewige Gemeinschaft bei Gott im Jenseits[36]. Die christliche Gattenliebe, die in der Seele wurzle, erfasse den ganzen Menschen. Demnach bestehe das Gut des Sakramentes in der Ungeteiltheit und Lebenseinheit der Ehepartner, in ihrer Treue, und sei eine *Verbindung der Gläubigen in einem Geiste mit Gott.* Dies sei höher zu bewerten als das Gut der Nachkommenschaft. Bonaventura greift diese Gedanken auf. Die Ehe sei die Vereinigung der Seelen in den Körpern, eben die Verbindung der ganzen Menschen, die damit auch inniger mit Christus vereint würden. Das Sakrament gewähre die Gnade, dass sich der Mann mit seiner Frau verbinde, ihr immer treu bleibe und Kinder haben wolle. Hatte schon der Engländer Robert Courson, etwa 1200 bis 1212 Magister in Paris, zu bedenken gegeben, dass die Theologen zu sehr über die verschiedenen Ehezwecke theoretisierten, während das gewöhnliche Volk keine bestimmten Ehezwecke ins Auge fasse, und gemeint, die eheliche Liebe sei ausreichendes Motiv für den Ehevollzug, so setzt sich mit den genannten Autoren im 13. Jahrhundert eine eher ganzheitliche Sicht der Ehe durch. Der ganze Mensch in seiner Hingabefähigkeit und Frömmigkeit ist gefordert.

Elisabeth gehörte nicht zum „gewöhnlichen Volk", und doch mag sie kaum etwas von den Überlegungen der Gelehrten erfahren haben. Was ihr Landgräfin Sophia, die Hofkapläne Hermanns und Ludwigs oder der Franziskanerbruder Rodeger über die Ehe nahebrachten, wissen wir nicht, ebenso wenig, ob Magister Konrad aus einer möglichen Studienzeit in Paris die dort vertretenen Gedanken mitbrachte. Festzustellen ist, dass sich Elisabeth im Allgemeinen entsprechend der kirchlichen Ehelehre verhielt und dabei von der Liebe zu Ludwig getragen wurde.

Elisabeth erlebte die höfische Kultur des hohen Mittelalters, auch den Minnesang, der die hohe Minne verherrlichte. In ihr durften Gefühle zum Ausdruck gebracht werden. Der Ritter verehrte eine hochgestellte Dame, sang ihr Liebeslieder, bestand Kämpfe und Abenteuer für sie, nannte sie seine Freundin, und musste doch auf die Erfüllung seiner Liebe verzichten. Denn die Ehe der angebeteten Dame musste respektiert werden. Wahrscheinlich erblickte der Ehemann in der Verehrung vieler Ritter eine Erhöhung des Wertes seiner Gemahlin. Es war Wolfram von Eschenbach, der in seinen Epen Minne und Ehe zusammenfügte. Er lebte einige Jahre am Thüringer Landgrafenhof. In Wolframs *Parzival* erkennt Sigune zu spät, dass sie mit der Minne von Schionatulander nur gespielt hat, und findet erst nach seinem durch sie verschuldeten Tod zu einer dauernden Liebe zu ihm. Parzival verteidigt das Land der schutzlosen Königin Kondwiramurs in ritterlichem Kampf, heiratet sie und bleibt ihr sein ganzes Leben treu. So kann er Gralskönig werden. In seinem *Willehalm* stellt Wolfram von Eschenbach *die Minne, die wahre Treue ist,* vor. Die Ehe von Willehalm und Gyburg ist, wohl der Vorlage des Heldenlieds entsprechend, zunächst Schicksals- und Kampfgemeinschaft: Gyburg verteidigt Orange gegen die Heiden, die es belagern. Willehalm holt Hilfe herbei. Bei seiner Rückkehr werden die ersten Küsse getauscht, obwohl er einen struppigen Bart und Gyburg Harnischfarbe im Gesicht hat. Auch Züge der Minnezeit werden aufgenommen: Nach verlorener Schlacht empfängt Gyburg Willehalm ohne Vorwürfe, *wande er was ir und sie was sîn,* verbindet seine Wunden und lässt ihn an ihrem Herzen einschlafen, während sie zu Gott um Hilfe fleht. Dies zeigt das dritte Charakteristikum der Ehe an: Die Eheleute stehen, wenn sie gleichzeitig ihre Ehe und ihr Land verteidigen, unter dem Schutz und im Dienst Gottes. Gegenüber dem sie bedrängenden heidnischen Vater bringt das Gyburg so zum Ausdruck: *ich diene im und der hoesten hant* – Willehalm und Gott. Darum kann sie beim höfischen Mahl der Ritter und Frauen gelobt werden: *si hete den hoesten got und ir vil werden minne mit wîplichem sinne an dem markîs gêret und ir saelekeit gemêret.* Den höchsten Gott und die Liebe zum Gatten heilighalten führt zur Vermehrung der Seligkeit. So nennt der Dichter Gyburg *heilec vrouwe.* Auch Willehalm wird im Prolog als Heiliger dargestellt, bei dem jeder Ritter in Not und Kummer Hilfe finden werde, weil Willehalm selbst in ritterliche Gefahren und durch die Liebe eines Weibes oft in Herzensnot geraten war[37]. Die Ehe ist körperliche und geistige Gemeinschaft, die Ehegatten sind vereint in Liebe und Treue. Ehe, Rittertum und Frömmigkeit waren einander verbunden, wie es dem Ideal eines Ritters der Kreuzfahrerzeit entsprach.

Wir sehen dieses Ideal in der Ehe von Ludwig und Elisabeth verwirklicht. So entstand die Frage, ob die Ehe des Landgrafenpaares das Vorbild für Wolframs Dichtung bildete oder ob sein Epos das Vorbild für Ludwig und Elisabeth war. Entscheiden lässt sich die Frage nicht, weil die Entstehungszeit des *Willehalm* nicht festliegt. Die Vorlage bekam Wolfram von Landgraf Hermann I., also vor 1217, den letzten Teil schrieb Wolfram nach dessen Tod, worin er Hermann als Verstorbenen erwähnt. De Boor neigt zu der Annahme, das ganze Werk sei im 2. Jahrzehnt des 13. Jahrhunderts begonnen und wohl auch vollendet worden, Bumke nimmt das 3. Jahrzehnt an und meint, dass Wolfram schon die religiös geprägte Atmosphäre des Thüringer Hofs zu Elisabeths Zeit erlebt haben müsse. Die religiöse Thematik durchzieht allerdings alle Werke Wolframs, auch die früheren. Bleibt die Frage nach der Priorität auch ungeklärt, so ist doch ersichtlich, dass im ersten Drittel des 13. Jahrhunderts, also in der Zeit der beginnenden Individualisierung, der Mystik und der Hochblüte der mittelhochdeutschen Dichtung, die Frage einer menschlich und christlich gut gelebten Ehe die Menschen beschäftigte. Ludwig und Elisabeth lebten ihre Ehe beispielhaft.

Authentische Aussagen über das Verhältnis zwischen Ludwig und Elisabeth finden sich vor allem im Bericht der Hofdame Isentrud;

Guda bestätigte ihn. So erwähnt Isentrud einige Male, wie Elisabeth das Beisammensein mit ihrem Mann suchte, wo sie nur konnte. Für gewöhnlich saß sie bei den Mahlzeiten an seiner Seite, was nur bei Festen üblich war. Auch begleitete Elisabeth ihren Mann oft unterwegs. Das mögen die Ritte zu den Regierungsgeschäften auf den verschiedenen Burgen und in den Klöstern gewesen sein oder auch zum Land- oder Gerichtstag, vielleicht in Mittelstedt. Dabei nahm Elisabeth die Mühen des Reitens offenbar gerne auf sich. Einmal waren nach dem Mittagsmahl, bei dem sie fast keine Speise zu sich nehmen konnte, noch acht große deutsche Meilen oder 60 Kilometer zurückzulegen.

Über das nächtliche Zusammensein der Eheleute berichtet Isentrud anlässlich ihrer Schilderung der nächtlichen Gebete Elisabeths: *Auch stand die heilige Elisabeth in den Nächten oft zum Gebet auf, wobei ihr Mann sie bat, dass sie sich nicht übernehme. Und zuweilen hielt er eine Hand von ihr in der seinen, während sie betete, und bat sie, besorgt um ihre Gesundheit, zurückzukommen. Auch bat die heilige Elisabeth häufig ihre Mägde, dass sie sie in der Nacht zum Gebet weckten …; manchmal schlief ihr Mann dabei, manchmal tat er so. Da jene fürchteten, den Herrn zu stören, wenn sie Elisabeth aufweckten, fragten sie, wie sie sie am besten aufwecken sollten. Und sie sagte ihnen, dass sie sie am Fuß ziehen sollten. Und so kam es, dass besagte Isentrud sie aufwecken wollte und den Herrn am Fuß zog, der sein Schienbein in ihren Teil des Bettes gestreckt hatte. Der Herr wachte auf und, weil er die Absicht kannte, ertrug er es geduldig. Auch schlief Elisabeth wegen der Länge ihres Gebetes oft vor dem Bett auf dem Teppich ein. Als sie deswegen von den Mägden gefragt wurde, warum sie nicht lieber mit ihrem Mann schlafe, erwiderte sie: Wenn ich auch nicht immer beten kann, so möchte ich doch meinem Fleisch Gewalt antun, dass ich mich von meinem heißgeliebten Mann losreiße*[38]. Drei Züge sind hier bemerkenswert: einmal das enge Beisammensein der Eheleute und die Freude daran, dann das Verständnis Ludwigs für Elisabeths Verhalten, aber auch seine Sorge um ihre Gesundheit, schließlich das Bemühen Elisabeths, Gott immer den ersten Rang zu geben, sich ab und zu „vom Mann loszureißen“. Elisabeth wählt nicht zwischen Gott und dem Gatten, sondern ist als Gattin auf Gott hin ausgerichtet.

Der lange Libellus, der übrigens die Bemerkung über Ludwigs Schienbein gestrichen hat, schiebt kurz danach einen Passus ein, der geradezu aus einem damaligen Pastorallehrbuch oder einer Pönitentialsumme entnommen sein könnte: Elisabeth habe bei Abwesenheit des Mannes Witwen- oder Religiosenkleidung und ein Bußhemd getragen. Bei Ludwigs Rückkehr habe sie sich festlich geschmückt und erklärt: *Nicht zur Hoffart des Fleisches, sondern allein für Gott will ich mich schmücken, aber dezent, damit ich meinem Mann keinen Anlass zu sündigen gebe, wenn ihm vielleicht etwas an mir missfallen sollte, sondern mich allein soll er im Herrn mit ehelicher und geschuldeter Zuneigung lieben, damit wir von dem, der das Gesetz der Ehe geheiligt hat, den Lohn des ewigen Lebens in gleicher Weise erwarten dürfen.* Sollte Elisabeth dies so gesagt haben, so wäre sie hierin ganz ein Kind ihrer Zeit. Die Sätze sprechen genau die Sorge um das zweite Ehegut aus: Die Frau soll sich so verhalten, dass ihr Mann nicht der Sünde der Unzucht erliegt. Sie soll möglichst immer bei ihm sein und ihn durch ein angenehmes Äußere fesseln.

Auf die Verwirklichung des sakramentalen Ehegutes weist Isentrud hin, wenn sie ihre Aussagen über die Ehezeit Elisabeths mit den Worten zusammenfasst: *All diese Werke und andere, die bis jetzt nicht genannt sind, tat Elisabeth zu Lebzeiten ihres Mannes, mit dem sie vorbildlich die Ehe führte. Sie liebten sich in wunderbarer Weise und forderten sich gegenseitig zum Lob Gottes auf und bestärkten sich zu seinem Dienst. Denn ihr Mann musste sich als Fürst notwendigerweise um die weltlichen Belange kümmern, hatte aber im Innersten immer die Furcht Gottes vor Augen und ließ Elisabeth Freiheit in allem, was zum Dienst und zur Ehre Gottes gereicht und zum Heil ihrer Seele*[39]. Isentrud hatte schon beim Bericht über das nächtliche Zusammensein der Eheleute ein sprechendes Bild gezeichnet: Während Elisabeth betet, halten sich die Ehepartner an der Hand. Gott ist in ihre Liebe einbezogen, und Ludwig ist in Elisabeths Gebet dabei.

Elisabeth fühlte sich in ihrer Ehe mit Ludwig so eng verbunden, dass sie beschloss, dies solle ihre einzige Ehe bleiben. Wohl unter dem Einfluss Konrads von Marburg und mit Wissen ihres Mannes und ihrer Schwiegermutter legte Elisabeth 1226 in der Katharinenkirche zu Eisenach in die Hand Konrads das Gelübde der Enthaltsamkeit ab, falls ihr Mann vor ihr sterben sollte. Ein derartiges Gelübde war keine Seltenheit, Elisabeth forderte viele Edelfrauen auf, es ebenfalls abzulegen[40]. Damit sollte besiegelt werden, dass die eine Ehe die ausschließliche Bindung für das ganze Leben sei und dass man, würde der Ehepartner sterben, das von Gott geschickte Los der Witwenschaft auf sich nehmen wolle. Bereits in der Urkirche wurde – vor allem im Osten – eine zweite Ehe missbilligt, wenn man sie auch gemäß 1 Korinther 7,8 f nicht verbieten konnte. Sie galt als Zeichen der Unenthaltsamkeit oder der Auflehnung gegen Gottes Willen.

In der Praxis wurden aber sehr viele zweite und auch dritte Ehen geschlossen, vor allem von Männern, deren erste Frau früh gestorben war. Bei Fürstinnen dagegen mag ein Gelübde, keine zweite Ehe einzugehen, aus dynastischem Interesse willkommen gewesen sein: Heiratet die Witwe eines Fürsten nicht wieder, werden keine Kinder aus zweiter Ehe geboren, durch die es eventuell zu Erbstreitigkeiten kommen könnte. Dieser Gesichtspunkt mag mitgespielt haben, dass Ludwig über die zweite Ehe seiner Schwester Jutta so erbost war.

Wir kennen etliche Beispiele, wie Ludwig das religiöse Leben seiner Frau förderte. Er holte Konrad von Marburg an seinen Hof und stimmte zu, dass Elisabeth Konrad Gehorsam gelobte mit Ausnahme der Rechte ihres Mannes. Als Elisabeth von Konrad das Speisegebot (s. u.) erhielt, gab ihr Ludwig ständig Hinweise, welche der Speisen ihr erlaubt waren. Ihm entging nicht, dass Elisabeth und ihre Hofdamen oftmals hungerten. Daher überwies ihr Ludwig schon zu seinen Lebzeiten ihre Witwengüter zur selbständigen Nutzung. Ein großer Vertrauensbeweis für Elisabeth war, dass Ludwig sie zweimal mit der Regentschaft des Landes betraute, während er 1226 zum Kaiser nach Norditalien und 1227 zum Kreuzzug ritt. Derartige Vertretungen waren zwar in der sächsischen Kaiserzeit nicht außergewöhnlich, wohl aber zur Stauferzeit. Mit dieser Bestimmung und seinem großherzigen Gewährenlassen gab Ludwig seiner Gattin große Freiräume, die sie zum Wohl ihrer Mitmenschen nutzte.

Die Ereignisse in den ersten Ehejahren

Aus den Zeugenvernehmungen, in denen nach den Tugenden Elisabeths gefragt wurde, lässt sich keine detaillierte Chronologie ihres Lebens erschließen. Ein deutlicher Einschnitt ergibt sich 1226 mit der Berufung Konrads von Marburg zum Beichtvater und den Vorbereitungen Ludwigs zum Kreuzzug. Deshalb sei hier ein Überblick über die Geschehnisse in der Landgrafschaft Thüringen in den Jahren 1221 bis 1225 gegeben, die den Hintergrund für Elisabeths Leben geben. Sie betreffende Ereignisse werden chronologisch eingeflochten, soweit dies möglich ist, die übrigen am Ende des Kapitels berichtet.

Schon bald nach der Hochzeit, Anfang Februar 1221, begab sich Landgraf Ludwig IV. zu einer Besprechung mit seinem Onkel Herzog Ludwig I. von Bayern nach Würzburg. Auf der Rückreise machte er Station bei Graf Poppo VII. von Henneberg und erfuhr den Tod von Markgraf Dietrich dem Bedrängten von Meißen am 17. Februar. Mit diesem war die ältere Halbschwester Ludwigs, Jutta, verheiratet und hatte mit ihm zwei Töchter, zwei schon als Kleinkinder verstorbene Söhne und den Sohn Heinrich (später III., der Erlauchte), der nun, beim Tod des Vaters, knapp drei Jahre alt war. Für ihn war Ludwig zum Vormund bestellt. Sofort reiste er nach Meißen, um sein Amt als Landesverweser anzutreten. In der ersten Urkunde vom 18. März 1221 gewähren Jutta, ihr Sohn Heinrich und Ludwig dem Kloster Altzelle als Stiftung für das Seelenheil des dort begrabenen Markgrafen Dietrich gewisse Rechte. Ebenfalls im März leisteten die Adligen des Landes Heinrich und dem vormundschaftlichen Regenten Ludwig den Huldigungseid. Sollte Heinrich vor seiner Volljährigkeit sterben, würde Ludwig als Erbe und Herr anerkannt. Jutta bat im gleichen Monat den Papst um Schutz für sich, ihren Sohn und ihre Güter. Die Vergewisserung des päpstlichen Schutzes dürfte kaum gegen Ludwig gerichtet gewesen sein, sondern eher gegen die Bischöfe des Landes. Bei diesen bemühte sich Ludwig um die weitere Vergabe der Kirchenlehen an Heinrich, was ihm mit einer Ausnahme auch gelang. Nur Bischof Ekkehard von Meißen wollte die vormundschaftliche Regierung seiner Kirchenlehen selbst übernehmen, was im folgenden Jahr zu einem ernsthaften Streit zwischen Ludwig und dem Bischof führte. Dieser exkommunizierte Heinrich und seine Ratgeber, Ludwig und Jutta, und sprach das Interdikt für das ganze Land aus. Schließlich gab er gegen Zahlung von 800 Mark Silber nach[41]. Ludwig musste nun regelmäßig in der Markgrafschaft Meißen Gericht halten und die Ostgrenze des Reiches schützen. Die Gebiete, für die er zu sorgen hatte, reichten demnach von Marburg im Westen bis nach Dresden im Osten.

Am 28. März 1222 gebar Elisabeth ihren Sohn, der nach dem Großvater Hermann benannt wurde. Sie weilte auf der Creuzburg, während Ludwig die Kunde in Marburg erhielt und sofort zu seiner Familie eilte. Zu dieser Zeit nahm Elisabeth eine weitere Hofdame, Isentrud von Hörselgau, in ihre Dienste. Vielleicht war diese schon eine erfahrene Mutter und konnte Elisabeth bei den ihr neuen Mutterpflichten unterstützen.

Die große Ungarnreise von Ludwig und Elisabeth lässt Friedrich Ködiz am 29. September 1222 beginnen; in der Reinhardsbrunner Chronik wird nicht klar, ob es das Jahr 1221 oder 1222 war[42]. Die urkundlichen Zeugnisse und die Kriegszüge Ludwigs lassen beide Termine als möglich erscheinen. Die Entscheidung zwischen diesen Jahresangaben wird sich nach der Annahme richten, ob Elisabeth eine solche Reise während der Schwangerschaft unternehmen konnte –

sie muss im Oktober/November 1221 im 4. und 5. Monat schwanger gewesen sein – oder ob sie mit ihrem halbjährigen Sohn reiste. In beiden Fällen dürfte es für Elisabeth eine erhebliche Strapaze gewesen sein. Offensichtlich wollte der Landgraf mit dieser Reise zu Elisabeths Vater nicht nur sein junges Eheglück vorführen, sondern auch eine Art Staatsbesuch machen. Deshalb nahm er eine beträchtliche Gefolgschaft mit, wie sie Berthold namentlich aufzählt: Graf Heinrich von Schwarzburg, Heinrich von Stolberg, Ludolph von Berlstedt, Reinhard Varch und Schenk Rudolf von Vargula. Mit welchen Gefühlen ritt Elisabeth nach zehnjähriger Abwesenheit ihrer ungarischen Heimat entgegen? Ihre Mutter lebte nicht mehr, ihr Vater hatte ein bis zwei Jahre nach deren Tod wieder geheiratet. Wie würde sich die Stiefmutter Jolanthe ihrer jugendlichen Stieftochter gegenüber verhalten? Die vertrauten Brüder Bela und Koloman waren junge Ritter geworden, die jüngeren Geschwister Andreas und Maria sowie die Halbschwester Jolanthe hatte Elisabeth noch nie gesehen. Kurzum, es war ein Besuch in der Heimat, der kaum viele heimatliche Gefühle auslöste. Immerhin mag die Begegnung mit dem Vater herzlich gewesen sein. Elisabeth hat damals die etwas orientalisch beeinflusste reiche Kultur des ungarischen Hofes kennengelernt und sich wahrscheinlich davon distanziert. Jedenfalls lehnte sie Jahre später eine Rückkehr nach Ungarn ab.

Im Januar 1223 kam es zu einem ernsten Zerwürfnis zwischen Landgraf Ludwig und seiner Halbschwester Jutta, verwitweter Markgräfin von Meißen. Sie hatte ohne Rücksprache mit Ludwig einen Ehevertrag mit Graf Poppo VII. von Henneberg geschlossen. Ludwig fühlte sich übergangen und hatte als Vormund des jungen Markgrafen Heinrich wohl auch die Vormundschaft über seine – immerhin fast vierzig Jahre alte – Schwester beansprucht. Diese ließ von ihren Anhängern den Saaleübergang besetzen, als Ludwig zur Neuenburg ziehen wollte, konnte aber damit Ludwigs Zustimmung nicht erpressen. Ludwig sah Thüringen im Nordosten von der Markgrafschaft Meißen und im Süden von der Grafschaft Henneberg, die sowieso etliche Lehen in Thüringen besaß, förmlich in die Zange genommen. Es kam zu einem regelrechten Kriegszug, bei dem Ludwig Tharandt, Naunhof bei Leipzig, Groitzsch und Rochlitz eroberte, bis Jutta den Kampf aufgab. Zu einem echten Frieden kam es erst ein Jahr später, als Herzog Otto VII. von Andechs-Meranien, Elisabeths Onkel und Poppos Vetter, auf der Neuenburg die beiden Geschwister versöhnte. Ludwig stimmte der schon vollzogenen Heirat zu, brach die neue

Burg in Rochlitz wieder ab und blieb Regent der Markgrafschaft Meißen[43].

In den Jahren 1223 und 1224 musste Landgraf Ludwig im Interesse seiner anderen Halbschwester, Gräfin Hedwig von Orlamünde, tätig werden. Deren Mann Albert war in einen Konflikt zwischen dem dänischen König Waldemar II. und dem deutschen Reich wegen der Grafschaft Schwerin verwickelt. Auf den Reichstagen in Nordhausen, Frankfurt und Nürnberg suchte Ludwig zwischen den Interessen seines Schwagers und denen des Reiches zu vermitteln und reiste sogar zu den Hoftagen in Bardowick und Bleckede an die Unterelbe, doch ohne Erfolg.

1223 war Elisabeth erstmals an der Gründung eines Hospitals beteiligt. Eine reiche Frau namens Hildegard wollte ihr Haus in Gotha als Hospital zur Verfügung stellen. Hospitäler wurden seit der zweiten Hälfte des 12. Jahrhunderts häufig von Bürgern oder Adligen in den Städten gestiftet. Da es mit einem Haus allein nicht getan war, sondern der Unterhalt gesichert werden musste, suchte Hildegard die Unterstützung des Landgrafen. Die landgräfliche Familie stimmte diesem Vorhaben zu und stellte eigene Vermögenswerte zur Verfügung. Ludwig errichtete 1223 offiziell im Haus der Hildegard das Hospital, nahm es in seinen Schutz und bestätigte im Voraus alle Schenkungen von Häusern und Höfen der Stadt Gotha und von Einkünften, die dieses Hospital erhalten werde. Zum Haus der Hildegard mögen in der Folge noch etliche Nebengebäude gekommen sein, denn Elisabeth erwähnt fünf Jahre später, dieses Hospital hätten ihr Gemahl und seine Mutter erbaut. Am Wohlergehen dieser Stiftung beteiligt, bat Elisabeth nach Ludwigs Tod Papst Gregor, die Erweiterung mit einer Kapelle und einem Friedhof sowie die Anstellung eines Kaplans zu genehmigen. Der Papst beauftragte am 21. Februar 1229 Erzbischof Siegfried II. von Mainz, die erbetene Erlaubnis zu erteilen[44].

Im März 1224 gebar Elisabeth ihre Tochter Sophia. Diesmal fand die Geburt auf der Wartburg statt, die mittlerweile wohl wohnlich genug eingerichtet war. Elisabeth musste, wollte sie ihr Kind wie das erste Mal selbst zur Taufe in die Pfarrkirche bringen, den langen und steinigen Weg nach Eisenach hinabgehen, wie der lange Libellus den Bericht Isentruds erweitert[45].

In Hessen konnte Ludwig IV. aus dem Erbe seines Onkels Friedrich von Ziegenhain die Burgen Reichenbach, Keseberg und Staufenberg kaufen, musste aber im gleichen Jahr bei einem Vergleich mit dem Mainzer Erzbischof auf die Vogtei Fritzlar und gewisse Rechte in Niederhessen verzichten. Das erste stärkte, das zweite schwächte seine Position in Hessen. An der unteren Werra, die bis dorthin schiffbar war, baute er Witzenhausen planmäßig zum Handelsplatz aus und gab ihm das Marktrecht.

Trotz aller Feldzüge und Reisen in Regierungsangelegenheiten bemühte sich Ludwig, Burgen und Städte seines Gebietes weiter auszubauen. Um 1220 entstand auf der Creuzburg ein kleiner Saalbau, danach in Marburg der Bergfried. 1223 ließ Ludwig die Steinerne Brücke über die Werra bei der Creuzburg errichten. Nach später Überlieferung soll Elisabeth eine Margarethenkapelle auf der Creuzburg gestiftet haben, was aber unwahrscheinlich ist, da sich hier noch die Kirche des früheren Benediktinerklosters befand. Burg Weißensee wurde ab 1224 erweitert: Wohnbau und Toranbau wurden um ein Geschoss erhöht, so dass ein Palas und das „Landgrafenzimmer" entstanden. Die eigenartige Astsäule dort stammt aus dieser Bauzeit. Bereits 1225 hielt Ludwig eine Versammlung von Adel und Ministerialität in der Burg ab. Vermutlich gleichzeitig ließ er die Stadt Weißensee planmäßig mit Steinhäusern erweitern.

Die Neuenburg bei Freyburg an der Unstrut wurde durch Ludwig weiter ausgebaut. Sie hatte schon Ende des 12. Jahrhunderts einen Palas mit einer „Warmluftheizung" und einen Zugang von den Wohnräumen zum Obergeschoss der Kapelle erhalten, wurde jetzt aber noch wohnlicher ausgestattet. Sie erhielt einen mit dem Palas verbundenen Wohnturm mit Abortanlage. Die zweigeschossige Burgkapelle wurde eingewölbt; ihr aus vier Säulen bestehender Mittelpfeiler trägt zwei Kreuzrippengewölbe, die die zwei Joche überspannen. Dort dürfte Elisabeth oft zu Messe und Gebet geweilt haben. Auch die Großfamilie traf sich auf der Neuenburg: 1221 ließ Ludwig für das Kloster Ichtershausen, 1224 für das Kloster Kaufungen Urkunden in Neuenburg ausstellen, jeweils mit Zustimmung von Elisabeth, Sophia, Heinrich Raspe und Konrad. Im Burghof wurde ein Rundturm, wohl Wohnung des Burggrafen, errichtet, und auf einem nahen Berg die Burg Haldecke, die die Neuenburg sichern sollte, grundgelegt. Die Siedlung Freyburg wurde planmäßig erweitert, die Marienkirche als dreischiffige Basilika ab 1225 erbaut[46].

Ludwig legte auf den Ausbau der Burgen gerade im östlichen Landesteil großen Wert, weil sie für ihn strategisch wichtig waren: Der Schwerpunkt seiner Politik lag, vor allem seit der Regentschaft für Meißen, im Osten. Schon 1223 hatte Ludwig den Feldzug gegen seine Schwester von der Neuenburg aus begonnen und dort ein größeres Heer gesammelt, mit dem er bis Dresden zog. Am 15. Juli 1225 ver-

Obergeschoss, sog. Elisabeth-Cappeln, der Doppelkapelle auf Schloss Neuenburg

sammelte er ein großes Aufgebot und zog über die Elbe nach Stauda (bei Großenhain). In einem Feldzug gegen Schlesien sollte die Festung Lebus, die einen wichtigen Oderübergang beherrschte, erobert werden. Es gelang Ludwig, die Lausitz als geschlossenes Land für sein Mündel Heinrich von Meißen zurückzugewinnen[47].

Zwischen den Jahren 1223 und 1225 traten die Franziskaner in das Umfeld Elisabeths. Sie kamen 1221 nach Deutschland und ließen sich 1223 in Halberstadt nieder. 1224 errichteten sie einen Konvent in Erfurt, also auf Mainzer Gebiet. Rodeger, ein Laienbruder wie die meisten Franziskaner jener Zeit und später Guardian, nahm Verbindung mit dem thüringischen Hof auf und wurde Berater Elisabeths. Von ihm lernte sie die franziskanischen Ideale kennen. 1225 kamen die Minderbrüder nach Eisenach, wo sie sich aus dem Angebot von zwei Kirchen die ehemalige, zu klein gewordene Pfarrkirche St. Michael als Konventskirche wählten. Sie scheinen einfache Wohngebäude bezogen zu haben; ob diese Elisabeth gestiftet hat, ist nicht erwiesen[48].

Das diplomatische Geschick Ludwigs war wiederum 1225 gefragt bei den Überlegungen, die der Heirat des deutschen Königs, Heinrich (VII.), dem Sohn Kaiser Friedrichs II., vorangingen. Zunächst musste für die Auflösung der Verlobung Heinrichs mit Agnes von Böhmen eine päpstliche Dispens eingeholt werden[49]. Nach langen Verhandlungen konnte am 29. November 1225 die große Doppelhochzeit von König Heinrich (VII.) mit Margarete von Österreich und von Herzog Heinrich von Österreich mit Agnes, der Schwester Ludwigs, in Nürnberg gefeiert werden. Als Dank für die Unterstützung musste Ludwig für seine Schwester Agnes keine Mitgift bereitstellen. Ludwig war in Nürnberg anwesend, wahrscheinlich auch Elisabeth, die ja ihre Kindheit zusammen mit Agnes verbracht hatte. Ob sich die beiden Frauen später noch einmal sahen, ist nicht bekannt. Agnes bekam eine Tochter Gertraud, verwitwete schon 1228 und lebte einige Zeit zurückgezogen in Österreich. 1230/31 heiratete sie Herzog Albrecht I. von Sachsen. Zu dieser Zeit lebte Elisabeth im abseits gelegenen Marburg. Agnes gebar in ihrer zweiten Ehe die Tochter Jutta und starb vor 1244.

Elisabeth in diesen Jahren

Auf dem geschilderten Hintergrund sind nun die Tätigkeiten Elisabeths in diesen Jahren einzureihen, die über ihre Aufgaben als Frau und Mutter hinausgingen und von den Hofdamen berichtet wurden. Elisabeth sei immer gottesfürchtig, demütig, sehr mildtätig und dem Gebet hingegeben gewesen, schickt Isentrud den einzelnen Erzählungen voraus. Das nächtliche und lange Gebet Elisabeths an der Seite ihres Mannes wurde schon erwähnt. Wenn er abwesend war, verbrachte Elisabeth manche Nacht mit Wachen, Kniebeugen, Geißelung und Gebet. Ging sie tags zur Kirche, so eilte sie mit raschen Schritten voraus, während ihre Hofdamen murrend langsamer nachkamen.

Über den Inhalt ihrer Gebete dieser Zeit wird nur an einer Stelle ein Hinweis gegeben: Elisabeth habe die Gabe der Tränen gehabt[50] – ein Verhalten, das heute befremdlich erscheinen mag. Vom *Charisma der Tränen* spricht als vermutlich erster Athanasius, kurz danach verwenden Johannes Cassian und Gregor von Nazianz im 4. Jahrhundert diesen Ausdruck. Papst Gregor der Große (540–604) hebt in seinen Predigten die Tränen der Bekehrung und der Sehnsucht hervor. Nach Johannes Klimakos, Abt im Sinaikloster († um 650) und seinem Werk *Leiter zum Paradies* sollen Tränen die Mönche von der *Tränentaufe* bis zur Erfahrung der Gottesliebe begleiten. Im Mittelalter wurde sogar in Votivmessen um die Gabe der Tränen gebetet. Gemeint sind Tränen der Andacht, in der sich nicht nur der Geist, sondern der ganze Mensch auf Gott konzentriert und sein Gefühlsleben in das Gebet einbezogen ist. Jakob von Vitry schildert in einem Brief diese Gabe der Tränen bei den ersten Beginen: *Für viele floss aus der geistigen Süßigkeit im Herzen der Geschmack des Honigs sinnenhaft im Gesicht, wobei süße Tränen vergossen wurden und der Geist in Andacht verharrte. Eine dieser Frauen hatte eine so große Gabe der Tränen empfangen, dass, sooft Gott in Gedanken in ihrem Herzen weilte, sich durch ihre Verehrung ein Bächlein von Tränen aus ihren Augen ergoss … Die Tränen aber entleerten nicht den Kopf, sondern erfrischten die Sinne mit einer gewissen Fülle, versüßten den Geist mit einer süßen Salbung, erquickten den Körper und erfreuten die ganze Stadt Gottes mit ihrem heiligen Ungestüm*[51]. Diese Frauen waren von der Gegenwart Gottes überwältigt und gaben dem sinnenhaften, körperlichen Ausdruck – ein Kennzeichen der Mystik. Die Betrachtung galt der menschlichen Natur Jesu – für Jakob von Vitry wichtig, weil er die leibfeindliche Lehre der Katharer bekämpfte. Tränen der Andacht wurden in dieser Zeit als Quelle der Gnade und leiblicher Ausdruck der Begnadung gesehen. Deshalb stimmten sie den Begnadeten hoffnungsvoll und froh. Auf solche Tränen der Gotteserfahrung und der Kontemplation bei Elisabeth lässt Isentruds Bericht schließen: Elisabeth habe die Tränen im Geheimen vergossen, ihr Gesicht sei dabei nicht entstellt, sondern fröhlich gewesen. Aus der späteren Zeit berichtet die Dienerin Irmengard, Elisabeth habe gerade dann, wenn sie am fröhlichsten gewesen sei, am meisten geweint, wobei ihr Gesicht nicht entstellt worden sei; die Tränen seien wie aus einer Quelle geflossen[52]. Man vergoss auch Tränen des Mitleids mit dem gekreuzigten Jesus. Jakob von Vitry kann als Zeuge herangezogen werden, wenn er angibt, bei Maria von Oignies sei der Anfang ihrer Bekehrung Jesu Passion und Kreuz gewesen. Ihre Tränen hätten sogar den Fußboden der Kirche benetzt. *Auch später habe sie nicht das Kreuz betrachten, darüber sprechen oder andere darüber sprechen hören, ohne dass sie in einer Verwundung des Herzens in Ekstase sank … Und wenn sie bedachte, wie groß der war, der für uns solche Opfer ertrug, wurde ihr Schmerz erneuert und ihr Gemüt mit neuen Tränen in süßer Verletzung erneuert.* Befragt, ob ihr das viele Weinen nicht schade, antwortete sie, dass die Tränen ihre Erholung und ihr Brot bei Tag und Nacht und ihr von Gott selbst gegeben seien.

Im 13. Jahrhundert betrachtete und verehrte man weit mehr als früher die Passion Christi, was am deutlichsten in der veränderten Kreuzesdarstellung zum Ausdruck kommt. Das romanische Kruzifix zeigt Jesus in Frontalansicht, mit Königskrone, ausgebreiteten Armen, reichem Gewand, auf beiden Füßen stehend, kurzum Christus als über den Tod triumphierenden König. Es wird abgelöst durch das gotische Kruzifix. Bei diesem trägt Jesus die Dornenkrone und neigt sein Haupt schmerzerfüllt zur Seite. Sein Leib ist verkrümmt, die Hände sind verkrampft, die Füße oft mit nur einem Nagel ans Kreuz geschlagen. Jesus wird in seinem ganzen menschlichen Leid dargestellt. Menschen, die ein solches Kreuz zum ersten Mal sahen, mussten davon besonders beeindruckt gewesen sein. Wie sollte man sich durch solches Leid nicht zu Tränen rühren lassen? Außerdem hatte sich im 12. Jahrhundert in Byzanz die Darstellung von Jesus als dem Schmerzensmann entwickelt und wurde im Westen übernommen, ebenso die von Jesus als dem Keltertreter. Seit dem 13. Jahrhundert kamen die Bilder der *Not Gottes*, des Gnadenstuhls, auf und des Schweißtuchs der Veronika, für das 1216 ein eigenes Offizium geschaffen wurde. Im 14. Jahrhundert waren Ölbergdarstellungen und Vesperbilder weit verbreitet.

Für Elisabeth waren die Tränen des Mitleids nur die eine der möglichen Antworten. Sie suchte und fand noch zwei weitere. Blickte sie auf die armselige Gestalt des leidenden Herrn und dann auf sich, die als Fürstin in Pracht gekleidet war, so kam ihr dies völlig unpassend vor. Deswegen hatte sie von Jugend auf die Gewohnheit, Schmuckärmel, Halsbänder und Ringe sowie das Gebände in der Messe, vor allem während des Kanons, abzulegen. Elisabeth forderte sie besuchende Edelfrauen auf, wenigstens auf eine der weltlichen Eitelkeiten zu verzichten, auf Ärmel, Zierbänder oder Tänze, und schickte mancher Dame einfache Ärmel als Geschenk[53]. Elisabeth selber vermied später jeden Reichtum in der Kleidung. An den Bitttagen zog sie wollene Kleider an und ging barfuß in der Prozession. Bei den Stationspredigten mengte sie sich unter die ärmsten Frauen. Das waren für Elisabeth keine Äußerlichkeiten, sondern der Versuch, an der Niedrigkeit Jesu teilzunehmen.

Elisabeth hatte Mitleid mit den Menschen und praktizierte tätige Nächstenliebe. Jeweils am Gründonnerstag rief Elisabeth Arme zusammen und vollzog an ihnen die Fußwaschung. Das war vom 12. Jahrhundert an eine liturgische Handlung, die zunächst der Papst als *Mandatum Christi* am Gründonnerstag durchführte. Aus der Benediktusregel stammt die Anweisung, eine Fußwaschung an Armen vorzunehmen. Im Hochmittelalter verschmolz beides zu dem

Szenen aus dem Leben Elisabeths im sog. Liber Pictus, um 1330 (Cod. 370, Paris, Nationalbibliothek)

Brauch, dass auch Fürsten und Fürstinnen außerhalb des Gottesdienstes an Armen die Fußwaschung ausführten. Birgitta von Schweden wusch gar an jedem Donnerstag zwölf Armen und Kranken die Füße. Das dürfte dann nicht nur ein symbolischer Akt, sondern eine wirkliche Reinigung gewesen sein. So wird von der heiligen Hedwig überliefert, dass sie sehr oft die Füße Armer mit warmem Wasser wusch, sie also reinigte. Von Elisabeth wird berichtet, sie habe einmal am Gründonnerstag Aussätzige herbeigerufen, ihnen Füße und Hände gewaschen und die Stellen mit den schlimmsten und ekelerregenden Wunden geküsst. Ein solches Verhalten sprengte selbstverständlich den konventionellen Rahmen, da Aussätzige wegen der Ansteckungsgefahr aus jeder Gemeinschaft ausgeschlossen waren und nicht berührt werden durften. Später habe Elisabeth, wo auch immer sie Aussätzige fand, sich zu ihnen gesetzt, sie getröstet, zu Geduld ermuntert und ihnen reiche Spenden gegeben.

Soll schon die Fußwaschung den Mut zum Dienen, die Demut des vor dem Armen oder Kranken Knieenden, vor Augen führen, so wird dies erst recht durch den Kuss deutlich. Der Kuss auf den Fuß ist Zeichen der Huldigung gegenüber einem Papst oder König. Ein Kuss auf die Wange bei der Taufe, der Priester- und der Bischofsweihe bedeutet, dass das neue Mitglied in die Gemeinschaft der Kirche oder einer Bruderschaft aufgenommen und begrüßt wird. Wenn nun Elisabeth Aussätzige küsste, so wollte sie sicher ihre Gemeinschaft mit ihnen bekunden, sie als Höherstehende auszeichnen und ihnen ihre Liebe schenken.

Isentrud erzählt einige Beispiele, wie Elisabeth sich persönlich um Arme und Kranke gekümmert habe, ohne sich vom Ekel abhalten zu lassen. So nahm sie sich einmal eines kranken Bettlers an, der wegen einer Kopfkrankheit abschreckend aussah. Die Landgräfin nahm seinen Kopf in ihren Schoß, schnitt ihm die Haare und wusch den Kopf. Das geschah an einer abseits gelegenen Stelle des Obstgartens, damit sie nicht von Menschen gesehen werde. Ihre Hofdamen überraschten sie doch und tadelten sie, worüber Elisabeth nur lachte. Der Vorfall könnte sich in Weißensee ereignet haben, denn diese Burg besaß nachweislich einen Obstgarten, wie er damals auf einzelnen Burgen angelegt wurde.

Wenn Elisabeth Kranke oder Wöchnerinnen besuchte, schreckte sie nicht vor der Armut in den kleinen Behausungen zurück. Sie machte sich auf den Weg, auch wenn er noch so lang und beschwerlich war. In Mitleid und Barmherzigkeit brachte sie den Betreffenden alles Notwendige und tröstete sie. Einmal ging Elisabeth in den Stall und wollte eine Kuh melken, die die ungewohnte Behandlung jedoch nicht ertrug[54]. Klagte ein Kranker über seine Schulden, die er nicht bezahlen konnte, so beglich Elisabeth sie für ihn. Der Trost, den Elisabeth den Wöchnerinnen spendete, mag oftmals darin bestanden haben, dass sie die Patenschaft für das Neugeborene übernahm. *Auch pflegte sie mit eigenen Händen Bekleidung für arme Täuflinge zu nähen; sie sorgte für ihre Taufe und hob sie aus der heiligen Quelle, damit sie so als Patin leichter Gelegenheit fand, ihnen Gutes zu tun*[55]. Elisabeth kümmerte sich um Kranke bis zu deren Tod. Sie wusch eigenhändig Verstorbene, bekleidete sie mit selbstgenähten Totenhemden und nahm an der Beerdigung teil. Einen großen weißen Schleier aus Leinen zerschnitt sie, um ihn so für Beerdigungen zu verwenden. Sie ertrug es nicht, dass der Leichnam reicher Verstorbener in neue Leinwand oder neue Hemden gehüllt würde; diese sollten den Armen gegeben, der Tote aber in alten Tüchern bestattet werden. Selbst Wolle spann Elisabeth mit ihren Mägden und ließ sie zur Kleidung für Arme oder für Franziskaner verarbeiten.

Elisabeth half, wo und soviel sie nur konnte. Die Dienerinnen sprechen ihr dafür den dreifachen Lohn zu: für die Mühe, das Mitleid und die Freigebigkeit. Zur Freigebigkeit war Elisabeth als Fürstin aus höfischer Sicht verpflichtet. Ihr ganz persönlicher Einsatz ging aber über das übliche Maß hinaus. Er erwuchs aus dem Mitleid und dem christlichen Liebesgebot. Außerdem scheint Elisabeth eine scharfe Beobachtungsgabe für Menschen in Armut besessen zu haben. Es war ihr Bedürfnis, selbst einfach zu leben, worüber sie mit ihren Hofdamen häufig sprach. Einmal zog Elisabeth vor ihnen einen billigen Mantel an, band ein Kopftuch um und sagte: *So werde ich einmal herumlaufen, wenn ich Gott zuliebe betteln und Not leiden werde*[56]. Ob dieser Wunsch dem Einfluss der Franziskaner zuzuschreiben ist, bleibt fraglich; der Libellus stellt einen solchen nicht her. Auch war es weder bei weiblichen Anhängern der Bettelorden noch bei den Beginen üblich, zu betteln. Das galt als unschicklich für Frauen, wahrscheinlich auch als gefährlich. Elisabeth allerdings ließ sich von dieser Vorstellung nie ganz abbringen, sie äußerte sie auch später noch gegenüber Konrad von Marburg.

Was zog Elisabeth so zur Armut hin? Die konkrete Armut, der Elisabeth begegnete, wenn sie ihre Burgen verließ, war alles andere als anziehend – sie war abstoßend. Die Zeugnisse der Dienerinnen enthalten dazu viele Aussagen, auch ist von Bettlern und Vagabunden die Rede. Arme wohnten in kleinen und schmutzigen Hütten, deren Heizung in einem einzigen Herd bestand. Es fehlte an Kleidung,

Schulden drückten. Die Geburten vieler Kinder verschärften die Situation noch; Elisabeth musste sich häufig der Wöchnerinnen annehmen. Immer wieder fehlte es an Nahrungsmitteln, meist an Brot. Schmutz, mangelnde Kleidung und Nahrung waren das Einfallstor für Krankheiten – fast immer waren es Kranke, denen Elisabeth Hilfe brachte. Besonders Alte und Leprakranke waren hilfsbedürftig. Den Verstorbenen musste zu einem ehrenvollen Begräbnis verholfen werden. Die meisten Hilfeleistungen gab Elisabeth in den Städten am Fuß der Burgen; wir hören aber auch von Boten, die von weither kamen und Elisabeth zu beschwerlichen Wegen veranlassten, um Hilfe zu bringen. Dieses Elend bekämpfte Elisabeth mit den ihr zur Verfügung stehenden Mitteln.

Armut und Armutsbewegungen im 12./13. Jahrhundert

Die Hungersnot von 1226 traf hauptsächlich die Landbevölkerung. An sich war der hörige Bauer, der an die Scholle gebunden und von geringem Rechtsstatus war, gegen existentielle Armut geschützt, weil sein Grundherr in Notzeiten für ihn sorgen musste. Wenn aber die Abgaben zu hoch wurden oder wenn Missernten eintraten, so dass der Bauer das wenige Getreide als Saatgut und für die eigene Nahrung brauchte und nichts verkaufen konnte, geriet er in echte Armut. Nun erreichte im 13. Jahrhundert das Bevölkerungswachstum einen ersten Höhepunkt, während das für Rodung taugliche Land allmählich aufgebraucht war. Das konnte zum Teil durch eine stärkere landwirtschaftliche Nutzung des Bodens ausgeglichen werden: Die Dreifelder-Wirtschaft – Wintergetreide, Sommergetreide, Brache – wurde verbessert, indem man statt der Brache Futterkräuter, Erbsen und Linsen anbaute. In Stadtnähe wurden Gemüse und Obst angebaut. Mühlen zur Nutzung der Wasserkraft wurden angelegt, die ländlichen Geräte verbessert, der Hufbeschlag der Pferde setzte sich durch. Trotzdem gab es für viele nachgeborene Söhne kaum eine andere Möglichkeit, zu einer selbständigen Existenz zu gelangen, als in den Osten aus- oder in eine Stadt abzuwandern. Die verhältnismäßig kleinen Städte in Thüringen boten den vom Land Zuziehenden nur das Dasein eines Knechts bei den Ackerbau-Bürgern oder eines Tagelöhners bei Handwerkern und Kaufleuten. Oder sie wurden Hilfsarbeiter am Bau: Bedenkt man, wie viele Siedlungen am Fuß von Burgen Landgraf Ludwig IV. in jenen Jahren zu Städten ausbauen und wie viele Kirchen er errichten ließ, müssten wohl alle gesunden Männer bei diesen Bauten Arbeit und damit ihr tägliches Auskommen gefunden haben. Allerdings verschlangen diese Bauten ungeheure Geldsummen, die durch Abgaben der Grundbesitzer und Hörigen aufgebracht werden mussten. So dürfte auch die Belastung mit Frondiensten hoch gewesen sein; diese zogen aber die Arbeitskraft von der Bewirtschaftung der eigenen Felder ab.

Die Beurteilung von Armut war im Mittelalter unterschiedlich. Der hörige Bauer und der Tagelöhner galten als arm, machtlos und hilfsbedürftig, ihre Abhängigkeit demütigte sie. Doch waren sie in ihren Stand hineingeboren, hatten ihn also nicht selbst zu verantworten, etwa durch zu geringe Leistung. Bei der ausgeprägten Ständegesellschaft des Mittelalters hatte jeder Stand seinen ihm zugewiesenen Platz, jeder war nötig und gottgewollt. So waren die Armen *voll integrierte Mitglieder der Gesellschaft*, ebenso wie die Bettler, die allmählich eine eigene Berufsgruppe bildeten. Es gab auch deutliche Abwertungen, was die Haltung der höfischen Gesellschaft gewesen sein dürfte. Am Thüringer Hof scheint man die Stände nicht gegeneinander abgegrenzt zu haben. Im Kreis der Gespielinnen Elisabeths befanden sich arme Mädchen, vielleicht Kinder des Burggesindes. Wie schon damals, so solidarisierte sich Elisabeth auch später mit den Notleidenden bis hin zu dem Wunsch, selbst arm zu sein. Damit stand Elisabeth nicht allein – sie wurde von einer geistigen Strömung ihrer Zeit ergriffen, der sie sich öffnete und die ihr ganzes Tun bestimmte. Von daher wurden ihr weiteres Verhalten und ihr Weg vorgezeichnet.

Mächtige Armutsbewegungen erschütterten im 12. und 13. Jahrhundert die Christenheit. Sie hatten zwei Wurzeln: Die eine war der Protest gegen weltliche Macht und Reichtum der Kirche, die andere war die vertiefte Beschäftigung mit dem Leben Jesu und seine Nachfolge in Armut. Die Orden setzten sich am frühesten mit dem Problem von Reichtum und Armut in der Kirche auseinander. Während die reich gewordene Benediktiner-Abtei Cluny in Burgund im 12. Jahrhundert zur Ehre Gottes die damals größte Kirche erbaute, kehrte der 1098 in Citeaux gegründete *Zisterzienser-Orden* zur ursprünglichen Einfachheit zurück. Seine Niederlassungen sollten in abgeschiedenen Tälern errichtet, die Mönche zur Handarbeit verpflichtet werden. Die Felder sollten vom Konvent selbst bewirtschaftet werden; dazu nahm man auch Laienbrüder, Konversen, auf. Alle waren zum einfachsten Lebensstil in Nahrung, Kleidung und Kirchenbau verpflichtet. Auch legte der Orden Wert auf die vertiefte Kenntnis der Heiligen Schrift, wodurch Leben und Passion Jesu wieder mehr in den Blickpunkt gerieten. Bernhard von Clairvaux, der bedeutendste Ordensangehörige, entwickelte die Jesus-Mystik und die Marienverehrung. Durch die rasche Ausbreitung des Ordens von Frankreich aus wurden diese Gedanken und die landwirtschaftliche Kulturarbeit der Zisterzienser nach Deutschland, Polen, Böhmen und Ungarn gebracht.

Der 1120 gegründete Orden der *Prämonstratenser* geht auf Norbert von Xanten zurück, der als Wanderprediger begann und dann den Reformorden in Prémontré gründete. Er legte ihm die Regel der Augustiner-Chorherren zugrunde und verpflichtete ihn zur Armut; der Lebensunterhalt sollte selbst erarbeitet werden. Diesen Prämonstratensern stand Konrad von Marburg nahe und war offensichtlich von deren Armutsideal geprägt. Deshalb auch wählte ihn Elisabeth zu ihrem Beichtvater, weil *er nichts besaß*[57]. Dieser Ausspruch zeigt aber, dass Elisabeth nicht durch Konrad zur Armut angeleitet wurde, sondern dass sie diesem Ideal schon vor der Begegnung mit ihm anhing.

Kritik am Reichtum der Kirche und der Verweltlichung des höheren Klerus wurde auch in Laienkreisen geübt. Wer solche Gedanken äußerte, konnte mit Anhängern rechnen. So entstand im westlichen Europa die Bewegung der *Katharer*, der *Reinen*, die zunächst Askese und apostolisches Wanderleben forderten, 1167 aber den Dualismus der Bogomilen übernahmen. Diese erklärten die Welt aus zwei Urprinzipien: dem geistig-transzendenten, dem guten Gott, und dem Schöpfer der irdisch-materiellen Welt, dem bösen Gott. Aufgabe des Menschen sollte es sein, sich von allem Irdischen zu befreien und dem Geistig-Guten anzuhangen. Daraus folgerten die Katharer, man müsse auf alles Irdische, also auf Ehe, Fleischgenuss, Besitz und Berufsarbeit verzichten. Das sei nur den *Perfekten* möglich. Diese konnten durch Handauflegung die in das Irdische verstrickten Mitglieder, die *Gläubigen*, von den Sünden erlösen. Galt aber die Materie als schlecht, so habe auch der Sohn Gottes nicht an ihr teilgehabt; Jesus habe nur einen Scheinleib besessen. Folglich wurden auch seine Auferstehung und die Sakramente abgelehnt. Es ist verständlich, dass die Kirche diese Irrlehren bekämpfte, zuerst mit Worten, 1209 bis 1229 mit den Albigenserkriegen (in der südfranzösischen Stadt Albi hatten sich Anhänger der Katharer verschanzt). Verständlich ist auch, dass von da an Wanderprediger, die die Armut lehrten, misstrauisch beobachtet wurden und man argwöhnte, es könne sich um Katharer oder eine ähnliche häretische Gruppierung handeln.

Vermutlich deshalb reagierte die Kirche auf das Auftreten des Petrus Waldes so scharf. Dieser hatte 1173 in Befolgung der Aufforderung Jesu seinen Besitz, den er als Kaufmann in Lyon erworben hatte, den Armen geschenkt und war ein wandernder Bußprediger geworden. Er vertiefte sich in die Heilige Schrift, gewann viele Anhänger und sandte sie zur Bußpredigt aus. Nachdem diesen *Armen von Lyon* das Predigen wegen mangelnder Kenntnisse 1179 untersagt worden war, trennten sie sich von der Kirche und wurden wegen etlicher Irrlehren 1184 durch Papst Lucius III. exkommuniziert. Teile dieser Bewegung wurden unter Durandus von Huesca, der zuerst selbst Waldenser gewesen war, aber nach 1207 zu ihrer Bekehrung den Orden der *Katholischen Armen* gegründet hatte, wieder in die katholische Kirche eingegliedert.

In den Verdacht, Häretiker zu sein, gerieten zeitweise auch die *Humiliaten*, nach ihrem Kleid aus ungefärbter Wolle so benannt. Diese vor allem in den oberitalienischen Städten lebenden Frommen, die eher aus der begüterten und gebildeten Bevölkerungsschicht kamen, bildeten nach 1170 religiös-soziale Laiengemeinschaften. Ein Teil von ihnen wurde wegen Übertreten des Predigtverbots und häretischer Lehren von der Kirche ausgeschlossen, die Mehrheit aber 1201/07 im Schoß der Kirche zu einem dreigliedrigen Orden (Männer mit Gelübden, Frauen mit Gelübden und Laien) zusammengeschlossen. Dieser sog. Dritte Orden, die in der Welt und ihren Familien lebenden Gläubigen, bildete das früheste Tertiaren-Institut der Kirche. Die Mitglieder waren durch die *Norma vivendi* zu genügsamer Lebensweise verpflichtet: Sie sollten täglich nur zweimal essen und wöchentlich zweimal fasten, jeden Wucher meiden und unrechtmäßigen Besitz zurückgeben, den über den eigenen Bedarf hinausgehenden Gewinn den Armen schenken und keinen Putz zur Schau stellen. Demut übten sie, indem sie Wolle spannen und Tuche webten. Etliche von ihnen widmeten sich der Krankenpflege. Bibelkundige und geschulte Tertiaren durften sonntags auf freien Plätzen predigen, wenn sie sich dabei nicht auf theologische Fragen einließen, sondern auf lebenskundliche beschränkten.

Die *Beginen* bildeten einen weiblichen Zweig der Armutsbewegung. Zu Beginn des 13. Jahrhunderts strömten viele Frauen aus dem Adel und den Patriziergeschlechtern in Brabant und Flandern zu den Zisterzienserklöstern. Doch konnten dort weder genügend neue Konvente gegründet werden, noch konnten und wollten die Zisterzienser so viele Frauen seelsorglich betreuen. Deshalb schlossen sich die Frauen – und hier war Maria von Oignies (1177–1213) die treibende Kraft – zu selbständigen Gemeinschaften zusammen. Durch Jakob von Vitry wurde ihnen bei Papst Honorius III. 1216 die Erlaubnis erwirkt, in einem Haus zusammenzuwohnen, um sich gegenseitig zu einem guten Leben zu ermuntern. Darunter verstanden die Frauen ein Leben in Armut, Demut und Keuschheit, Treue zur Kirche und häufigem Sakramentenempfang. Jakob von Vitry charakterisiert sie so: *Viele haben die Reichtümer der Eltern verachtet und vornehme und mächtige Männer zurückgewiesen, leben in großer und fröhlicher Armut, haben nichts, als was sie mit Spinnen und der Arbeit der eigenen Hände erwerben, und sind mit billiger Kleidung und mäßiger Speise zufrieden*[58]. Die Frauen nannten sich Schwestern, arme Schwestern oder geistliche Schwestern. Weil aber ihre freiwillige Armut anstößig für reich lebende höhere Geistliche wurde, verdächtigten diese die Frauen der Ketzerei und belegten sie mit dem Namen Beginen, Anhängerinnen der Albigenser. Zuerst fühlten sich die Frauen durch diesen Namen geschmäht, später wurde er zur allgemein anerkannten Bezeichnung. Ihre Lebensform breitete sich auch in Deutschland aus; in Köln werden sie 1230 erstmals urkundlich erwähnt. 1233 schärften deutsche Provinzialsynoden ein, dass Beginen nicht betteln, sondern von Handarbeit und Dienstleistungen leben sollten. Einer solchen Anweisung müssen Erfahrungen einiger Jahre vorausgegangen sein. Wahrscheinlich hat Elisabeth die Lebensform der Beginen kennengelernt.

Die späteste und für die katholische Kirche bedeutendste Umsetzung des Armutideals geschah durch die *Bettelorden.* Franz von Assisi wurde 1206 vom Ruf zur Nachfolge Christi in Armut überwältigt – ähnlich dem Erlebnis des Petrus Waldes –, wies den bisher genossenen Reichtum des Vaters zurück und wollte dadurch von allem irdischen Gut befreit werden. Er vermied den Gebrauch und sogar das Anfassen von Geld. Dann erkannte er, dass es auf die Umkehr des Herzens ankam: Gott ist der Eigentümer von allem, dem Menschen „gehört" nur die Sünde; er bleibt ein Bettler vor Gott. Ihm vertraut der Mensch seine grundsätzlich ungesichert bleibende Zukunft an, von ihm darf er aber jederzeit seinen Lebensunterhalt erwarten und empfangen in dem Maße, wie ihn Gott zuteilt. Kann man nicht genügend Arbeitslohn erhalten, darf man sich *zum Tisch des Herrn flüchten und von Haus zu Haus betteln.* Franziskus sammelte gleichgesinnte Männer um sich, die *unsere Herrin Armut lieben und beachten*[59]. Als *viri poenitentiales,* ab 1219 *fratres minores* genannt, führten sie ein Leben in vollkommener Armut, in Demut und Gehorsam und wollten ihren Nächsten in Liebe dienen. Die erste „Lebensregel" wurde schon 1209, die endgültige Ordensregel 1223 vom Papst anerkannt. An sich sollten die Brüder ihre Berufsarbeit, möglichst Handarbeit, zum Erwerb des Lebensunterhalts fortsetzen, aber ohne einen Arbeitsvertrag einzugehen, damit sie keine weltliche Stütze hätten. Besitz sei von Gott geliehen und sei zurückzugeben; die Brüder sollten annehmen, was ihnen Gott schenke. Betteln sollten sie nur, soweit es zum Erlangen des Lebensunterhalts nötig sei. Als Dienst am Nächsten wurden vor allem die Pflege Aussätziger sowie Predigt und Seelsorge verstanden. Die Prediger und Priester, die ein Studium zu durchlaufen hatten, damit es nicht wie bei den Waldensern zu Irrlehren käme, fielen aber für eine Berufsarbeit aus, so dass sich das Betteln der *fratres minores* ausweitete.

Für den weiblichen Zweig des Ordens, die *Armen Schwestern* unter Klara von Assisi, bettelten die Brüder, während die Nonnen in strenger Klausur lebten und ihre Handarbeiten verschenkten. Klara kämpfte wie Franziskus ihr ganzes Leben um das *Privileg der seraphischen Armut*, also dass auch das Kloster kein Eigentum besitzen dürfe oder müsse, und schrieb, übrigens als erste Frau der Kirchengeschichte, eine eigene Regel. Sie erreichte deren Bestätigung am Tag vor ihrem Tod am 11. August 1253. Die Schwestern legten ihr die betreffende päpstliche Bulle mit ins Grab[60]. Die meisten Klarissen-Klöster lebten dann allerdings nach der von Papst Urban IV. 1263 gegebenen Regel, die dem Kloster Eigentum erlaubte.

Zur gleichen Zeit wie Franz von Assisi war Dominikus zur Bekehrung des Albigenser ab 1206 in Südfrankreich als Wanderprediger tätig. Er gründete 1215 eine Bruderschaft und gab ihr die Augustinusregel nach dem Vorbild von Prémontré. Deren erstes Generalkapitel 1220 beschloss, dem Zug der Zeit folgend, die vollkommene Armut. Betteln, studieren und predigen waren die Aufgaben der Mönche. Der Orden nahm sich auch der Seelsorge der Frauen an, einmal der Beginen, ohne sie in den Orden zu integrieren, in Deutschland zahlreicher Frauengemeinschaften, den späteren Dominikanerinnen. Nach Deutschland kamen die *Dominikaner* schon 1222. 1228 konnten sie in Erfurt ein Kloster gründen, nach 1235 in Eisenach, um 1290 in Marburg. Dies liegt nach der Zeit Elisabeths, und so ist auch nichts über Kontakte zwischen Elisabeth und den Dominikanern bekannt.

Überblicken wir diese verschiedenen Ausprägungen der Armutsbewegung, so kristallisieren sich etliche gemeinsame Züge heraus. Man will nach dem Evangelium leben, also arm sein wie Jesus und die Apostel. Man will ungesichert leben, ohne Grundbesitz, nur von der täglichen Arbeit und so ausschließlich auf Gott vertrauen. Man will dem Nächsten dienen, am besten durch Predigt und Krankenpflege.

Die Armutsbewegung erfasste Mönche, Kleriker und Laien, Männer und Frauen. Außer den meist auf dem Land angesiedelten Klöstern erfasste sie den städtischen Bereich. Hier musste man dem zur Schau gestellten Reichtum widerstehen und konnte als Tagelöhner sein Brot verdienen. Hier konnten die Frauen in kleinen Gemeinschaften ihr Auskommen finden, wobei sich vor allem das Spinnen empfahl: Spinnrocken und Wirtel stellten das einzig benötigte „Betriebskapital" dar, die Wolle lieferten meist die Auftraggeber. Wer so lebte, war in den Augen der Zeit wirklich arm. Thomas von Aquin definiert um 1270 die Armut so: *Lohnarbeiter, die ihre Arbeitskraft vermieten, sind Arme, die durch ihre Handarbeit ihren täglichen Lebensunterhalt erwerben*[61]. Wir werden sehen, wie Elisabeth die genannten Züge der Armutsbewegung aufgriff und verwirklichte.

Die letzten Ehejahre Elisabeths: 1226 und 1227

Ohne Zweifel veränderte sich Elisabeths Leben im Jahr 1226. Das lag an dem für 1227 geplanten Kreuzzug, an dem Landgraf Ludwig teilnehmen sollte, und an der Entscheidung des Landgrafenpaares, Magister Konrad von Marburg zu Elisabeths Beichtvater zu wählen. Beides hing eng zusammen, denn Konrad war als Kreuzzugsprediger in den Umkreis des Ehepaares getreten. Kreuzzugsprediger standen damals in hohem Ansehen, wurden doch nur geschulte Theologen dazu ausersehen. Die zwölf Prediger, die Papst Innozenz III. im Jahr 1213 für Deutschland bestellte, waren fast alle Bischöfe oder Äbte bzw. wurden es; lediglich zwei, ein Propst und ein Magister, stiegen nicht weiter auf in der kirchlichen Hierarchie. Diese Prediger durften sich Delegierte zu Hilfe nehmen. Als solcher wurde Konrad von Marburg berufen, also in ihre auserwählte Schar aufgenommen. Seine erste Erwähnung stammt aus einem Schreiben von Papst Innozenz vom 8. Januar 1216 an die Kirchenprovinz Bremen, wohin er neben anderen auch Konrad von Marburg als Kreuzprediger sendet[62]. Caesarius von Heisterbach weist ausdrücklich darauf hin, dass Konrad unter den drei Päpsten Innozenz III. (gest. 1216), Honorius III. und Gregor IX. *in ganz Deutschland* – nachweisbar handelte es sich um die Kirchenprovinzen Mainz, Bremen und Trier – das Kreuz gepredigt habe.

Aufgabe der Kreuzzugsprediger war es, möglichst viele Männer in waffenfähigem Alter zum Kreuzzug anzuwerben. In allen Pfarreien sollte monatlich eine Prozession abgehalten und an deren Ende gepredigt werden. Opferstöcke für Spenden für den Kreuzzug wurden aufgestellt. Wer die Predigt hörte, erhielt einen zeitlichen Ablass, wer ein Kreuzzugsgelübde ablegte, erhielt nach Beichte und Kommunion einen vollkommenen Ablass. Etliche Kreuzzugsprediger hatten auch die Vollmacht, einen Exkommunizierten nach Ablegung eines Kreuzzugsgelübdes freizusprechen. Alle Spenden und den Pflichtbeitrag der Geistlichen, die 20% ihres Einkommens abzugeben hatten, mussten die Prediger einziehen und abliefern[63]. Zunächst hatten sie beträchtliche Erfolge. Im Jahr 1215 beim Hoftag in Andernach und am 25. Juli bei der Königskrönung in Aachen nahmen viele Fürsten und Ritter das Kreuz (so nannte sich die Bereitschaft zur Teilnahme, symbolisch durch ein aufgenähtes Kreuz ausgedrückt), darunter auch König Friedrich II. Der Tod von Papst Innozenz III. 1216 führte zu einer Verzögerung. 1217 brachen im Sommer zwei Kreuzfahrerheere aus Deutschland auf, allerdings ohne den König, und ein weiteres Heer mit dem ungarischen König Andreas II., Elisabeths Vater, an der Spitze. Die Kreuzzugsprediger mahnten die Säumigen und waren mit der frühen Rückkehr der ungarischen Truppen 1218 nicht eben zufrieden. Am Hoftag in Frankfurt 1220 nahmen wiederum viele Ritter das Kreuz, so dass im Mai 1221 von Süddeutschland aus ein weiteres Heer zur Verstärkung ausziehen konnte. Nach dem Verlust der Festung Damiette 1221 forderte erst 1223/24 Papst Honorius III. wieder zu einem Kreuzzug auf. Er bestellte erneut Prediger; zum Teil waren es die alten. Konrad von Reifenberg, ab 1221 Bischof von Hildesheim, hatte schon 1220 die Leitung der Prediger in Deutschland übertragen bekommen. Sicher war ihm Magister Konrad von Marburg unterstellt, wird aber erst wieder 1226 als Kreuzzugsprediger genannt, als er sich am Thüringer Hof aufhielt.

Im Verlauf dieses Aufenthalts wurde Konrad von Marburg der Beichtvater Elisabeths. Für Ludwig mag der Gedanke, Konrad diese Aufgabe zu übertragen, nahe gelegen haben, weil er sich davon während seiner eigenen Abwesenheit Schutz für Elisabeth versprach. Jede Familie eines Kreuzfahrers unterstand nämlich dem päpstlichen Schutz, den Papst Honorius III. schon im Mai 1223 bei der ersten Aufforderung zum Kreuzzug Ludwig persönlich versprochen hatte: Er werde sein Land und alle seine Rechte in apostolischen Schutz nehmen und bis zu seiner Rückkehr unversehrt erhalten. Vor Ort konnte dieser Schutz nur vom Ortsbischof oder einem Kreuzzugsprediger wahrgenommen werden. Vom Mainzer Erzbischof konnte sich Ludwig wegen des häufig gespannten Verhältnisses zu ihm wenig Schutz erhoffen, wohl aber von einem Prediger, der ständig im mitteldeutschen Raum umherziehen, in vielen Pfarreien predigen und Gelder einziehen musste, also in erreichbarer Nähe war. Ludwig übertrug wohl im Frühsommer 1227 das Recht, über Kirchenlehen zu verfügen, deren Patronat er besaß, an Konrad[64] und band ihn damit noch stärker an die Landgrafschaft. Mit einer solchen Übertragung flossen die in diesen Pfarreien für den Kreuzzug anfallenden Abgaben an den Kreuzfahrer, nicht mehr an den Bischof – hier wurden sie dem Mainzer entzogen.

Solche Überlegungen waren für Elisabeth nachrangig. Sie war zu Jahresbeginn 1226 achtzehn Jahre alt und erhoffte sich von Konrad von Marburg stärkere religiöse Anregungen und eine geistliche Führung für ihr Leben. So gut sie es hatte, war sie doch mit ihrer Lebensweise nicht zufrieden. Konrad schreibt in seiner Summa vitae, er habe Elisabeth darüber klagend vorgefunden, ihr Leben nicht als Jungfrau beenden zu können[65]. Man sollte diese Aussage nicht als Lebenskrise deuten, denn Elisabeth war glücklich verheiratet und wollte an ihrer Ehe nicht rütteln. Mehr noch als bisher ging es ihr um eine tiefe Gottes- und Nächstenliebe, wollte sie sich als Gemahlin eines Kreuzfahrers einbringen und suchte sie nach einer Form der Armut, die sie als Fürstin leben konnte. Gerade in diesem Punkt erhoffte sie sich von Konrad Anweisungen. Seine für einen angesehenen Prediger auffallende Anspruchslosigkeit war ihr bekannt: *Ich habe ihm Gehorsam gelobt, weil er nichts besitzt, sondern gänzlich bettelt.* Wenn Konrad auch Ansehen als Prediger hatte, so unterschied er sich doch in einem Punkt von allen anderen: Er hatte keine Pfründe und kein Einkommen aus einem hohen geistlichen Amt. Caesarius von Heisterbach schreibt: Konrad sei mit einem kleinen Maultier in ganz Deutschland predigend umhergezogen. Er habe in dieser Welt nichts besessen, noch zu besitzen getrachtet, keine Pfründen, keine Würden, habe seinem Körper mit beständigem Fasten und viel Mühen zugesetzt, damit er nicht, während er anderen predige, selbst als untreu befunden werde. Und Caesarius fügt hier gleich die entscheidende Wendung an: *Durch seinen Rat wurden der Landgraf Ludwig und seine Frau Elisabeth in allen geistlichen Dingen bestimmt, von ihm empfing Elisabeth nach dem Tod ihres Mannes das geistliche Gewand und versprach ihm wie einem geistlichen Vater Gehorsam*[66].

Auch Ludwigs jüngerer Bruder Konrad wurde in seinen Entscheidungen von Magister Konrad beeinflusst. In seiner Predigt vermerkt nämlich Caesarius, Magister Konrad habe den jungen Landgrafen Konrad als Heranwachsenden in den ehrenvollen Sitten unterwiesen und ihn zur Verachtung der Welt überredet. Man darf daraus nicht schließen, Magister Konrad sei einige Zeit, etwa in den Jahren 1221 bis 1225, der Erzieher Konrads gewesen. Das würde eine schon länger bestehende Bekanntschaft mit dem landgräflichen Haus voraussetzen. Es ist eher anzunehmen, dass Magister Konrad während der Jahre 1226 und 1227 mit Konrad geistliche Gespräche führte und ihn vielleicht zum Kreuzzug zu motivieren suchte. Auch in den Jahren 1232/1233 wurde er für Landgraf Konrad im Konflikt mit dem Mainzer Erzbischof um Fritzlar als Vermittler tätig[67].

Elisabeth vertraute sich Magister Konrad von Marburg sehr bald mit einem weitreichenden Gelübde an: Isentrud berichtet – aber nicht Magister Konrad, der es übergeht –, Elisabeth habe noch zu Lebzeiten ihrer Mannes und mit seiner Zustimmung Magister Konrad Gehorsam gelobt mit Ausnahme der Rechte ihres Mannes und in Konrads Hände versprochen, ständige Enthaltsamkeit zu üben, wenn sie ihren Mann überleben sollte. Das habe sich in Eisenach im Kloster der heiligen Katharina zugetragen[68]. In dieses Zisterzienserinnenkloster, das Landgraf Hermann und seine Frau Sophia 1215 gegründet hatten, war Sophia um 1221 eingetreten, um ihre Witwenschaft Gott zu weihen. Wenn nun Elisabeth diesen Ort wählte, um ihr Gelübde abzulegen, nahm sie bewusst das Beispiel der Schwiegermutter auf. Diese war sicher wie Landgraf Ludwig bei dem Gelübde zugegen. Eine Frau, deren Mann zum Kreuzzug entschlossen war, musste mit einer frühen Witwenschaft rechnen. Elisabeth war noch jung und hätte als Witwe aus königlichem Geblüt und in reichsfürstlichem Stand gute Heiratsaussichten gehabt; sie hätte ein zweites Eheglück mit weiteren Kindern finden können. Wenn sie nun dieses Gelübde ablegte, war es eine echte Entscheidung für einen anderen Weg, für ein gottgeweihtes Leben. Offensichtlich standen Ludwig und Sophia voll hinter dieser Entscheidung. Das kann auch im dynastischen Interesse gewesen sein, denn aus späteren Ehen einer Fürstin konnten sich bei weiteren Kindern durchaus Erbstreitigkeiten oder Zwistigkeiten innerhalb der Familie ergeben. In der Forschung wurde gelegentlich gezweifelt, ob Elisabeth das Gehorsamsgelübde gegenüber Konrad zusammen mit dem der Enthaltsamkeit abgelegt habe; zu Gehorsam sei sie ihm eigentlich erst als Religiose im Marburger Hospital verpflichtet gewesen. Ein zeitlicher Abstand zwischen beiden Gelübden ist dem Bericht Isentruds nicht zu entnehmen. Vor allem geht aus dem Verhalten Konrads und Elisabeths klar hervor, dass sie sich schon in der Zeit ihrer Ehe zum Gehorsam verpflichtete. Konrads Forderungen an Elisabeth, zu bestimmten Predigten zu kommen oder das Speisegebot einzuhalten, stehen ganz unter der Gehorsamspflicht. Da Ludwig sich bereits 1226 zum Kreuzzug entschlossen hatte, gibt es keinen Grund, beide Gelübde zu verschiedenen Zeiten zu vermuten. Elisabeth legte sie sicherlich zusammen im Frühjahr 1226 ab.

Ein Beispiel, welche Schwierigkeiten der Gehorsam Elisabeth bereiten konnte, ist von Isentrud überliefert. Magister Konrad hatte Elisabeth zu einer seiner Predigten gerufen. Weil aber zu diesem Zeitpunkt überraschend Markgräfin Jutta von Meißen zu Besuch kam, konnte Elisabeth nicht zur Predigt kommen. Dies beleidigte Konrad so sehr, dass er durch einen Boten ausrichten ließ, er werde wegen dieses Ungehorsams die Sorge für sie niederlegen. Elisabeth eilte am nächsten Tag zu ihm, bat demütig um Verzeihung und warf sich sogar vor ihm nieder. Da Konrad die Schuld den Hofdamen zuschob – sollten sie etwas falsch ausgerichtet haben? – geißelte er sie[69]. Für Elisabeth war Juttas Besuch wichtiger, gerade weil es früher zu Streitigkeiten und sogar zum Kampf zwischen Jutta und Ludwig gekommen war. Die an ihr gerühmte Unterscheidungsgabe siegte über den puren Gehorsam.

Eine große Herausforderung für den Gehorsam Elisabeths war Konrads „Speisegebot“. Für sie und ihre drei Hofdamen, die sich dem freiwillig anschlossen, brachte es einschneidende Änderungen im täglichen Leben. So ist es nicht verwunderlich, dass Isentrud später ausführlich davon berichtet. Die Genauigkeit, die sich der Historiker wünscht, lässt sie trotzdem vermissen. Die Rekonstruktion dessen, was Konrad nun eigentlich zu essen verboten hatte, ist schwierig. Er selber schreibt von diesem Gebot nichts. Es dürfte nicht nur darum gegangen sein, auf *unrecht erworbenes Gut* zu verzichten, wie das zum Beispiel Maria von Oignies tat: Sie wagte nicht, an den Mahlzeiten im Leprosenhaus Willambroux teilzunehmen, weil diesem oft Spenden von reumütigen Räubern und Wucherern zuflossen, sondern bereitete sich aus Kräutern eigene Speisen[70]. Ähnlich verhielten sich Peter Waldes, Durandus und die Humiliaten. Konrad von Marburg scheint darüber hinausgegangen zu sein.

Isentrud berichtet, Magister Konrad habe Elisabeth *im Gehorsam befohlen, von solchen Gütern ihres Mannes keinen Gebrauch zu machen, über die sie kein gutes Gewissen habe, was sie strikt befolgte, so sehr, dass sie, bei Tisch an der Seite ihres Mannes sitzend, sich von allem enthielt, was von den Ämtern und Eintreibungen der Amtsträger stammte, und keine Speisen genoss, wenn sie nichts über deren Herkunft wusste und sie nicht von den gerechten Besitzungen ihres Man-*

nes stammten. Wurde etwas aus Abgaben aufgetragen, tat Elisabeth vor den Rittern und Dienern so, als ob sie esse, teilte das Brot und andere Speisen und schob sie hin und her, damit es schien, als esse sie[71]. An weiteren Stellen ist die Rede von *den Speisen des Hofes, von vielerlei ungerechten Speisen, von unerlaubt und mit Gewaltanwendung Eingezogenem*[72]. Elisabeth wies sie zurück und sorgte, wo sie konnte, dass denen, die Unrecht erlitten hatten, Ersatz gegeben wurde. Im Umgang mit Geschenken anderer Adliger galten für Elisabeth die selben Regeln. Ein gutes Gewissen – und auf das Gewissen hatte Konrad Elisabeth ja ausdrücklich verwiesen – hatte Elisabeth dagegen bei Nahrungsmitteln, die *von den Einkünften und gerechten Gütern des Mannes* stammten, *etwa von den Weinbergen ihres Mannes.* Zu den gerechten Gütern gehörte ferner das Elisabeth zugewiesene Witwengut, aus dem sie später sich und die Ihren versorgte und von dessen Ertrag sie Einkäufe tätigen konnte[73]. Es ist also zu unterscheiden zwischen den Abgaben aus Lehensgut und dem Ertrag aus Eigengut, dem Allod.

Mit dieser Wertung von gerechtem und ungerechtem Gut stand Konrad von Marburg in seiner Zeit keineswegs allein. Jakob von Vitry beklagt, dass die Herrschenden wie Räuber über ihre Untertanen herfielen und ungerechtfertigte Abgaben erhöben. Caesarius von Heisterbach meint, die Fürsten brächten die Armen um ihre Habe, statt sie zu schützen, und der Dichter Freidank fragt spottend, ob die Herrscher nicht auch für Luft und Sonne Abgaben verlangen wollten. Caesarius hält das Sprichwort für richtig: Jeder Reiche ist entweder ein Dieb oder eines Diebes Erbe. In der Mitte des 12. Jahrhunderts wurde die Diskussion der Theologen über die Berechtigung von Eigentum neu entfacht. Das mag neben der Debatte um die Armut auf die Dekretalensammlung des Franciscus Gratian, des Begründers des kanonischen Rechts in Bologna, zurückgehen, die er um 1140 der Öffentlichkeit übergab. Durch diese Sammlung von Rechtssätzen aus tausend Jahren wurden Widersprüche offenkundig, die es gab zwischen dem römischen Recht, in dem Eigentum eine unbeschränkte Verfügungsgewalt über eine Sache bedeutete, dem germanischen Recht, nach dem nur die Familie oder der Stammesverband Verfügungsgewalt besaß, und dem Feudalismus, nach dem der Lehnsherr das dingliche Recht auf die Sache (Eigentum im heutigen Sinn), der Lehensträger das Gebrauchsrecht an der Sache besaß[74].

Die Theologen fragten nun: Hat Gott bei der Erschaffung der Welt Gemeineigentum oder Privateigentum gewollt? Was ist aus dem Alten Testament, was aus dem Neuen Testament zu erschließen? Was sagte die Urkirche? Die Lösung war schwierig, weil schon die Bibel zwei verschiedene Richtungen aufzeigt, die beide von den Kirchenvätern aufgenommen wurden. Gemeinsam ist allen die Ansicht, Gott sei der alleinige Eigentümer allen irdischen Gutes. Jeder Besitz wird den Menschen von Gott nur geliehen, wie es Jesus in etlichen Gleichnissen vom Hausherrn und seinen Verwaltern darstellt.

Lukas berichtet in seinem Evangelium die Forderung Jesu, der Jünger solle auf seinen ganzen Besitz verzichten, ihn verkaufen und das Geld den Armen geben. In der Apostelgeschichte schildert er: Die gläubig Gewordenen verkauften alles, was sie besaßen, und gaben davon jedem, was er nötig hatte[75]. Diese Meinung vertrat neben anderen später Johannes Chrysostomos (354–407). Sie wurde in etwa im Mönchtum in die Praxis umgesetzt.

Auf der anderen Seite war nicht zu leugnen, dass die zehn Gebote persönlichen Besitz des Einzelnen voraussetzen und verteidigen, dass Jesus daran nicht rüttelt und Paulus lehrt, der Christ solle von seinem Besitz Almosen geben; der Überfluss des einen solle dem Mangel des anderen abhelfen – es gehe um einen Ausgleich[76]. Diese Ansicht führen besonders die Kirchenväter des lateinischen Westens weiter, wobei Augustinus zu dem Schluss kommt, das göttliche Recht ziele auf Gemeineigentum, das kaiserliche Recht auf das Privateigentum. Dieses sei grundsätzlich zu verteidigen; nur wer es schlecht gebrauche, verliere sein Recht darauf. Gratian schließt sich dem an: *Nach göttlichem Recht ist alles allen gemeinsam, nach gesetztem Recht gehört dieses mir, jenes einem anderen*[77]. Huguccio, wohl der bedeutendste der Dekretisten, Rechtsgelehrter in Bologna und vor 1190 Verfasser einer Summe zu Gratian, drückt es so aus: *Aufgrund des natürlichen Rechts ist allen alles gemeinsam.* Der Schöpfer habe die Dinge zum allgemeinen Gebrauch der Menschen geschaffen. Privateigentum sei nur eine Folge und zugleich eine Strafe für die Ursünde und damit eigentlich Unrecht. Für den gefallenen Menschen mit seinem Besitzstreben und seinen Begierden sei es zwar angebracht, dass er Eigentum besitze, doch lade er sich damit Mühen und Sorgen auf[78]. In dieser frühscholastischen Schule unterschied man das primäre Naturrecht als das von Gott bei der Schöpfung angestrebte Recht und das sekundäre Naturrecht, das für die Menschen nach dem Sündenfall gelten müsse. Nur nach letzterem sei Privateigentum legitimiert. So konnte Thomas von Aquin zu dem Kompromiss finden: Gott ist der Obereigentümer aller Dinge. Der Mensch kann sich ihrer bedienen. Der naturrechtliche gemeinschaftliche Gebrauch ist unter den geschichtlichen Bedingungen in der Ordnung des Privateigentums verwirklicht. Dieses ist nicht gegen das Naturrecht, sondern ihm durch das Recht der Völker aus vernünftigen menschlichen Erwägungen hinzugefügt. Durch richtigen Gebrauch des Privateigentums wird auch dem Gemeinwohl am zweckmäßigsten gedient, weil Eigentum zu Fleiß, Sorgfalt und Frieden anhält und Nächstenliebe ermöglicht[79].

Diesen Kompromiss des Thomas kann Konrad von Marburg selbstverständlich noch nicht gekannt haben, doch muss ihm, der in Paris oder Bologna studiert haben wird, die Diskussion bekannt gewesen sein. Persönlich suchte er, die strengere Linie (nach Lukas) zu verwirklichen. Wenn er nun einer Fürstin Anleitung zu einem wahrhaft christlichen Leben geben sollte, so offensichtlich mit dem Eigentumsbegriff seiner Zeit.

Besitz als geliehenes Gut war dem mittelalterlichen Menschen ein vertrauter Gedanke, war doch das *Lehen* die am weitesten verbreitete „Eigentums"-Form an Grund und Boden: nur geliehen, konnte es zurückgefordert werden. Die Nutznießung eines Lehens stand dem Entleihenden zu, der Verleiher konnte bestimmte Leistungen dafür fordern. Für den Gläubigen galt: Gott an der Spitze der „Lehenspyramide" und Eigentümer allen irdischen Gutes beauftragt die Herrschenden zu dessen Verwaltung. Der König etwa verleiht die Herrschaftsgebiete an seine Lehensträger weiter, die wiederum Teile davon als Unterlehen ausgeben können; der Ministerialenstand verdankte dem seine Entstehung. So wie der König Gott verantwortlich ist, sind auch die Lehensträger ihrem Lehensherrn in Treue verbunden und dafür verantwortlich, dass sie das ihnen anvertraute Gut im Sinne des Königs verwalten und alle damit verbundenen Aufgaben erfüllen: das Land schützen und Kriegsdienst leisten, Recht sprechen, durch Wege, Brücken und Märkte für Bauern, Handwerker und Kaufleute sorgen, kurzum die staatliche Gewalt ausüben. Damit lastete auf dem Lehensgut die Verpflichtung, es im Dienst des Gemeinwohls zu gebrauchen. Die Allgemeinheit hatte ein Anrecht darauf, dass alles zur allgemeinen Nutznießung diene, soweit es nicht der Lehensträger für den eigenen Lebensunterhalt benötigte. Verwaltete er es nicht im Sinn des Lehnsherrn, lehnte er sich gar gegen ihn auf, konnte dieser das Lehen wieder einziehen. Hatte der Lehensträger keinen männlichen Erben, fiel das Lehen an das Reich zurück.

Eine andere Art des Besitzes war das *Allod*, das Eigengut. Dieses war königsfreies Land, aus germanischer Zeit erhalten, durch Rodung, Tausch oder Kauf erworben. Es blieb meist viele Generationen im Besitz der Familie. Über das Allod konnte man frei verfügen: es selbst bewirtschaften, von Leibeigenen bewirtschaften lassen und von den Erträgen leben, es verkaufen oder verschenken. Deswegen wurde das Witwengut, die *Dos* oder das Leibgeding für eine eingeheiratete Frau, aus dem Allod einer Familie bestimmt, Liegenschaften oder andere Objekte, die Ertrag abwarfen. Die Dos sollte im Ertragswert etwa dem mitgebrachten Heiratsgut der Braut entsprechen. Sie wurde vom Ehemann oder seinen Leuten verwaltet. Möglich war auch eine Selbstverwaltung der Frau, was im Witwenstand ohnehin die Regel war. Der Ertrag der Dos stand immer der Frau zur freien Verfügung zu; sie konnte sie nutzen, durfte sie aber in der Substanz nicht mindern. Nach dem Tod der Frau fiel die Dos wieder an die Familie zurück.

Diese differenzierten Eigentumsverhältnisse spielten im Leben Elisabeths eine große Rolle, jetzt beim Speisegebot und später beim Tod ihres Mannes. Die Unterschiede zwischen Lehen und Allod waren dem mittelalterlichen Menschen vertraut. Man empfand durchaus, dass am Lehensgut die Allgemeinheit ein größeres Anrecht besaß als am Allod. So forderten zum Beispiel die *Chapuchonnés* in Südfrankreich, die Ende des 12. Jahrhunderts aus der frommen Bruderschaft der Kapuzenmänner des Durand aus Le Puy hervorgegangen waren, dass die Herrscher sich mit den Einkünften aus ihrem Grundbesitz, also dem Allod, begnügen sollten; Abgaben sahen sie als unrechtmäßig an. Konrad von Marburg unterscheidet ähnlich wie sie zwischen gerechtem und ungerechtem Gut: Allod und Dos gelten ihm als rechtmäßiger Besitz, nur deren Ertrag darf Elisabeth nutzen. Ihre Dos verwaltete sie selbständig, sei es, dass Ludwig ihr deren Verwaltung schon früher zugestanden hatte oder sie ihr wegen des Speisegebots übertrug. Speisen aus Abgaben der Untertanen durfte Elisabeth nicht genießen, wobei offen bleibt, ob Konrad dem Landgrafenhof die Nutzung aus Lehensgut grundsätzlich abstritt oder ob ihm die Abgabenlast zu hoch erschien. Der Lebensstil am Hof und die für damalige Verhältnisse komfortabel eingerichteten Neubauten Ludwigs waren mit den ärmlichen Lebensbedingungen der Untertanen nicht vergleichbar. Dietrich von Apolda lässt in seiner Vita Elisabeth vor ihrem Wegzug nach Marburg die Erkenntnis gewinnen, dass die Fürsten vom Geld der Armen leben. Friedrich Ködiz drückt das so aus: *si bedachte vil wol, waz furstin unde hern in wollust vorzern, daz muzen di armen gelde*[80].

Elisabeth geriet mit ihren Hofdamen wegen des Speisegebots oft in Bedrängnis, vor allem auf Reisen. Ein mittelalterlicher Fürst musste seine Regierungsgewalt durch seine persönliche Gegenwart in den verschiedenen Herrschaftsgebieten präsent machen und Recht sprechen. Mit seinem Gefolge nutzte er die in den betreffenden Regionen als Abgaben gesammelten Nahrungsmittel. Genau dies wurde für Elisabeth schwierig. Vor den Mahlzeiten erkundigte sie sich, woher die aufgetragenen Speisen stammten. Waren es nicht erlaubte Speisen, versuchte sie, ihren Verzicht zu verbergen. Wir wissen nicht, wie reich die landgräfliche Tafel gedeckt war. Es ist die Zeit, in der Caesarius von Heisterbach beklagt, dass schon Bürger neun bis zehn Gänge auftrügen und mit den gebratenen, gekochten oder gerösteten Fleisch- und Fischspeisen und verschieden gewürzten Soßen nur ihrer Esslust frönten. Für Elisabeth bestand das Essen oft nur aus kleinen Honigstriezeln; vermutlich konnte sie solche bequem mitnehmen und dann auf den Tisch legen. Einmal mussten die Frauen nach einem kargen Mahl noch acht deutsche Meilen reiten, also etwa 60 Kilometer, zum großen Landtag nach Mittelhausen. Ein andermal hatte Elisabeth fünf kleine Vögel zur Verfügung, von denen sie nur etwas für sich behielt und das andere den Hofdamen zukommen ließ. Auf die Dauer gesehen wäre solches Fasten gesundheitsgefährdend geworden. So sorgte Elisabeth nach Möglichkeit mit Nahrungsmitteln aus ihrer Dos vor oder *erbat sich von Adligen der Region durch Boten das Notwendige*[81].

Es konnte nicht ausbleiben, dass das außergewöhnliche Essverhalten Elisabeths in Adelskreisen bekannt wurde. Das war im Sinne Konrads von Marburg. Er wollte sicher Elisabeth keine persönliche Last auferlegen, die sie nur schwer zu tragen vermochte. Er wollte vielmehr dem Adel vor Augen halten, dass übermäßige Abgaben ungerechter Besitz seien. Er wollte die landgräfliche Hofhaltung provozieren, das System in Frage stellen, Sozialkritik üben. Das erreichte er auch. Als erster fühlte sich Ludwig herausgefordert: *Dasselbe würde ich auch gern machen, wenn ich nicht den Widerspruch der Familie und anderer fürchtete. Aber ich werde, wenn Gott es gibt, meine Lebensweise bald anders einrichten*[82]. Jedoch: *Wegen dieser einmaligen und ungewohnten Lebensweise wurden sowohl ihr (Elisabeth) als auch ihrem Mann, weil er das erlaubte, offen viele Vorwürfe von den Seinen gemacht, die sie mit großer Gelassenheit ertrug.* Der Thüringer Hof wehrte sich also gegen die Kritik an seiner Lebenshaltung, zunächst nur mit Worten. Nach dem Tod Ludwigs wehrte er sich mit Taten.

Hatte sich Elisabeth in diesen Jahren schon für ihre Hofdamen und sich um Nahrung zu bemühen, so musste sie sich bald in weit größerem Maße für ihr ganzes Land um ausreichende Ernährung sorgen, denn das Gespenst einer Hungersnot tauchte im Frühjahr 1226 auf. Es war ausgerechnet die Zeit, zu der Landgraf Ludwig zum Reichstag, den der Kaiser nach Cremona einberufen hatte, aufbrach. Ludwig übergab Elisabeth die Regierungsgeschäfte, die sie in den vier Monaten bis zu Ludwigs Rückkehr am 24. Juli führte.

Hungersnöte waren im Mittelalter nicht selten, wurde doch nur von Großgrundbesitzern wie Klöstern, Hochstiften oder an Fürstenhöfen Vorratswirtschaft betrieben. Für die leibeigenen Bauern war sie nicht möglich. Sie hatten ihre Abgaben zu liefern und mussten etwa ein Drittel der Ernte als Saatgut aufbewahren. Der Rest diente dem Eigenbedarf. Nur im Umkreis der sich allmählich entwickelnden Städte war an Verkauf von Ackererzeugnissen zu denken; rund zehn Dörfer konnten eine Stadt von dreitausend Einwohnern ernähren. Wenn die Ernte nicht den erwarteten dreifachen Ertrag des Saatguts einbrachte, musste man entweder schon im ersten Jahr hungern oder am Saatgut sparen. Säte man kärglich oder flüchteten die Bauern aus Hunger zu den Klöstern oder in die Städte und bestellten ihre Felder gar nicht, so war die schlechte Ernte des zweiten Jahres vorprogrammiert. Alle großen Hungersnöte Europas erstreckten sich über zwei bis drei Jahre.

So war es auch mit der Hungersnot von 1224–1226, die nach den Chroniken mit einem heftigen Sturm begann, der die Getreidekörner aus den Ähren geschüttelt habe. Eher ist wohl an eine Getreidekrankheit zu denken. Eine Viehseuche breitete sich zudem aus. 1225 begann die große Hungersnot von Ostfrankreich über die Rheinlande bis nach Mittel- und Ostdeutschland vorzudringen und steigerte sich im dritten Jahr: Die Reinhardsbrunner Chronik beklagt, dass der Hunger schon ins dritte Jahr dauere. Am schlechtesten waren die kleinen Bauern daran, die kaum von ihrer Ernte leben konnten, während die großen Bauern ihren wenn auch geringen Überschuss zu Wucherpreisen veräußerten. Damit kam zum Hunger die Teuerung. *Zur Zeit des allgemeinen Hungers und der Teuerung*[83], so beginnt Isentrud ihren Bericht. Diese Zeit übergeht auch Konrad von Marburg nicht. Er macht allerdings die irrtümliche Angabe, Landgraf Ludwig habe sich damals in Apulien aufgehalten (dort befand er sich erst zu Beginn des Kreuzzugs), während Isentrud richtig vom Reichstag in Cremona spricht. Sie beschreibt die Tätigkeit Elisabeths im Bereich der Wartburg genau, während Konrad den Blick auf das ganze Territorium der Ludowinger richtet: In allen vier Landesteilen habe Elisabeth geholfen und auch dort alle Vorräte geleert.

Wie ging nun Elisabeth im Einzelnen vor? Elisabeth ordnete an, den Notleidenden täglich so viel an Nahrung zu geben, dass es für einen Tag reiche[84]. Zu dieser allgemeinen Almosenverteilung konnten sich aber viele durch Hunger geschwächte oder kranke Menschen nicht anstellen. Diese nahm Elisabeth in ein großes Haus unterhalb der Wartburg auf. Der Bericht Isentruds über dieses Kernstück von Elisabeths Hilfe soll hier ausführlich zitiert werden: Sie ging selbst in das Hospital *oftmals am Tag, den beschwerlichen Auf- und Abstieg nicht scheuend, und sättigte die Kranken mit Speise und Trank … Sie tröstete dabei auch die Menschen und sprach mit ihnen über die Geduld und das Heil der Seele. Um die Bedürfnisse der einzelnen zu befriedigen, verkaufte sie auch Schmuck von sich. Und obwohl sie sonst überall schlechte Luft nicht ertragen konnte, ertrug sie ohne allen Schauder die verdorbene Luft der Kranken in dieser Sommerzeit, die ihre Mägde nur schwer und kaum mit Murren aushielten. Dabei berührte sie die Kranken fröhlich mit den Händen und wischte mit ihrem Kopftuch den Speichel, den Schleim und den Schmutz der Ohren und Nasen aus den Gesichtern. Außerdem hatte sie in diesem Haus viele Kinder aufgenommen, die sie gut versorgte und die sie so gütig und liebevoll behandelte, dass diese alle sie Mutter nannten, zusammenliefen und sie umringten, wenn sie ins Haus trat. Unter diesen liebte sie besonders die mit Ausschlag behafteten, die kranken, die schwächlichen, die schmutzigsten und hässlichen Kinder, streichelte ihre Köpfe und zog sie in ihren Schoß. Und zum Trost für diese Kinder kaufte sie auch kleine Töpfe, gläserne Ringe und anderes Spielzeug. Als sie einmal von der Stadt unterhalb der Burg zurückritt und solches Spielzeug in ihrem Mantel hatte, fiel alles von einem hohen Felsen über das Gestein hinunter. Doch wurde, obwohl es über den Felsen gefallen war, alles unversehrt und heil aufgefunden; sie verteilte es nachher den Kindern zu deren Trost. Außer diesen Kranken, die das allgemeine Almosen empfingen, wählte sie noch ärmere und schwächere aus, die sie vor der Burg unterbrachte und denen sie die Reste ihres Tisches mit eigenen Händen austeilte. Sich und ihren Hofdamen entzog sie viel, um es den Armen geben zu können. Als Elisabeth an einem Tag nach der Almosenverteilung in einem Krug austeilte und allen gegeben hatte, schien es, dass das Bier im Krug fast nicht abgenommen hatte, sondern soviel zurückgeblieben sei, wie zuvor darin war. So sorgte Elisabeth für die Menge bis zur neuen Ernte.* Und auch für diese sorgte Elisabeth, konnte doch nur eine vollständig eingebrachte Ernte die Hungersnot beenden. Jetzt kam es darauf an, die Menschen aus Apathie und Resignation herauszureißen und sie wieder einer geregelten Arbeit zuzuführen. Sie sollten sich schließlich selbst ernähren und sich nicht daran gewöhnen, Almosenempfänger zu sein. Dazu berichtet Isentrud: *So gab Elisabeth allen, die arbeiten konnten, Hemden und Schuhe, damit sie ihre Füße an den Stoppeln nicht verletzten, und Sicheln, damit sie mähen und sich von ihrer eigenen Arbeit ernähren könnten. Den wirklich Schwachen, die nicht arbeiten konnten, schenkte sie Kleidung, die sie auf dem Markt für sie einkaufen ließ. Dies alles teilte sie mit eigenen Händen fröhlich aus und, als sie sie entließ, gab sie jedem einzelnen etwas. Und als sie kein Geld mehr hatte, gab sie den armen Frauen schöne Kleider und seidene Gewänder und sagte zu ihnen: Ich will nicht, dass ihr diese zum eigenen Vergnügen anzieht, sondern dass ihr sie verkauft, um euch Nötiges dafür einzukaufen, und tüchtig arbeitet. Einer unter diesen Frauen gab Elisabeth Schuhe, ein Hemd und ein Obergewand. Diese Frau freute sich so sehr, dass sie zur Erde fiel und vor Freude zu sterben schien. Sie rief, dass sie niemals eine ähnliche Freude in der Welt erlebt habe. Als Elisabeth das sah, tat es ihr leid, ihr das gegeben zu haben, und fürchtete, an ihrem Tod schuld zu sein.*

Überblicken wir Elisabeths Wirken zur Zeit der Hungersnot, so sprengt ihre Verhaltensweise den gewohnten Rahmen: Elisabeth fühlt sich als Landesfürstin in die Pflicht gerufen, ihren Untertanen zu helfen und alle Vorräte des Landes dafür einzusetzen. Das war für weltliche Herrschaften zur damaligen Zeit nicht üblich. Die Armenfürsorge wurde den geistlichen Herrschaften überlassen: Die Klöster mussten nach der Benediktus-Regel jeden Gast und Bittenden aufnehmen und verköstigen. Sie taten das in Notzeiten in großem Ausmaß. Viele Klöster verkauften oder verpfändeten Güter und verschuldeten sich dabei erheblich. Für die Bischöfe galt schon seit der Zeit der Kirchenväter der Brauch der Vierteilung des kirchlichen Vermögens; ein Viertel stand den Armen zu. Bonifatius und dann das Reformkonzil von Mainz 847 bestimmten, dass der vierte Teil des Kirchenzehnten für die Armenpflege zu verwenden sei. Bei Hungersnöten setzten die Bischöfe weit mehr Mittel ein: Mancher Bischof kaufte in entfernten Gegenden Getreide, mancher war bei der Verteilung persönlich zugegen[85]. Weltliche Herrschaften waren an sich nur zur Unterstützung ihrer Leibeigenen verpflichtet. Notstandsgesetze gab es seit Karl dem Großen, der die Ausfuhr von Getreide und überhöhte Preise verboten hatte, nicht mehr. Aus der Zeit Elisabeths ist einzig der Graf von Blankenburg bekannt, der 1226 verbot, dickes Bier zu brauen und für mehr als einen Monat Getreidevorrat zu besitzen.

Die Umsicht Elisabeths bei ihren Anordnungen ist bemerkenswert.

Sie nutzt die in ihren Gebieten verstreut gelegenen Vorratsgebäude zur Ausgabe des Getreides und erreicht damit eine dezentrale Verteilung. Dann lässt sie nur in Tagesrationen ausgeben, wodurch die Vorräte sorgsam eingeteilt werden und ein Weiterverkauf zu Wucherpreisen verhindert wird. Elisabeth besaß offenbar bei den Verwaltern die nötige Autorität, um dies auch durchzusetzen. Weiter sorgt sich Elisabeth um das Einbringen der neuen Ernte, indem sie den Menschen Schuhe und Sicheln gibt. Ähnlich hatte Bischof Otto von Bamberg nach der Hungersnot von 1125 den Menschen Sicheln und ein Zehrgeld gegeben, bevor er sie in ihre Dörfer zurückschickte. Bemerkenswert ist, wie Elisabeth auf die verschiedenen Gruppen der Hilfsbedürftigen eingeht – Arme, Kranke, Kinder, Arbeitsunfähige. Sie kümmert sich um die Bedürfnisse der einzelnen: *singulorum desiderio ... satisfaciebat.* Der einzelne Mensch ist ihr wichtig, ihre eigenen Bedürfnisse spielen keine Rolle. Konrad von Marburg nennt sie eine Trösterin der Armen und Wiederherstellerin der Hungernden[86]. Das bewirkte ihre Einmaligkeit schon zu ihrer Zeit und ihre Popularität als Heilige bis heute. Elisabeth wurde von der Landesfürstin zur Landesmutter.

Elisabeth konnte die Freude erleben, die Menschen über die schlimmste Hungersnot hinweg gebracht zu haben. Sie durfte auch die Genugtuung erleben, dass ihr Mann nach seiner Rückkehr mit all ihren Anordnungen einverstanden war, wie Magister Konrad ausdrücklich vermerkt[87].

Der Kreuzzug

Hatte König Friedrich II. von Hohenstaufen 1215 vielleicht noch in einer spontanen Begeisterung mit vielen anderen Rittern das Kreuzzugsgelübde abgelegt, so war diese längst verflogen und durch harte Realpolitik abgelöst. Auch bei Landgraf Ludwig IV. ging es nicht nur um begeisterten Einsatz für die Befreiung des Heiligen Landes von muslimischer Herrschaft, sondern eher um seine traditionell stauferfreundliche Politik. Ludwig ließ sich nur langsam und nach Verhandlungen auf höchster politischer Ebene zur Teilnahme am Kreuzzug gewinnen. Es ist auffallend, dass weder im Bericht des Konrad von Marburg, der doch Kreuzzugsprediger war, noch in dem der Hofdamen der Kreuzzug eine Rolle spielt. Und doch muss er jahrelang die Überlegungen des Landgrafenpaares bestimmt haben.

Verfolgen wir zunächst den Verlauf der diplomatischen Verhandlungen. Als Ludwig 1217 die Regierung in Thüringen übernahm, rüstete sich eben ein bayerisch-österreichisch-ungarisches Heer und fuhr zu Schiff im August unter Ludwigs zukünftigem Schwiegervater, König Andreas II., von Spalato (Split) nach Akkon. Nach drei wenig erfolgreichen Expeditionen gegen die Sarazenen kehrte König Andreas im Januar über Anatolien zurück. Mit ihm werden Ludwig und Elisabeth bei ihrem Besuch sicher über dieses missglückte Unternehmen gesprochen haben. Das übrige Kreuzfahrer-Heer belagerte die Festung Damiette im Nildelta, eroberte und verlor sie wieder. Im August 1221 wurde ein Waffenstillstand auf acht Jahre geschlossen, der nur von einem gekrönten König abgebrochen werden durfte. Papst Honorius III. war bewusst, dass ein weiterer Kreuzzug nur unter der starken Leitung von Kaiser Friedrich II. Erfolg versprechen konnte. Honorius hatte Friedrich 1220 zum Kaiser gekrönt und suchte ihn im März 1223 in Ferentino zur Einlösung seines Kreuzzugsgelübdes zu bewegen. Der Kaiser versprach, Isabella, die Erbin des Königreichs von Jerusalem und Tochter des für sie regierenden Königs Johann von Brienne, zu heiraten. Damit würde Friedrich den rechtlichen Anspruch auf das Heilige Land erwerben. Er wolle es durch einen Kreuzzug erobern, der noch vor dem 24. Juni 1225 beginnen werde.

Tatsächlich unternahm Friedrich II. erste Schritte zur Verwirklichung: Er schrieb vor Mai 1223 an Landgraf Ludwig und forderte ihn auf, sich am Kreuzzug zu beteiligen. Für diesen Fall versprach er ihm 4000 Mark Silber. Im Mai wandte sich der Papst an Ludwig und versprach ihm seinerseits, sein Land und alle seine Rechte in apostolischen Schutz zu nehmen und bis zu seiner Rückkehr unversehrt zu erhalten[88]. Von einer Reaktion Ludwigs ist nichts überliefert. Waren schon zwei Jahre eine sehr kurze Zeit für die Vorbereitung, so widmete sich Friedrich II. dieser nicht einmal energisch, sondern war in Kämpfe mit den Sarazenen in Sizilien verwickelt. Am 5. März 1224 teilte er denn auch dem Papst entschuldigend mit, wegen dieser Auseinandersetzung noch nicht mit den Reichsfürsten verhandelt zu haben, was er jetzt aber nachhole. So habe er bereits Hermann von Salza, den Deutschordens-Hochmeister, mit einer Botschaft zum Herzog von Österreich, zu Landgraf Ludwig und anderen Reichsfürsten sowie zu König Andreas von Ungarn gesandt. Den Reichsfürsten werde sie im Mai auf einem Reichstag in Frankfurt mitgeteilt. Dort nahm auch Ludwig an den Verhandlungen teil. Es ist möglich, dass er hier das Kreuzzugsgelübde abgelegt hat, denn er wird schon nach dem 3. Juni 1224 von einem Prediger namens Oliver lobend erwähnt: Der Landgraf von Thüringen, Schwiegersohn des

Elisabeth heftet Ludwig das Kreuz an;
Tafel Nr. 19, Lübecker Elisabethzyklus, um 1420

ungarischen Königs, ein junger und waffengewohnter Ritter, reich und mächtig, habe das Kreuz genommen zusammen mit zehn Grafen, zahlreichen Rittern und einer ungezählten Menge des Volks. Es ist aber auch möglich, dass die hessisch-thüringische Tradition Recht hat, die die Kreuznahme – bildlich und schriftlich – anders darstellt: Nach ihr empfing Ludwig – so auf dem Marburger Elisabeth-Schrein – das Kreuz aus der Hand eines Bischofs. Da dieser Schrein zwischen 1235 und 1249 vermutlich nach dem Bildprogramm Bischof Konrads von Hildesheim gearbeitet wurde[89], dieser aber auf dem Reichstag von Frankfurt nicht anwesend war, wäre es authentisch, dass Ludwig das Kreuz von diesem Bischof genommen hat. Dies schreibt Dietrich von Apolda: Nachdem der Landgraf mit Bischof Konrad von Hildesheim reifliche Beratungen gepflogen habe, habe er von ihm das Kreuz genommen. Demnach wäre Ludwig nach dem Frankfurter Reichstag nach Thüringen zurückgekehrt und hätte sich mit Konrad von Hildesheim besprochen – man möchte ergänzen, auch mit Elisabeth. Denn ohne Einverständnis der Ehefrau durfte der Mann nicht am Kreuzzug teilnehmen. Die Version Dietrichs, Ludwig habe es Elisabeth verheimlicht und deshalb das Kreuz nicht angeheftet, bis sie es selbst entdeckt habe, ist ins Reich der Legende zu verweisen.

Vielleicht ist es bezeichnend, dass man den genauen Termin des Kreuzzugsgelübdes von Ludwig nicht kennt, denn in der damaligen Zeit drohten Politik und Diplomatie den religiösen Aspekt eines Kreuzzugs zu überwuchern. An sich war die Kreuznahme ein religiöser Akt und unterschied sich kaum von der Segnung der Wallfahrer ins Heilige Land, nach Rom oder nach Compostela. Denn ein Kreuzzug wurde zunächst als eine Pilgerfahrt besonderer Art aufgefasst. Pilgerstab und Pilgertasche wurden von einem Priester geweiht und dem Pilger übergeben. Zu Beginn dieser Zeremonie wurden Psalmen gebetet, häufig Psalm 91 und 144, die vom Schutz des Höchsten und von der Hilfe des Herrn, der zu kämpfen lehrt, sprechen. In den Weihegebeten für Stab und Tasche wurde erinnert an Jesu Auftrag, nichts als einen Stab mitzunehmen (Mk 6, 8), an Abrahams Wanderschaft im Auftrag Gottes und den Stab Aarons, der seine Auserwählung beglaubigte und ihn von den rebellischen Juden schied (Num 17,5–10 und 25). So solle der Stab seinen Träger vor den gottlosen Sündern bewahren. Der Pilger möge wie Tobias von einem Engel geleitet werden und gesund zurückkehren. Entsprechend dem Brauch bei Wallfahrten wurde der zurückkehrende Kreuzfahrer von einem Priester empfangen und in die Kirche geleitet, wo er die mitgebrachten Palmzweige niederlegte. Nach dem Pontifikale des

Durandus vom Ende des 13. Jahrhunderts wurde das Kreuz im Gedenken an das Kreuz Jesu, der damit die Welt erlöst hatte, gesegnet und dem Empfänger aufgelegt, der dadurch an Leib und Seele beschützt werden möge. Meist wurde das Kreuz auf die Pilgertasche geheftet. Die Kreuzzugspredigten waren Aufruf zur Befreiung des Heiligen Landes und der christlichen Kirchen im Osten im Kampf gegen die Sarazenen. Hier war vor allem der christliche Ritter angesprochen, dem bei der Schwertleite auferlegt worden war, das Schwert zur Verteidigung des Glaubens und der Witwen und Waisen einzusetzen. In der Rückeroberung des Heiligen Landes wurde ein konkretes Ziel gesehen, in dem sich ritterlicher Kampfgeist mit religiöser Hingabe vereinen ließ. Eine nochmalige Segnung des Schwertes war nicht nötig.

Walther von der Vogelweide hatte einmal fast resigniert überlegt, wie er die drei wichtigsten Werte der ritterlichen Welt, Ehre, Reichtum und Gottes Gnade, gleichzeitig erlangen könne. Als er sich in die Lage eines Kreuzfahrers versetzte, schien ihm dies möglich: *Allerêrst lebe ich mir werde, sît mîn sündic ouge siht daz reine lant und ouch die erde, der man sô vil êren giht. Mirst geschehen, des ich ie bat, ich bin komen an die stat, dâ got mennischlichen trat.* Und noch in seinem letzten datierbaren Gedicht, in dem er den Bann gegen Kaiser Friedrich II. vom September 1227 beklagt, bekennt Walther: *Dar an gedenket, ritter: ez ist iuwer dinc. Ir tragent die liehten helme und manegen herten rinc, dar zuo die vesten schilte und diu gewîhten swert… Möht ich die lieben reise gevaren über sê, sô wollte ich denne singen wohl, und niemer mêr ouwê.* Dabei war Walther die Problematik der Kreuzzüge durchaus gegenwärtig. Spricht er auch einmal ein zorniges Wehe über die Heiden aus, so ist er sich doch bewusst, dass Christen, Juden und Heiden gemeinsam dem Gott dienen, der alle Lebenden wunderbar ernährt[90].

Wolfram von Eschenbach widmet sich der Kreuzzugsthematik ausführlich in seinem Epos *Willehalm.* Darin müssen die christlichen Ritter die Festung Orange in Südfrankreich gegen die andringenden Sarazenen verteidigen. Willehalm wird als ein Heiliger dargestellt. Vivianz, der im Kampf fällt, ist ein Märtyrer, dem ein Engel erscheint und der vor dem Tod noch die Kommunion empfängt. Die Gräber der Gefallenen werden zu Märtyrergräbern: Ihre Leiber liegen in schönen, nicht von Menschenhand gemachten Sarkophagen und strömen Kraft aus. Auch Wolfram verschließt sich nicht der Erkenntnis der Kreuzzugszeit, dass Heiden edle Ritter sein können: Als solchen stellt er im *Parzival* dessen Bruder Feirefiz dar, der allerdings vor seiner Taufe den Gral nicht sehen kann. Im *Willehalm* lässt er Gyburg zweimal verkünden, dass Gott Christen wie Heiden erschaffen habe, weswegen beide zu schützen seien[91]. Sie weist darauf hin, dass der erste Mensch ein Heide gewesen sei: *ein heiden was der erste man, den got machen began,* und folgert daraus: *hoert eines tummen wîbes rât, schonet der gotes handgetât.* Wolfram seinerseits stellt fest, dass es große Sünde sei, wenn man die, die nie von der Taufe hörten, wie Vieh erschlage. Denn auch sie seien Gottes Geschöpfe.

Der Dichter Freidank beleuchtet die Zustände in Akkon um 1230 sehr kritisch, bemerkt die Uneinigkeit der französischen und deutschen Ritter, hält aber an der Richtigkeit der Kreuzzugsidee fest: *Akers ist des lîbes rost und doch dâ bî der sêle trôst; des sult ir âne zwîvel wesen, swer dâ rehte stirbet, derst genesen.* Erstaunlicherweise macht der Patriarch von Jerusalem, Gerold, kurz nach dem friedlichen Einzug des kaiserlichen Heeres in Jerusalem im März 1229 den Rittern den fehlenden Kampfeswillen zum Vorwurf, diesen *Deutschen, die nichts anderes ersehnten, als das Heilige Grab besuchen zu können*[92].

In Akkon als dem wichtigsten Hafen im Heiligen Land hatten sich alle Ritterorden niedergelassen. Hier war 1190 der Deutsche Orden gegründet worden. Landgraf Hermann I., Elisabeths Schwiegervater, hatte sich daran beteiligt. Der Deutsche Orden suchte religiöses Leben und Rittertum zu verbinden und wollte „Heimat" für alle deutschen Ritter sein. In den Jahren ab 1212 bedeutete dies auch die Parteinahme für den Staufer Friedrich II., der seinerseits den Orden privilegierte. Das taten Hermann I. und Ludwig IV. in Thüringen ebenfalls, es gab dort etliche Niederlassungen des Ordens. Ludwig verzichtete 1225 gegenüber diesen sogar auf alle seine landesherrlichen Rechte, auf Zölle und Abgaben[93]. In den Jahren von 1210 bis 1239 war Hermann von Salza der Hochmeister des Deutschen Ordens. Hermann entstammte einem Thüringer Ministerialengeschlecht. Mit Landgraf Ludwig war er bekannt; sie waren sich auf etlichen Hoftagen begegnet. Hermann von Salza setzte sich sehr für das Zustandekommen des Kreuzzugs ein, vermittelte zwischen dem Kaiser und König Johann von Brienne, später zwischen dem Kaiser und dem Papst. Ab Juli 1225 hielt er sich vermutlich immer in der Umgebung des Kaisers auf und fand dabei Gelegenheit, auch zwischen Friedrich II. und Ludwig zu vermitteln.

Der 24. Juni 1225, der Tag, an dem Friedrich II. zum Kreuzzug aufbrechen sollte, verstrich. Ab Juli verhandelte der Kaiser in Oberitalien mit den Abgesandten des Papstes über den unvermeidlichen Aufschub. Es kam zum Vertrag von San Germano, in dem Friedrich wiederum den Kreuzzug versprach. Er solle mit 2000 Rittern samt Gefolge und 6000 Pferden erfolgen, wozu der Kaiser Verpflegung für alle und die nötigen Schiffe bereitstellen wolle. Dazu werde er in Raten 100 000 Goldunzen ansparen und hinterlegen. Mindestens 1000 Ritter sollten für zwei Jahre in Palästina bleiben, für deren Unterhalt er sorge; jeden fehlenden Ritter werde er mit 50 Mark jährlich ersetzen. Als neuer Termin wurde August 1227 festgesetzt. Friedrich schwor am 25. Juli 1225, diesen Vertrag zu erfüllen, andernfalls er die Strafe der Exkommunikation auf sich lade[94]. Und wirklich berief Kaiser Friedrich bereits im nächsten Monat die deutschen Fürsten und die Herrscher der Lombardei zum Reichstag an Ostern 1226 nach Cremona ein. Dort sollten alle praktischen Fragen für den Kreuzzug besprochen werden. Auch vermählte sich der Kaiser im November 1225 in Brindisi mit Isabella von Brienne und ließ sich anschließend zum König von Jerusalem krönen.

Landgraf Ludwig brach im März 1226 von Isserstedt zum Reichstag auf, offenbar von seinem Kaplan Berthold begleitet, der über die Geschehnisse berichtet. Die Thüringer kamen am 22. April nach Ravenna, wo der Kaiser eben das Osterfest gefeiert hatte. Ludwig traf zunächst mit Hermann von Salza zusammen, der ihn beim Kaiser einführte – Friedrich und Ludwig hatten sich neun Jahre lang nicht gesehen – und hielt sich von da an in seinem Gefolge auf. Das *Leben Ludwigs* schildert diese Zeit so: *Im wart ouch vel hobischeit* (höfisches, ritterliches Treiben) *bewist mit fedirspel unde mit hundin unde mit weidewerke, daz ist in den landen ein sundirliche bewisunge grozir liebe unde fruntschaft. Alsust hattin si mancherleie ubunge in frolichkeit schimphes* (Waffenspiel) *unde scherzes unde blebin bi ein andir der keiser unde der lantgrave in den fumftin mandin*[95]. Nach dem freundschaftlichen Empfang standen bald politische Besprechungen und kriegerische Ereignisse im Vordergrund. So tritt Ludwig in sechzehn Urkunden des Kaisers in Ravenna, Imola, Parma und Borgo San Donino als Zeuge auf. Als Kaiser Friedrich II. mit den bei ihm weilenden Fürsten am 7. Mai zum Zug in die Lombardei aufbrach, stellte sich ihm der Lombardische Städtebund feindlich entgegen und sperrte die Veroneser Klause, so dass der Kaiser in Parma vergeblich auf König Heinrich und die übrigen deutschen Fürsten wartete. Als alle Verhandlungen mit den Lombarden scheiterten, zog sich der Kaiser nach Borgo San Donino zurück und rief das päpstliche Schiedsgericht an. Der Reichstag entfiel, die termingerechte Durchführung des Kreuzzugs erschien fraglich.

Landgraf Ludwig und Hermann von Salza hatten indes die mit dem Kaiser verbrachte Zeit zu ihren Gunsten zu nutzen verstanden. Da ging es zunächst um die Höhe der kaiserlichen Leistung für Ludwigs Thüringer Aufgebot. 1223 hatte Friedrich II. 4000 Mark Silber angeboten, in seinem Brief vom 6. Dezember 1227 ist von 5000 Mark die Rede, die er Ludwig gegeben habe. Eine solche Erhöhung kann wohl nur bei den Besprechungen in Ravenna zustande gekommen sein, vermutlich unter Vermittlung von Hermann von Salza. Dass dieser bereits auf dem Frankfurter Reichstag 1224 die höhere Summe zugesagt habe, ist unwahrscheinlich; es dürfte seine Kompetenzen überschritten haben[96]. Ludwig lag gewiss sehr viel an dieser Erhöhung, denn er steckte während seiner ganzen Regierungszeit in Geldschwierigkeiten, wie sich das in vielen Urkunden widerspiegelt. Schon von seinem Vater hatte er Schulden übernommen, die er sechs Jahre später noch nicht abbezahlt hatte und wie manch andere Forderung auch nicht begleichen konnte[97]. Bei seinem Tod hatte er 660 Mark Schulden an den Deutschen Orden und ihm testamentarisch weitere 300 Mark vermacht; Landgraf Heinrich Raspe hatte die Summe von 960 Mark bis 1230 noch nicht bezahlt. Das wirft ein Schlaglicht auf die von einem Fürsten erwartete Prachtentfaltung, Bautätigkeit und Freigebigkeit auf der einen Seite, die daraus und aus den Feldzügen entstehenden Finanznöte andererseits.

Eine landespolitisch bedeutende Abmachung konnte Ludwig kurz vor seinem Aufbruch durchsetzen: seine Eventualbelehnung mit dem wettinischen Erbe, sollte sein Neffe und Mündel Heinrich vor dem 12. Geburtstag sterben. Auch sie trägt die Handschrift des Vermittlers Hermann von Salza. Dieser hatte für seinen Orden im März 1226 in Rimini die verbriefte Zusage erhalten, das Kulmer Land und soviel von Preußen, wie er erobern könne, als Lehen vom Kaiser zu bekommen. Landgraf Ludwig erhielt nun im Juni 1226 in Borgo San Donino die Eventualbelehnung mit den Marken Meißen und Lausitz und soviel vom Land Preußen, wie er erobern könne[98]. Die Ähnlichkeit der beiden Texte bezüglich des zu erobernden Preußen fällt auf. Man wird wegen der Zusammenarbeit von Ludwig und Hermann von Salza kaum an eine Konkurrenz zwischen beiden, sondern an eine gemeinsame Ost- und Eroberungspolitik denken dürfen, die mit Billigung des Kaisers nach dem Kreuzzug beginnen sollte. Nachdem Ludwig so die Weichen für den Kreuzzug und seine spätere Politik gestellt hatte, brach er den Aufenthalt beim Kaiser am 22. Juni ab und kehrte nach Norden zurück. In Augsburg musste er noch im Auftrag des Kaisers Herzog Ludwig von Bayern für die Ausübung der

Reichsverweserschaft gewinnen, was ihn vierzehn Tage aufhielt, dann konnte er über Schweinfurt nach Thüringen reiten. Am 24. Juli kam er auf der Wartburg an[99].

Nach der viermonatigen Abwesenheit wurde Ludwig von Elisabeth und der Familie stürmisch begrüßt. Jetzt vor allem wird Elisabeth möglichst alle kürzeren Reisen ihres Mannes begleitet haben, so schwierig es für sie auch gewesen sein mag. Ludwig musste sich nun in allen Landesteilen zeigen und alles für den Kreuzzug vorbereiten. Seine wichtigste Aufgabe war, das Land in Frieden und Ordnung zurückzulassen. So brach er etwa im August in die östlichen Gebiete auf, wo sich einige bisher aufständische Burgen ergaben. Von diesen ließ er Seußlitz und Kalkenruth sofort niederlegen. Dann zog er weiter nach Prag und Znaim, um zwischen König Ottokar von Böhmen und Herzog Leopold von Österreich Frieden zu stiften. In vier Wochen Verhandlungen konnte er nur einen Waffenstillstand erreichen. Besser gelang es ihm, mit der Stadt Erfurt, der er einmal die Stadtmauer niedergelegt hatte, Frieden zu schließen. Er wurde von den Bürgern ehrenvoll empfangen, als er zum ersten Mal in seinem Leben die Stadt betrat. Ludwig hatte einige Streitfälle im Land zu schlichten, so zwischen den Klöstern Reinhardsbrunn und Georgenthal (ausgelöst schon von seinem Vater), zwischen Reinhardsbrunn und dem Ritter von Illeben, dem Kloster Amelunxborn und den Herren von Ballhausen, dem Peterskloster zu Erfurt und seinem Kämmerer Fahner, zuletzt zwischen dem Kloster Walkenried und dem Grafen von Stolberg. Er verlieh Reinhardsbrunn einigen Grundbesitz, befreite vier Dörfer des Klosters Frauensee von Abgaben und nahm die Klöster Lippoldsberg und Arnsburg in seinen Schutz. Noch am 2. März 1227 schenkte er dem Kloster Werbe zwei Hufe. Diese auffallend vielen Schenkungen an Klöster zeigen, dass Ludwig sich und den Kreuzzug dem Gebet der Mönche und Nonnen empfahl. So schildern es schon Dietrich von Apolda, der noch einen Landtag auf der Creuzburg erwähnt, und Friedrich Ködiz, der von einer Rundreise zu den Klöstern spricht[100].

Als Bitte um das Gelingen des Kreuzzugs ist auch das Gelübde zu verstehen, das Ludwig und Elisabeth gemeinsam ablegten: Das Kind, das Elisabeth erwartete, solle Mönch oder Nonne in einem Prämonstratenserkloster, in Rommersdorf bzw. Altenberg, werden[101]. Diese Nachricht erscheint glaubwürdig, auch wenn sie erst in der Reinhardsbrunner Rezension des Dietrich auftaucht. Solche Gelübde wurden in Verbindung mit einem Kreuzzug oft gemacht. Möglich ist auch, dass später aus der Tatsache, dass die Tochter Gertrud in das

Prämonstratenserinnenstift Altenberg kam, der Rückschluss auf ein vorausgehendes Gelübde ihrer Eltern gezogen wurde.

Inzwischen hatte Papst Honorius III. am 11. Januar 1227 an Landgraf Ludwig wie an viele andere weltliche und geistliche Fürsten Briefe gesandt, man solle sich rüsten, um im August mit Kaiser Friedrich den Kreuzzug anzutreten. Dabei solle sich Ludwig mit Hermann von Salza verständigen, den der Papst zur Vorbereitung des Unternehmens jetzt nach Deutschland schicke. Konrad von Marburg solle kraft seines Amtes als Kreuzzugsprediger alle auffordern, den Kreuzzug auch tatsächlich mitzumachen. Ähnliche Schreiben erhielten auch die Prediger der Kirchenprovinzen Magdeburg und Mainz. Vermutlich zur Vorbereitung reiste Ludwig im März zum Hoftag nach Aachen, wo er am 27. März 1227 in fünf Urkunden König Heinrichs (VII.) als Zeuge auftritt und am 28. März an der Krönung von dessen Gemahlin Margarete teilnahm.

Der Konflikt zwischen dem Kaiser und dem lombardischen Städtebund sowie der Tod von Papst Honorius am 18. März drohten, wiederum zu einer Verschiebung des Kreuzzugs zu führen. Doch schon am 19. März wurde Gregor IX. zum Papst gewählt und betrieb den Kreuzzug noch energischer als sein Vorgänger. Er fällte rasch den Schiedsspruch zwischen Kaiser und Lombarden, die sich zur Teilnahme am Kreuzzug bereit erklärten. Am 16. April teilte der Papst Ludwig mit, dass beide Parteien den Friedensvertrag angenommen hätten und nun dem Kreuzzug nichts mehr im Wege stehe; Ludwig solle sich rüsten. Dieselbe Nachricht ging an die deutschen Bischöfe[102].

Ludwig musste seine letzten Vorbereitungen treffen. Er übertrug Elisabeth die Regentschaft während seiner Abwesenheit. Darüber gibt es keine urkundliche Nachricht, wohl aber eine Regentschaftsmünze. Dieser Brakteat zeigt Ludwig als Kreuzfahrer mit Barett, Schwert und dem auf der linken Schulter angehefteten Kreuz. Neben ihm sitzt Elisabeth mit Zepter und Reichsapfel, Zeichen der Regentschaft. Solche Regelungen wurden während der Kreuzzüge oft getroffen[103]. Als Vormund für seinen Sohn Hermann setzte Ludwig wahrscheinlich seinen Bruder Heinrich Raspe ein, für den Neffen Heinrich von Meißen Albrecht von Sachsen, wie aus den folgenden Ereignissen zu schließen ist. Seine Patronatsrechte übertrug Ludwig an Konrad von Marburg, was der Papst am 12. Juni 1227 offiziell bestätigte[104]. Dieses Schreiben ging an Konrad von Marburg; Ludwig war beim Eintreffen schon unterwegs.

Das thüringische Aufgebot, das sich in Schmalkalden sammelte, muss groß gewesen sein. Kaplan Berthold, selbst mit dabei, zählt 21 Grafen und Ritter namentlich auf, dazu drei Kapläne, einen Schreiber, Ärzte und viel Fußvolk[105]. Mit diesem Gefolge brach Ludwig am 24. Juni 1227 auf, die Abschied nehmenden Frauen in Sorge zurücklassend. Elisabeth soll ihn noch zwei Tage begleitet haben. Hier schieben Reinhardsbrunner Mönche in die Elisabeth-Vita des Dietrich von Apolda die Erzählung ein, Ludwig habe beim Abschied Elisabeth seinen Siegelring gezeigt, auf dem in einen Saphir das Lamm Gottes eingeritzt war. Wer ihr diesen Ring zeige, der bringe ihr eine wahre Botschaft. Diese thüringische Tradition wird im Wunderbericht von 1233 bestätigt, wonach eine kranke Frau, die von Mitleid zu Tränen gerührt wurde, als sie eine Ballade über dieses Ereignis gehört habe, Heilung erfahren habe. Der Abschied mit dem Ring wird auf dem Elisabeth-Schrein und in den Glasfenstern der Elisabeth-Kirche in Marburg aus der Mitte des 13. Jahrhunderts dargestellt. Die Ballade wurde in volkstümlicher Ausgestaltung noch im 15. Jahrhundert gesungen. So dürfte die Erzählung einen authentischen Sachverhalt haben.

Elisabeth musste schließlich Abschied von Ludwig nehmen und zu ihren Regentschafts- und Mutterpflichten zurückkehren. Ludwig ritt mit seinen Edlen durch Franken, Schwaben – damit ist vermutlich Augsburg gemeint, wo sich weitere Kontingente anschlossen – und Bayern über den Brenner, durch die Lombardei, die Toskana und an der Adria entlang bis nach Troja in Unteritalien. Hier wurden sie am 3. August von Kaiser Friedrich II. empfangen. Über Melfi, wo es ein Wiedersehen mit dem Bamberger Bischof Ekbert gab, und Bari gelangten sie am 16. August nach Brindisi, um sich einzuschiffen. Bischof Konrad von Hildesheim stieß hier zum kaiserlichen Aufgebot und weilte bis zu dessen Abfahrt bei ihm[106]. Doch kam es vor der Abfahrt zu einer etwa dreiwöchigen Wartezeit, die von den einen damit begründet wurde, dass noch nicht genügend Schiffe bereit gewesen seien, von anderen mit dem Ausbruch einer Seuche.

An typhusartigem Fieber erkrankten viele Kreuzfahrer, Tausende starben, viele kehrten um. Auch der Kaiser erkrankte schon vor der Ankunft in Brindisi. Auf der Insel Andrea wollte er sich in Gesellschaft von Ludwig erholen, da erfasste das Fieber auch den Landgrafen. Nachdem schon ein Teil des thüringischen Aufgebots in See gestochen war, schifften sich Ludwig wie auch der Kaiser am 9. September ein. Gemeinsam verabschiedeten sie sich in Otranto von der Kaiserin. Doch verschlechterte sich der Zustand Ludwigs, so dass er vom

Patriarchen Gerold von Jerusalem die Sterbesakramente empfing. Diesem assistierte der *Bischof vom heiligen Kreuz,* Jakob von Vitry, damals Bischof von Akkon. Sein Name wird von Berthold zwar nicht genannt, wohl aber seine Bezeichnung: *episcopus de Sancta Cruce,* nach dem Titel seiner Kathedrale in Akkon[107]. So war Landgraf Ludwig in seinen letzten Tagen von den höchsten weltlichen und geistlichen Würdenträgern umgeben. Ludwig starb am 11. September in Otranto und wurde von seinen Thüringer Gefolgsleuten begraben. Danach setzten sie nach Akkon über und führten den Kreuzzug durch. Als Dank für den Einsatz von Landgraf Ludwig sprach der Kaiser die Eventualbelehnung für dessen Sohn Hermann mit der Mark Meißen aus. Dies dürfte wieder Hermann von Salza vermittelt haben, der mit Patriarch Gerold, Bischof Jakob von Vitry und anderen als Zeuge in dieser Urkunde auftritt, ein Freund Ludwigs über dessen Tod hinaus.

Kaiser Friedrich II. brach seine persönliche Teilnahme am Kreuzzug ab, nachdem er sich mit Gerold, Jakob von Vitry und Hermann von Salza beraten hatte. Er wurde daraufhin schon am 29. September vom Papst exkommuniziert. Seine drei Berater begleiteten die Kreuzfahrer ins Heilige Land. In Akkon konnte das Heer allerdings ohne den Kaiser und gekrönten König von Jerusalem nicht viel bewegen, musste doch der Waffenstillstand von 1221 eingehalten werden. Die Kreuzfahrer befestigten die Städte Caesarea und Jaffa und erbauten die Burg Montfort, die auch Frankenfeste genannt wurde. Dann kehrten die Thüringer zu Beginn des Jahres 1228 nach Brindisi zurück und nahmen die Gebeine Ludwigs in zwei Schreinen mit in ihre Heimat[108]. Unterwegs stellten sie nachts die Schreine jeweils in einer Kirche ab; betende Menschen bewachten sie. Nach der Frühmesse ging es weiter. So kamen sie bis Bamberg, wo sie vom Bischof in einer Prozession empfangen und in den Dom geleitet wurden. Doch nicht allein der Bischof und viel Volk empfingen sie, sondern auch Elisabeth, die inzwischen das schlimmste halbe Jahr ihres Lebens verbracht hatte.

Die Ereignisse nach dem Tod Ludwigs

Elend in Eisenach

Elisabeth war nach dem Abschied von Ludwig im Juni 1227 wahrscheinlich auf die Wartburg zurückgekehrt, die sich in diesen Jahren zum hauptsächlichen Wohnsitz der Familie entwickelt hatte. Dort übernahm Elisabeth die Regierungsgeschäfte und sah ihrer Niederkunft entgegen. Am 29. September gebar sie eine Tochter, die sie, sicher in Absprache mit Ludwig, nach ihrer Mutter Gertrud benannte. Elisabeth wird diese Tage in Freude über ihr Mutterglück verbracht haben, ahnte sie doch noch nichts vom Tod Ludwigs. Es wird bis Ende Oktober gedauert haben, bis ihr die traurige Nachricht überbracht wurde. Wenn Dietrich von Apolda erzählt, erst die Schwiegermutter Sophia habe Elisabeth die Todesnachricht vorsichtig mitgeteilt, so setzt diese von Dietrich wohl selbst erfundene Version voraus, dass sich Elisabeth und Sophia gut verstanden haben; zum Bild der „bösen Schwiegermutter" passt es nicht[109].

Mit dem Tod Ludwigs stürzte für Elisabeth ihr bisheriges Leben zusammen. Wie sehr, ahnte sie noch nicht. Sie empfand es zunächst nur für ihre Familie: Sie konnte die kleine Gertrud dem Vater nicht mehr zeigen, musste ihren Kindern Hermann und Sophia erklären, dass sie ihren Vater verloren hatten, und sie trösten. Dabei hätte sie selbst Trost gebraucht, hatte sie doch den ihr liebsten Menschen verloren. Der beste Trost für Elisabeth dürfte ihrer religiösen Einstellung gemäß gewesen sein, dass Ludwig die Sterbesakramente empfangen und im Dienst Gottes sein Leben hingegeben hatte. Elisabeth dachte zunächst kaum daran, ihre persönliche Lebensweise zu ändern. Ein Ordenseintritt, wie ihn viele Witwen vollzogen, kam für sie nicht infrage. Ihre Kinder waren noch klein, sie musste ihnen nun den Vater ersetzen. Also würde sie die nächsten Jahre auf einer der Burgen bleiben und ihre Kinder erziehen. Die Erträgnisse ihres Witwengutes reichten, ihre Familie und ihr Hofgesinde zu ernähren.

Es war für alle Beteiligten selbstverständlich, dass nun die Regentschaft für den fünfjährigen Hermann für lange Zeit an Ludwigs Bruder Heinrich Raspe fiel. Mit zwölf Jahren würde Hermann dann Urkunden mit unterschreiben und mit 18 Jahren die Regierung übernehmen können. Doch Heinrich Raspe, damals 23 bis 25 Jahre alt, ergriff offenbar die Regierung in Thüringen weniger als Vormund seines Neffen denn als Erbe seines Bruders. Vom 21. Dezember 1227 an wird er in Urkunden Landgraf genannt und allmählich von Papst,

König und dem Deutschorden als solcher anerkannt. Der jüngere Konrad wurde zunächst nur der Bruder des Landgrafen genannt. Heinrich Raspe setzte 1231 eine andere Verteilung der Herrschaft in Thüringen und Hessen durch, die ihm dauerhafte Rechte sicherte[110].

Elisabeth geriet bald in eine Auseinandersetzung mit ihrem Schwager Heinrich Raspe und einigen Verwaltern. Der Anlass kann nur das Speisegebot und Elisabeths selbständige Verwaltung der Erträgnisse ihres Witwengutes gewesen sein, die ihr seit dem Tod ihres Mannes rechtlich zustand. Vermutlich war Elisabeth bisher der Ertrag in Geld, nicht in Naturalien gegeben worden, denn wir hören immer wieder, dass Elisabeth kaufte: Nahrungsmittel für ihren Unterhalt und für Arme, Spielzeug, Kleidung, Schuhe, Sicheln, und dass sie für Andere Schulden bezahlte. Hatte Heinrich Raspe Bedenken, es würde zu viel aus dem Vermögen der Ludowinger ausgegeben? Heinrich Raspe entzog Elisabeth die weitere Nutzung ihres Witwengutes. War es allein Sparsamkeit? Isentrud macht seine Jugend und Unerfahrenheit und Vasallen für sein Verhalten verantwortlich. Doch so jung war Heinrich Raspe nicht, und außerdem hätte er das Verhalten eines Vasallen korrigieren können. Es ist eindeutig, dass der Landgraf für den Vorgang verantwortlich war. So berichtet es denn auch die Dienerin Irmengard, die die Ereignisse zwar nicht miterlebte, sie aber von Elisabeth erfahren hatte: *Nach dem Tod des Mannes war es Elisabeth nicht erlaubt, zu dieser Zeit die Güter ihres Mannes zu nutzen, gehindert durch den Bruder ihres Mannes. Sie konnte mit dem Bruder ihres Mannes den Unterhalt erhalten, aber wegen der Eintreibungen und der Ausbeutung der Armen, die oft an den Höfen der Fürsten vorkommen, wollte sie diesen Lebensunterhalt nicht haben und wählte, erniedrigt zu sein und durch ihrer Hände Arbeit wie bei Lohnarbeit den Unterhalt zu verdienen*[111]. Demnach verlangte Heinrich Raspe, dass Elisabeth an der allgemeinen Tafel des fürstlichen Haushalts teilnahm. So wäre Elisabeth gezwungen gewesen, auf die Einhaltung des Speisegebots zu verzichten. Der stille Vorwurf ihres Verhaltens wäre entfallen, der Hof hätte aufatmen können.

Rechtlich sieht das Geschehen so aus: Heinrich Raspe entzog Elisabeth die Verfügungsgewalt über ihr Witwengut, die Dos, obwohl sie ihr rechtlich zustand. Sie sollte in der Gemeinderschaft, der Vermögensgemeinschaft der Familie, bleiben. Eine Erbauseinandersetzung, eine „Abschichtung", sollte nicht erfolgen, war aber auf Verlangen der betreffenden Frau durchzuführen. Eine solche vermögensrechtliche Frage konnte nicht von Vasallen entschieden werden, das musste die ganze Gemeinderschaft der Ludowinger klären und vollziehen. Sollten dabei der Schwager Konrad und die Schwiegermutter Sophia mitgewirkt haben, so könnten sie Elisabeth nahegelegt haben, nach dem Vorbild Sophias in der Gemeinderschaft zu bleiben, deren Vermögen damit nicht geschmälert worden wäre. Überliefert ist dazu nichts, eine Unterstützung von dieser Seite konnte Elisabeth kaum erwarten. Sie setzte sich mit ihrem Anspruch offensichtlich nicht durch, Heinrich Raspe scheute vor dem Rechtsbruch nicht zurück.

Man wird die Frage stellen, wo der versprochene päpstliche Schutz für die Familie des Kreuzfahrers blieb. Wo war damals Konrad von Marburg? Landgraf Ludwig hatte sicher darauf vertraut, Elisabeth und seine Kinder seien gut geschützt. Rein rechtlich gesehen erlosch freilich ein Schutzauftrag mit dem Tod des Kreuzfahrers. Vielleicht befand sich Magister Konrad damals auf einer Predigtreise und erfuhr erst später von den Vorgängen am Thüringer Hof. Vielleicht wollte er nicht einseitig zugunsten Elisabeths Stellung nehmen, vielleicht wollte er den besonderen Auftrag des Papstes abwarten. Um diesen wird er sich mit einem Bericht an den Papst bemüht und damit dessen Schutzbrief erwirkt haben, der aber kaum vor Jahresbeginn 1228 eintraf. Er ist nicht erhalten. In vergleichbaren Fällen wurde immer die Person mit all ihren Gütern in päpstlichen Schutz genommen und ein Konservator mit dessen Wahrnehmung betraut. Als dieser kümmerte sich Konrad erst ab Februar 1228 persönlich um Elisabeth. Beiden ging es um die Frage des geistlichen Lebens, welchen Weg Elisabeth jetzt einschlagen solle[112]. Im Herbst 1227 jedenfalls griff Konrad nicht in die rechtliche Auseinandersetzung zwischen Elisabeth und ihrem Schwager ein; sie nahm ihren Lauf.

Elisabeth musste es hinnehmen, dass die Einkünfte ihres Witwengutes gesperrt wurden. Sie nahm es aber nicht hin, dass ihr Gewissen vergewaltigt wurde. Eines Abends im Winter eskalierte der Streit. Elisabeth ergriff einige Wertsachen, ließ ihre Kinder in der Obhut einer der Hofdamen zurück und verließ mit den Hofdamen Guda und Isentrud die Wartburg. Das geschah spontan und ohne jede Vorbereitung. Elisabeth hatte offensichtlich noch keinen Plan, wohin sie sich wenden und was sie nun beginnen sollte. An diesem Abend ging es Elisabeth nur darum, den sie bedrängenden Verhältnissen zu entkommen, frei zu werden für eine selbständige Gestaltung ihres Lebens. Die drei Frauen fanden Unterkunft im Nebengebäude einer Wirtschaft, in einem Schuppen, der früher einmal Schweinestall gewesen war und nun als Abstellraum diente. Elisabeth empfand weniger die kalte und schmutzige Umgebung, sondern war erleichtert über die vollzogene Entscheidung, über ihre Lossage von der fürstlichen Welt. Zur Mitternacht nahm sie am Gebet in der Kirche der Minoriten teil und bat die Brüder, zum Dank das Te Deum anzustimmen[113]. Gott zu danken für die Not – das kann man wohl nur, wenn man das Leben als Nachfolge Jesu auffasst. Elisabeth war entschlossen, das zu tun. Nach vergeblichen Versuchen am nächsten Morgen, von einem der Reichen aufgenommen zu werden, ging sie mit ihren Hofdamen in die Pfarrkirche und verweilte dort lange. Sie wandte sich an Gott und wollte von ihm geführt werden.

Doch sollte Elisabeths Notlage noch größer werden. Ihre drei Kinder wurden von der Wartburg gebracht und ihr übergeben; sie sollten am Elend der Mutter teilnehmen. Damit trieb Heinrich Raspe das Zerwürfnis auf die Spitze. Ihm muss klar gewesen sein, dass er den Erben der Landgrafschaft verstieß, dass er die Kinder, für die er als Vormund sorgen sollte, mitten im Winter der größten Kälte und Heimatlosigkeit aussetzte. Der Kaiser hatte erst kürzlich den jungen Hermann mit der Eventualbelehnung für Meißen begabt – der eigene Onkel schickte ihn weg. Wollte Heinrich Raspe etwa die Herrschaft ganz an sich reißen, den Neffen endgültig los werden? Vielleicht hoffte der Landgraf, bald eigene Kinder zu haben, denn er heiratete um diese Zeit[114]. Elisabeth hatte nicht beabsichtigt, ihre Kinder mit ins Elend zu ziehen. Sie hatte sie in der höfischen Welt belassen wollen, Hermann sollte einmal ein guter Landesfürst werden. Nun musste Elisabeth für ihre Kinder sorgen, was die Lage weit schwieriger gestaltete. Um Lebensmittel kaufen zu können, verpfändete sie vermutlich Schmuckstücke. Um eine Bleibe zu erhalten, wandte sie sich an einen Priester. Daraufhin wurde ihr von diesem oder dem Ortsvorsteher eine Unterkunft im Haus eines ihrer „Neider" zugewiesen. Es muss ein reicher Adliger oder Bürger gewesen sein, der viele Gebäude besaß, Elisabeth und den Ihren aber nur ein enges Zimmer überließ. Auch verhielten er und seine Frau sich so unfreundlich gegenüber dieser „Einquartierung", dass Elisabeth es vorzog, das Haus freiwillig wieder zu verlassen. Sie sagte nur den Wänden Lebewohl, die sie vor Kälte und Regen geschützt hatten. *Ich möchte auch gerne den Menschen Dank sagen, aber ich weiß nicht, wofür*[115], sind die bittersten Worte, die von ihr überliefert sind. Die Familie kehrte nun in das Nebengebäude der Gastwirtschaft zurück, wo sie anscheinend wohlgelitten war. Ein anderes Unterkommen konnte Elisabeth nicht finden, anscheinend hatten alle Angst vor dem Landgrafen.

Warum wandte sich Elisabeth nicht an eines der beiden Frauenklöster, die es in Eisenach gab? Dass sie nicht am Katharinenkloster anklopfte, ist begreiflich, denn ihre Schwiegermutter lebte hier. Elisabeth konnte dieses Kloster nicht in den Zwiespalt zwischen sich und Heinrich Raspe hineinziehen. Es ist möglich, dass sie gegenüber dem Benediktinerinnenkloster St. Nikolaus dieselbe Rücksicht walten ließ. Eher anzunehmen ist, dass Elisabeth bewusst nicht bei einem Kloster Hilfe begehrte, weil sie nicht an einen Klostereintritt dachte.

Weil die kalte und ärmliche Unterkunft nun vor allem für die Kinder kein Dauerzustand bleiben durfte, entschloss sich Elisabeth, die Kinder an *verschiedene und entfernte Orte* zu geben, damit sie dort versorgt würden[116]. Angaben, wohin Elisabeth die Kinder sandte, liegen nicht vor. Man kann sich allerdings vorstellen, dass sie nicht daran dachte, bei Verwandten ihres Mannes, etwa bei einer ihrer Schwägerinnen, um Aufnahme zu bitten. Sie wird vielmehr Verwandte von der mütterlichen Seite gesucht haben, wobei zwei Geschwister ihrer Mutter infrage kamen, die außerhalb Thüringens und doch in erreichbarer Nähe wohnten, zwei bis drei Tagereisen entfernt. Da war einmal Tante Mechthild, Äbtissin im Benediktinerinnenkloster Kitzingen, die ohne Schwierigkeiten die dreijährige Sophia aufnehmen konnte. Dies würde erklären, dass Mechthild die erste war, die von Elisabeths Elend erfuhr und darauf reagierte. Damit hätte auch die spätere Legende, eine Tochter Sophia sei in Kitzingen erzogen und dort Nonne geworden, einen historischen Kern. Für die Unterbringung des Sohnes Hermann könnte Elisabeth an ihren Onkel Otto VII., Herzog von Andechs-Meranien, gedacht haben. Mit diesem hatten Ludwig und sie immer gute Beziehungen gepflegt. Otto war oftmals mit Ludwig zusammen auf Reichstagen und hatte 1224 zwischen Ludwig und Jutta Frieden gestiftet. Otto VII. hatte sich zwar oft in seiner Freigrafschaft Burgund aufgehalten, doch hatte er diese 1227 verpachtet und weilte seitdem meist in seinen oberfränkischen Besitzungen. Mit seiner Frau Beatrix hatte er fünf Töchter und einen Sohn, deren Geburtsdaten zwischen 1209 und 1220 liegen mögen; Sohn Otto dürfte 1218 geboren und damit vier Jahre älter als Hermann gewesen sein[117]. In dieser Kinderschar kann sich Hermann wohl gefühlt haben, von diesem Onkel edles Verhalten und verantwortungsbewusstes Regieren gelernt haben. Die noch nicht einmal halbjährige Tochter Gertrud hat Elisabeth zunächst bei sich behalten. Der Libellus erwähnt an anderer Stelle, sie habe Gertrud weggegeben, als diese eineinhalb Jahre alt war. In Eisenach war sie ein Säugling, vermutlich von Elisabeth selbst gestillt, und konnte die veränderten Verhältnisse um sie herum noch nicht registrieren. Die älteren Kinder werden ihre Mutter in den Tagen in Eisenach oft gefragt haben, warum denn nun alles so anders sei.

Das konnte Elisabeth nicht beantworten. *Von allen Mannen ihres Gemahls erlitt sie Verfolgung*[118], wird berichtet. Warum ließen die Vasallen Ludwigs sie im Stich? Freilich, die Getreuesten waren auf dem Kreuzzug, die Daheimgebliebenen dachten an sich selbst. Die Furcht vor Heinrich Raspe scheint groß gewesen zu sein, sein Streit mit der Schwägerin war bekannt: Man stellte sich schnell auf seine Seite. Elisabeth musste die Undankbarkeit vieler Menschen erfahren. Über ein bezeichnendes Vorkommnis empörte sich Isentrud: *Eine ziemlich alte und kranke Frau, die oft von Elisabeth Almosen und spezielle Arznei erhalten hatte, begegnete Elisabeth bei deren Weg zur Kirche an einer engen Wegstelle, wo zum Überqueren des tiefen Schmutzes Steine gelegt waren. Die Alte aber wollte nicht ausweichen und stieß Elisabeth in den Schmutz, dass sie hineinfiel und alle ihre Kleider beschmutzt wurden. Elisabeth ertrug dies geduldig, erhob sich lachend und wusch mit Freude ihre Kleider*[119]. Warum lachte Elisabeth? Kaum nur wegen des Missgeschicks. Vermutlich betrachtete sie den Vorgang als Lehrstück. Noch lebte sie in dem Bewusstsein, die Landgräfin von Thüringen zu sein, der die Menschen ehrfürchtig begegnen. Nun erkannte Elisabeth blitzartig, dass dies vorbei war, dass sie selbst eine der Armen war, und zwar die jüngere, die der älteren Platz zu machen hatte. Jetzt war Elisabeth die Arme, die sie immer sein wollte. Das war es, was sie *mit Freude* erfüllte. Damit war sie der wirklichen Nachfolge Jesu ein Stück nähergekommen.

Geistlicher Durchbruch

Elisabeth beklagte sich nicht und suchte alles geduldig zu ertragen. Ihr Mann war tot, sie hatte ihr Heim verlassen und die Kinder weggegeben. Nun war sie selbst die Verlassene. All dies konnte sie nicht tun und nicht ertragen ohne tiefe Gottesliebe. Trost suchte sie stets im Gebet und der Eucharistiefeier, die sie wohl seit langem jeden Tag besuchte. Früher ging sie in die Burgkapellen, jetzt in Eisenach in die Pfarrkirche St. Georg und die Franziskanerkirche St. Michael.

Eines Tages in der Fastenzeit – diese begann im Jahr 1228 am 8. Februar – bemerkte Isentrud während der Messe ein außergewöhnliches Verhalten Elisabeths. Als sie, bei der Wandlung kniend, auf die empor gehobene Hostie blickte, verharrte sie lange in dieser Haltung. Isentrud schloss daraus, Elisabeth habe eine Vision, und fragte sie später, was ihr darin mitgeteilt worden sei. Elisabeth antwortete: *Was ich da gesehen habe, darf nicht offenbart werden. Aber wisse, dass ich in großer Freude war und wunderbare Geheimnisse*

Gottes gesehen habe[120]. Als die Frauen nach der Messe in ihre Behausung zurückgekehrt waren und Elisabeth nur etwas Speise zu sich genommen hatte, weil sie sehr schwach war, begann sie zu schwitzen und sank in Isentruds Schoß. Sie blickte zum Fenster und lächelte. Nach einer Weile schloss sie die Augen und weinte, um kurz danach wieder zu lächeln. Das wiederholte sich bis zur Komplet. Endlich, nachdem sie lange geschwiegen hatte, rief sie plötzlich aus: *Herr, wenn du so mit mir sein willst, will auch ich mit dir sein und will niemals von dir getrennt werden.* Isentrud fragte, mit wem Elisabeth gesprochen habe. Diese sträubte sich zuerst, gab dann aber doch dem inständigen Drängen nach und sagte: *Ich habe den Himmel offen gesehen und meinen süßen Herrn Jesus, wie er sich zu mir neigte und mich tröstete über die verschiedenen Ängste und Bedrängnisse, die mich umgeben. Wenn ich ihn sah, war ich froh und lachte, wenn er aber sein Antlitz abwandte, als ob er gehen wolle, weinte ich. Er erbarmte sich meiner, wandte sein strahlend helles Gesicht mir zu und sagte: Wenn du mit mir sein willst, will ich mit dir sein. Ihm habe ich geantwortet*[121].

Die Vision in der Messe muss für Elisabeth ein einschneidendes Erlebnis gewesen sein. War ihr bisher schon bewusst, an welch großem göttlichen Geheimnis sie in der Eucharistiefeier teilnahm, so war ihr jetzt eine tiefe Erfahrung geschenkt worden, ein Blick in die Geheimnisse Gottes, der sie mit großer Freude erfüllte. Die Erhebung der Hostie nach der Wandlung, die Elevatio, setzte sich erst während der Lebenszeit Elisabeths durch. Um 1200 war sie von Bischof Odo von Sully eingeführt und bald überall übernommen worden, da sie offenbar dem Wunsch des Volkes entsprach. Man muss bedenken, dass im Mittelalter die häufige Kommunion der Gläubigen nicht üblich war. Man empfing sie meist an den drei Hochfesten Weihnachten, Ostern und Pfingsten. Selbst in Klöstern kommunizierten die Nonnen nur sieben bis zwölf Mal im Jahr. Umso wichtiger war die Elevatio, die den Ort der persönlichen Begegnung mit Christus bildete und die Gläubigen zu einer Art geistigen Kommunion veranlasste. Möglich auch, dass die Elevatio für Elisabeth noch verhältnismäßig neu war und deshalb von ihr besonders intensiv erlebt wurde.

In der weiterführenden Vision, die den Tag über andauerte, entfaltete sich für Elisabeth dieses Geheimnis, wurde es noch persönlicher: *Mein süßer, geliebter Herr Jesus wandte sich mir zu.* Ihm ist zu gehorchen. Aber er ist ein *süßer, geliebter* Herr, der sich ihr huldvoll und barmherzig zuneigt und sie tröstet. War nicht huldvolles Zuneigen in der mittelhochdeutschen Minnelyrik etwas, worum der Ritter seiner

Dame oft jahrelang diente? Jetzt beugte sich die Gestalt gewordene Barmherzigkeit Gottes ganz persönlich zu Elisabeth herab. Sie fühlte sich gestärkt, in ihrem eigentlichen Wesen angesprochen. Die Bedrängnisse ihres Lebens verschwanden zwar nicht, waren aber leichter zu ertragen. Jesus stellte Elisabeth das Leben mit ihm und ohne ihn vor Augen, bevor er die entscheidende Frage stellte: Willst du mit mir sein? Elisabeth verstand sich nach ihrem Vertrauen gefragt: Willst du gehen, wohin ich dich auch führe? und die damit verbundene Verheißung: Ich will mit dir sein. In der Abendstunde gab Elisabeth ihre Antwort: Ich will mit dir sein und nie von dir getrennt werden. Hier fügt der lange Libellus ein, Elisabeth habe häufig Offenbarungen, Visionen und göttliche Tröstungen erhalten, sie aber, so gut sie konnte, verheimlicht, um nicht überheblich zu sein. Konrad von Marburg schreibt, sie sei oft für Stunden im Geiste hingerissen gewesen[122].

Die Visionen stellen Elisabeth in die Reihe der Mystiker des Mittelalters, von Bernhard von Clairvaux über die niederrheinische Mystik bis zu den Mystikerinnen in Helfta und in den Dominikanerinnenklöstern. Elisabeth wurde spontan eine mystische Begegnung geschenkt, von der sie ihrer Vertrauten so viel mitteilte, dass die Vision mit anderen verglichen werden kann. Dies geschieht hier mit Erlebnissen von Mystikerinnen der ersten Hälfte des 13. Jahrhunderts aus dem niederdeutschen Sprachraum, aus Brabant und vom Niederrhein, wo die religiöse Frauenbewegung ihren Ausgang genommen hatte. In der Lebenszeit Elisabeths erreichte die Strömung der Mystik Mittel- und Oberdeutschland.

Achten wir zuerst auf den Zeitpunkt, in dem Elisabeth ihre Vision widerfuhr: Ihr Leben als Ehefrau war abgeschlossen. Sie konnte voll Dankbarkeit und Liebe, mit Trauer und Wehmut darauf zurückblicken. Auch das Leben als Landgräfin war vorbei – weder konnte noch wollte sie dahin zurückkehren. Sie war nun zwanzig Jahre alt und musste sich in ihrer Lebensform völlig neu orientieren. Welcher Weg der Nachfolge Jesu war für sie gangbar, welcher der richtige? In ähnlicher Situation hatten schon viele Menschen vor Elisabeth eine Vision als Entscheidungshilfe erhalten, sozusagen eine Berufungsvision. Bekannt ist die Aufforderung Jesu an Franziskus von Assisi (1182–1226), er solle das zerfallende Haus Jesu wieder herstellen, was Franziskus zunächst dazu veranlasste, das Kirchlein San Damiano wieder aufzubauen. Erst später verstand er dieses Wort im umfassenderen Sinn als die Kirche Jesu. Lutgard von Tongern (1182–1246), die eigentlich heiraten, während ihre Mutter sie in ein Kloster geben wollte, hatte die Vision, dass Jesus sie auf seine blutende Seitenwunde hinwies und ihr befahl, ihn zu lieben: *Hier betrachte sofort, was du liebst und warum du liebst*[123]. Daraufhin widmete sich Lutgard als Zisterzienserin stark der Passionsmystik. Elisabeth erhielt keinen Befehl zu einem bestimmten Tun, sondern eine Verheißung: Wenn sie sich mit Jesus auf den Weg mache, werde sie immer mit ihm verbunden sein. Sie wird damit einfach zur Nachfolge Jesu und zu einer innigen Verbindung mit ihm aufgefordert. Wie ihr Leben konkret aussehen solle, werde sich zu gegebener Zeit zeigen.

Elisabeth spricht von *illum dulcem Jesum* und verwendet so ein Kern- und Kennwort der deutschen Mystik. „Süß" war im spirituellen Sinn alles, was mit Gott, Heil und Leben zu tun hatte. In der Mystik wird das Kind in der Krippe nicht deshalb süß genannt, weil es reizend aussieht, sondern weil es als gütiger, sich erbarmender Gott durch seine Menschwerdung das Heil bringt; für den Gläubigen wird das Leben damit lebenswert – süß. Noch deutlicher wird die Bedeutung des Wortes beim Kreuzestod Jesu: Hier erfährt der Mensch, wie süß der Herr ist. Schon das Frühmittelhochdeutsche (sog. Trudperter) Hohe Lied, das etwa 1130 in Regensburg für einen Frauenkonvent entstand, schreibt, Jesus habe durch seinen *suezzen Toede,* den er in *suezzer minne* vollbracht habe, die Jungfrauen erlöst. Vor allem Bernhard von Clairvaux (1091–1153) verbindet das Wort *süß* mit der Passionsmystik. Ihm folgt Beatrijs von Nazareth (1200–1268): Durch den Tod Jesu werde die Minne *sueteleke, zärtlich,* in der menschlichen Seele geweckt und fordere als Antwort die ganzheitliche Minne des Menschen. Mechthild von Magdeburg (etwa 1207–1282) spricht wie Elisabeth von *Jhesum minen suessen herren.* Ein andermal weist sie auf die heilbringenden Wunden Jesu hin: *so sollen die suessen wunden heilen,* und sagt zu Jesus: *Du hast suesse arbeit in wunnenklicher unruowe*[124]. Von Jutta von Sangershausen (1220–1260), die in Preußen Aussätzige pflegte, wird berichtet, sie habe wie der Apostel Thomas in die Seitenwunde Jesu greifen dürfen und aus seiner Seite *Himmelssüße* gesaugt. Die adlige und hochgebildete Begine Hadewijch, die in der ersten Hälfte des 13. Jahrhunderts vermutlich in Antwerpen lebte und Gedichte im Trouvère-Stil, Briefe und Visionsberichte schrieb, warnt zwar vor süßen Empfindungen, hält es aber doch für das Beste, wie der Lieblingsjünger Johannes an der Brust Jesu zu ruhen, eine Szene, die im späten Mittelalter unzählige Male als Andachtsbild gestaltet wird. Hat der Mensch Jesu Süßigkeit verkostet, wird er nach kurzer Zeit wieder in die irdische Realität zurückverwiesen. Schon Augustinus sprach davon, dass die Berührung mit Gott nur einen vollen Herzschlag lang gewährt habe, und Gregor der

Große meinte, der Mensch müsse, wie Mose vom Sinai, vom Berg der Anschauung hinabsteigen. Diese *Reverberatio* wird vom Mystiker als schmerzhafter Entzug erlebt. Ähnlich musste Elisabeth während der Kontemplation des Tages mehrmals erleben, dass sich Jesus abwandte, was sie zum Weinen veranlasste. Sie spürte, dass für sie nur ein Leben mit ihm erträglich ist.

Die Vision Elisabeths endete in einem Dialog mit Jesus. Auch dies ist ein Merkmal des Mystik des 13. Jahrhunderts, wobei das Gespräch des Mystikers meist mit Jesus, manchmal mit Gott Vater bzw. der Trinität, geführt wird. Der Mensch hört nicht nur Gottes Wort und gleicht sich Gottes Willen an, sondern tritt in einen lebendigen Austausch mit ihm. Gott bleibt das erhabene, angebetete Gegenüber, gibt aber durch seine Zuwendung zum Menschen diesem die Möglichkeit zu einer persönlichen Antwort, einer individuellen Stellungnahme, schließlich zum Bekenntnis der Gegenliebe. Dabei wird der Mensch so erhoben, dass es zu einem Austausch der Liebe kommt. Gott und Mensch sprechen sich gegenseitig ihre Liebe zu, wie das zwischen Mann und Frau, Braut und Bräutigam üblich ist.

Dies ist auf den Einfluss des Hohen Liedes des Alten Testaments zurückzuführen, der den Frömmigkeitswandel des 12./13. Jahrhunderts charakterisiert. Bis zu Bernhard von Clairvaux war die Frömmigkeit durch die Liturgie, vor allem das Stundengebet der Mönche und Nonnen geprägt. In den meist dem Adel vorbehaltenen Klöstern hörte man die Lesungen aus der Bibel und den Kirchenvätern, betete man Psalmen, Verse aus dem Hohen Lied und Hymnen der Kirche. Bei den Zisterzienserinnen Beatrijs van Nazareth und Mechthild von Hackeborn (1241–1299) bildet denn auch oft ein Psalmvers oder ein liturgisches Gebet den Ausgangspunkt ihrer Visionen oder Überlegungen. Die religiöse Frauenbewegung des 13. Jahrhunderts geht nun darüber hinaus, beteiligen sich doch an ihr viele Frauen, die keine Ordensfrauen sind, sondern als Laien in der Welt bleiben. Individuelle Religiosität und frei gesprochenes Gebet nehmen zu. Um die Liebe zu Gott zum Ausdruck zu bringen, eignen sich die Bilder des Hohen Liedes in besonderem Maße.

Das Hohe Lied hatte viel Beachtung gefunden, seitdem sich die jüdische Synode von Jamnia um 100 n. Chr. für seine allegorische Auslegung entschieden und es auf das Liebesverhältnis zwischen Jahwe und seinem Volk Israel gedeutet hatte. Die christliche Kirche übernahm dies unter Einbeziehung von Eph 5,25–32 und 2 Kor 11,2 als Darstellung der Liebe zwischen Jesus und seiner Kirche. So setzte Origenes (185–254) die Braut des Hohen Liedes mit der Kirche gleich, später zunehmend mit der einzelnen christlichen Seele, die in diesem Haus der Kirche lebt. In seinem Hohelied-Kommentar entwickelte Origenes als erster die Brautmystik. Ambrosius von Mailand (333–397) stellte drei mögliche Deutungen vor: Der Bräutigam kann Gott, Christus oder das göttliche Wort sein, die Braut die Kirche, Maria als ihre Repräsentantin oder der einzelne Gläubige. Die Deutung auf Maria setzen Rupert von Deutz (um 1070–1135) und das Frühmittelhochdeutsche (sog. Trudperter) Hohe Lied fort. In letzterem wird als Bräutigam zunächst der Heilige Geist verstanden, der die Menschwerdung Jesu bewirke: In Jesus küssen sich Gottheit und Menschheit. Auch Jesus ist der Bräutigam, die Braut neben Maria die ganze Christenheit und jede reine Seele. Im Verlauf der stärkeren Individualisierung im 12. Jahrhundert kam es zu einer Origenes-Renaissance, auf der Bernhard von Clairvaux aufbauen konnte. (In der Bibliothek von Clairvaux befand sich der Hohelied-Kommentar von Origenes.) Zwischen 1135 und 1153 schrieb Bernhard 86 Predigten zum Hohen Lied, in denen er neben der Brautmystik auch die Passionsmystik entwickelte.

Nun besteht das Hohe Lied überwiegend aus Dialogen, meist zwischen Braut und Bräutigam. Ein Kernsatz findet sich in 2,16: *Der Geliebte ist mein, und ich bin sein.* Ganz ähnlich beginnt das früheste, anonyme deutsche Minnelied: *Ich bin dîn, du bist mîn, dez soltu gewiz sîn.* Bernhard meint, Gott gegenüber seien *Dilectus mihi, et ego illi ungehörige Worte,* angemessen nur wegen der grenzenlosen Liebe Gottes zur Kirche und zur einzelnen Seele, denn die Liebe mache gleich und mache eins[125]. Eine ähnliche Gegenseitigkeit findet sich bei Lutgard von Tongern, von der folgendes Zwiegespräch überliefert ist: Jesus fragt sie: *Was willst du? Sie antwortet: Ich will dein Herz. Und der Herr darauf: Dann will vielmehr ich dein Herz. Sie sagt ihm: So sei es, Herr, aber doch so, dass du die Liebe deines Herzens in mein Herz eingießt und ich mein Herz in deinem besitze*[126]. Hadewijch übernimmt in ihrem 19. Brief die Worte des Hohen Liedes: *Ic minen lieve ende mijn lief mi.* Von der dritten Vision berichtet sie, Gott habe zu ihr gesprochen, sie solle ihn lieben, weil er Liebe sei, und sie sollten sich gegenseitig umarmen. Und in der 12. Vision bekräftigt sie, dass sie in ihrem Geliebten und er in ihr sei[127]. Mechthild von Magdeburg spricht in der 2. Hälfte des 13. Jahrhunderts von einer *wehselunge: Also das du got gebest alles, das din ist inwendig als uswendig, so git er dir werlich alles, was sin ist inwendig und uswendig.* Und wiederum: *Ich bin in dir und du bist in mir, wir moegen nit naher sin, wan wir zwoei sin in ein gevlossen*[128]. Damit drückt Mechthild die mystische

Vereinigung der Seele mit Christus aus, die *unio mystica,* wie sie die meisten Mystiker um 1300 anstreben. So weit ging Elisabeth nicht, und das unterscheidet sie von den Mystikern der späteren Zeit.

Was Elisabeth in der Vision während der Messe erlebt hatte, verschweigt sie: *Was ich dort gesehen habe, darf nicht offenbart werden.* Dieses Schweigen hat Elisabeth wiederum mit vielen Mystikern gemeinsam, weil der Mensch vom Erlebnis der göttlichen Geheimnisse überwältigt wird und erkennt, dass sie nicht mit menschlichen Worten zu fassen sind. Die Ehrfurcht vor der Größe und Andersartigkeit Gottes erlaubt kein allzu vertrauliches Gespräch mit Gott. Am Höhepunkt des mystischen Erlebens muss der Mensch in Schweigen verfallen. Das eigentliche „Kosten" Gottes, *verbo frui,* ist nicht mitteilbar, sagt schon Bernhard. Hadewijch stellt in ihrer 13. Vision fest: *Ic viel in die grondelose diepte, ende quam buten den gheeste op die vre daer men nemmermeer af segghen en mach*[129] – von dieser Stunde kann man nimmermehr etwas sagen. So wird das „stille Schweigen" Ausdruckmittel des Mystikers.

Eine andere Möglichkeit, tiefes mystisches Erleben auszudrücken, war bei etlichen Mystikerinnen das Singen. Wiederum schließt man an das Hohe Lied an: In 2,9 f fordert der Bräutigam die Braut auf, sich zu erheben, weil die Zeit zum Singen gekommen sei. Bernhard von Clairvaux schreibt denn auch, die Braut habe gesungen. Das Frühmittelhochdeutsche (sog. Trudperter) Hohe Lied lässt die Beseligung in der Musik ausklingen und Hadewijch dichtet Loblieder auf Gott, die sie im Kreis der Beginen auch gesungen haben dürfte. Sie erlebt den neuen seraphischen Himmel mit dem Alleluja-Gesang der Seraphim erfüllt. Wann ist man dem Himmel näher als auf dem Sterbebett? So meint Jakob von Vitry beim Bericht über die letzte Krankheit Marias von Oignies (1177–1213), dass nun die Zeit der Tränen und des Seufzens vergangen sei, aber die Stimme der Turteltaube, die Stimme des Jubels und des Glorias gehört werde: *Sie begann mit hoher und klarer Stimme zu singen und lobte und dankte Gott drei Tage lang ohne Unterlass, süßeste Melodien über Gott, Engel, Maria und andere Heilige singend, … und trug das alles in rhythmischer und lateinischer Sprache vor.* Noch in der letzten Stunde habe sie Alleluja gesungen[130]. Ganz ähnlich, wenn auch viel kürzer, wird von Elisabeth berichtet, sie habe auf dem Sterbebett zu singen begonnen, wie ein Vogel in schönen Melodien, aber ohne Text.

Imre Varga, Ludwig und Elisabeth;
Skulptur vor der Kirche von Sárospatak, dem Geburtsort Elisabeths

Schloss Neuenburg an der Unstrut

Die Wartburg bei Eisenach, Hofhaltung der Ludowinger und Wohnsitz Elisabeths in ihrer Zeit als Landgräfin

Elisabethfenster im Ostchor der Elisabethkirche in Marburg; um 1240

Elisabeth besucht Kranke

Elisabeth nimmt Abschied von ihrem Gemahl Ludwig

Elisabeth als „Patronin des Fürstentums Hessen": Predella des sog. Ahnaberger Altars, ehem. Chorfrauenstift Ahnaberg bei Kassel; um 1500

Der so genannte Elisabethtaler (Rückseite) zeigt sie als hessische Landespatronin; Münzprägung von 1502

„Die barmherzigen Werke der hl. Elisabeth";
Altarbild Landshuter Schule (um 1510/1520)

Elisabethfigur am Elisabethschrein (beg. 1235), Marburg/Elisabethkirche; älteste plastische Darstellung Elisabeths (ohne Portraitähnlichkeit)

Charakteristikum der Mystikerinnen des frühen 13. Jahrhunderts war auch ihre tätige Nächstenliebe. Maria von Oignies begann ihr geistliches Leben damit, im Leprosenhaus in Willambroux zu dienen. Als sie ab 1207 in Oignies neben dem Augustinerkloster lebte, verdiente sie den Lebensunterhalt für sich und ihre Schwestern. Stets war Hadewijch bereit, anderen zu helfen. Ja sie meint sogar, der treue Dienst zähle mehr als Erscheinungen und Visionen, denn er sei der Nachvollzug des Dienstes, den Jesus den Menschen geleistet habe[131]. Die Beginen widmeten ihr Leben neben dem Gebet der tätigen Nächstenliebe: Sie pflegten Kranke in deren Wohnungen, sorgten für Begräbnisse, lebten von der Handarbeit und verschiedenen Dienstleistungen und unterrichteten zuweilen Kinder. Praktische Nächstenliebe hatte auch Elisabeth schon immer geübt. Es sollte noch einige Monate dauern, bis sie sich ihr ausschließlich widmete.

Ob die Erlebnis- und Ausdruckswelt der frühen Mystikerinnen[132] Elisabeth beeinflusste? Vermutlich war Konrad von Marburg die bernhardinische Spiritualität bekannt, dürfte ihm aber eher fern gelegen haben. Von der religiösen Frauenbewegung jedoch, die sich von Brabant aus den Rhein entlang ausbreitete und die Jakob von Vitry bis nach Spanien und Italien bekanntmachte, war Elisabeth sicher erfasst.

Während der Fastenzeit, in der Elisabeth die Vision erlebte, kam Konrad von Marburg nach Eisenach. Er war vom Papst als Defensor Elisabeths eingesetzt – sie war ihm anvertraut worden, wie er es ausdrückt[133]. Ob er sich damals eingesetzt hat, Elisabeths Lebensverhältnisse zu bessern, erfahren wir nicht. Konrad berichtet: *Sie erstrebte das vollkommenste Leben und befragte mich, ob sie Klausnerin werden oder in ein Kloster gehen solle oder ob irgendein anderer Stand verdienstvoller sei. Dies endigte schließlich in ihrer Überzeugung, dass sie von mir mit vielen Tränen forderte, ihr zu erlauben, von Haus zu Haus zu betteln. Als ich ihr das glatt verweigerte, erwiderte sie: Dann mache ich das, was ihr mir nicht verbieten könnt.*

Elisabeth berief sich auf das Evangelium und wählte den Weg eines Gelübdes an Gott. Als Termin bestimmte sie den Karfreitag, der im Jahr 1228 auf den 24. März fiel. An diesem Tag, der dem Leiden und Tod Jesu gewidmet ist, wollte Elisabeth der Welt entsagen, wollte alles verlassen und die Nachfolge Jesu in Armut auf sich nehmen. Elisabeth wählte als Ort die Kapelle der Franziskaner in Eisenach, bei deren Übereignung sie wahrscheinlich mitgewirkt hatte. Einige Minderbrüder waren anwesend, selbstverständlich auch Konrad von Marburg. Aber nicht ihm oder den Franziskanern machte Elisabeth das Gelübde, sondern Gott allein: Sie legte die Hände auf den Altar.

Dieser war wie an jedem Karfreitag von seinen Altardecken entblößt in Erinnerung an die Entblößung Jesu am Kreuz. „Nackt dem nackten Christus nachfolgen!" bedeutete das für Elisabeth. Sie sprach ihr Gelübde: Sie wolle den Eltern und Kindern, dem eigenen Willen, allem Pomp der Welt und überhaupt allem, was der Erlöser der Welt im Evangelium zu verlassen geraten habe, entsagen, gemäß der Schriftstelle im Neuen Testament Lukas 14,26: Wenn jemand zu mir kommt und nicht Vater und Mutter, Frau und Kinder, Brüder und Schwestern, ja sogar sein Leben gering achtet, dann kann er nicht mein Jünger sein. Elisabeth verzichtete auf die Verwandtschaft, die ihr Schutz bieten konnte, auf ihre Kinder, die sie nicht mehr über alles lieben wollte, und auf ihren eigenen Willen. Konrad führt seinen Bericht fort: *Als sie auf alle Besitzungen verzichten wollte, habe ich sie davon abgehalten, damit sie die Schulden ihres Mannes zurückzahlen und den Armen geben könne, wie ich das von den ihr zustehenden Witwengütern wollte.* Elisabeth ließ den Abbruch ihres Gelübdes zu, denn sie musste die Argumente Konrads anerkennen. Immer schon war es Pflicht der Erben, die Schulden und Verbindlichkeiten des Verstorbenen zu begleichen. Aus diesem Grund hatte zum Beispiel Landgräfin Sophia beim Eintritt in das Kloster ihren Besitz behalten. Elisabeth wusste so gut wie Konrad, dass Ludwig mit erheblichen Schulden gestorben war. Hätte nun Elisabeth auf alle Besitzansprüche verzichtet, hätte sich die landgräfliche Familie gefreut und Konrad hätte die größten Schwierigkeiten gehabt, allen Gläubigern zu ihrem Recht zu verhelfen. So mag Elisabeth nach ihrem Karfreitagsgelübde nicht ganz befriedigt gewesen sein. Leicht ließ sich der Welt und ihren Realitätsansprüchen nicht entkommen. Schließlich waren auch noch alle praktischen Fragen für Elisabeth ungeklärt: Wo, wie und wovon sollte sie leben?

Das fränkische Frühjahr

Da erschien Mechthild, Elisabeths Tante, Äbtissin in Kitzingen, um Elisabeth aus ihrem Elend herauszureißen und nach Bamberg zu Bischof Ekbert zu bringen. Mechthild, jüngste Schwester von Elisabeths Mutter Gertrud, war früh in das Zisterzienserinnenkloster St. Theodor in Bamberg eingetreten, der Stadt, wo ihr Bruder Ekbert seit 1203 Bischof war. 1214 wurde sie im Benediktinerinnenkloster Kitzingen zur Äbtissin gewählt. Dieses lag in der Würzburger Diözese, war aber Bamberger Eigenkloster. Weil ein Übergang von einem strengeren in einen leichteren Orden kirchenrechtlich verboten war, erhob der Würzburger Bischof gegen diese Wahl Einspruch. Doch Mechthild und Ekbert setzten sich durch; Mechthild urkundete bereits 1215 als Äbtissin und blieb es bis zu ihrem Tod 1254. Bischof Ekbert arbeitete eng mit seinem Bruder, Herzog und Pfalzgraf Otto VII., zusammen. Er erhob nicht einmal Einspruch, als Otto entgegen den Verträgen die Bamberger Kirchenlehen Giech und halb Lichtenfels behielt. Der vierte Andechs-Meranier in Franken war ihrer aller Onkel Poppo, von 1206 bis 1237 Dompropst in Bamberg und als solcher während der Abwesenheit des Bischofs dessen Stellvertreter. Er war höchstwahrscheinlich viel intensiver mit dem Dombau befasst als der Bischof. Denn der Dom ist Eigentum des Domkapitels. Ekbert hielt sich häufig in Kärnten auf den dortigen Bamberger Besitzungen auf oder war in Sachen des Reiches unterwegs. In diesen andechs-meranischen „Machtbereich" in Franken wurde nun Elisabeth etwa für die Zeit zwischen Ostern und Pfingsten 1228 aufgenommen. Denn am Karfreitag befand sie sich noch in Eisenach, spätestens an Pfingsten in Reinhardsbrunn. Bischof Ekbert kam frühestens am Mittwoch nach Ostern nach Bamberg zurück und war an Pfingsten in Straubing.

Elisabeth scheint die Reise nach Franken mit Mechthild gern angetreten zu haben. Vielleicht hatte sie ihre Tochter Sophia schon nach Kitzingen bringen lassen und konnte so auf ein Wiedersehen hoffen; darüber ist allerdings nichts überliefert. Die spätere Dienerin Irmengard berichtet, dass Mechthild im Kloster Elisabeth zu einem Bad zwingen wollte, sie aber nur mit einem Fuß im Zuber plätscherte und entschied: *Das ist gebadet. Eine so große Wohltat wollte sie ihrem Körper nicht gönnen,* interpretiert das Irmengard[134]. Elisabeths Verhalten, das heute nur Kopfschütteln hervorruft, zeigt, wie sehr sie sich mit den Armen ihrer Zeit solidarisiert hatte: Hatten diese etwa Gelegenheit zu einem warmen Bad? Im hohen Mittelalter gehörte das Bad zu den Annehmlichkeiten des Lebens: In ritterlichen Kreisen lud man den Gast zu einem Bad ein, in den Hospitälern wurde jeder Kranke bei seiner Aufnahme gebadet und in den Klöstern gab es Badestuben. Aus Askese verzichteten manche Ordensleute während der Fastenzeit auf das Bad. Allgemein vom Baden abgeraten wurde aber erst im späten Mittelalter, als sich das gemeinsame Baden in städtischen Badestuben einbürgerte und ansteckende Krankheiten verbreitet wurden. Hier in Kitzingen prallten das benediktinische Streben nach Zucht, Maß und Sauberkeit und das franziskanische Armutsideal aufeinander. Elisabeth ließ nicht über sich verfügen, sondern setzte ihren Willen durch, in Kitzingen gegenüber Mechthild eher heimlich, in Bamberg gegenüber Ekbert in aller Offenheit.

Mechthild brachte nun Elisabeth mit ihrem Töchterchen Gertrud und den beiden Hofdamen Guda und Isentrud von Kitzingen nach Bamberg. Elisabeth mag gehofft haben, von Ekbert noch Einzelheiten über die letzten Wochen ihres Gemahls zu erfahren. Denn Ekbert hatte 1227 die Kreuzfahrer bis nach Süditalien begleitet, er und Landgraf Ludwig hatten sich in Melfi getroffen und dort gemeinsam zwischen dem 5. und 7. August eine kaiserliche Urkunde bezeugt[135]. Dann war Ekbert umgekehrt und hatte den Herbst in der Steiermark und Weihnachten in Rom verbracht. Zu Beginn der Fastenzeit nahm er am Reichstag in Ravenna teil, den der gebannte Kaiser vor Beginn seines Kreuzzugs abhielt, und hatte noch am Palmsonntag in Venedig an einer Bischofsweihe teilgenommen, bevor er nach Bamberg zurückkehrte. Mit dem ihm eigenen Standesbewusstsein erwartete Ekbert in Elisabeth die Landgräfin und junge Witwe, die seines Schutzes bedurfte. Er nahm sie mit ihrem kleinen Gefolge ehrenvoll auf. Vermutlich konnte er sie nicht in der (jetzigen Alten) Hofhaltung wohnen lassen, weil diese eben umgebaut und erweitert wurde: Die Verbindung zum Querschiff des Heinrichdoms war abgebrochen worden, an den erst kürzlich erstellten Palas mit seinen der Wartburg nicht unähnlichen Arkaden wurde ein Anbau mit Freitreppe angefügt, die Thomaskapelle wurde eingewölbt, nach 1230 wurde die Hohe Warte mit einer neuen Bischofswohnung gebaut.

Nach Bamberger Überlieferung wohnten die Frauen im Meranierhof, auch Herzogshof und später Elisabeth-Kurie genannt, jetzt Domgasse 7, ein Gebäude aus den Jahren 1450–1500. Der alte romanische Vorgängerbau war eine in sich geschlossene Burg mit einem Turm an der Nordwestecke der hufeisenförmig angelegten Gebäude und großem Innenhof. Als Sitz des Domvogts gehörte er früher den Domvögten, den Andechs-Meraniern, dann den Dompröpsten Heinrich (1178–1191) und seinem zweiten Nachfolger, dem Meranier Poppo. Der war es wahrscheinlich, der nach der Kanonisation Elisabeths 1236 die Kurienkapelle im Turm Elisabeth widmete, wovon dann das ganze Haus seinen dritten Namen erhielt. Es ist zwar nicht sicher, aber doch wahrscheinlich, dass Elisabeth 1228 im Meranierhof wohnte. Dieser war auf jeden Fall weiträumig genug und besaß auch einen Garten nach Süden zu. Ein solcher Garten taucht in der Vita des Dietrich von Apolda auf: Elisabeth habe die Kreuzfahrer in einen Garten gebeten und ihnen erzählt, welches Unrecht sie erduldet habe. Diese Behauptung Dietrichs ist nicht glaubwürdig; er gibt hierfür keine Quelle an und verfolgt damit wohl eine andere Absicht.

Die Bamberger Domburg war damals fast ein einziger Bauplatz.

Der Dombau und die Dombauhütte beherrschten das Gelände. Der alte Heinrichsdom war 1185 abgebrannt. Der Bau des neuen, um ein Drittel größeren Domes dürfte noch von Bischof Otto II. (1177–1196) eingeleitet worden sein. Man begann sicher vor 1200 mit der Ostkrypta und dem Ostchor, denn die Translation Kaiserin Kunigundes konnte 1201 hier stattfinden und ein Kunigundenaltar errichtet werden. Die Gnadenpforte ist ziemlich genau auf 1202/1204 zu datieren. Anschließend wurden die Chorschranken und die großen Skulpturen im Ostchor geschaffen, 1217 der Georgsaltar geweiht. Das Fürstenportal an der nördlichen Seite des Langhauses war etwa 1224/25 fertiggestellt. 1225 verkaufte Bischof Ekbert sein Lehen in der Ortenau an Kaiser Friedrich II. *zugunsten seiner Kirche,* erhielt 4000 Mark Silber in Raten und stellte den Betrag dem Dombau zur Verfügung. So konnten vermehrt Steinmetzen eingestellt werden, die zum Teil von der Ebracher in die Bamberger Bauhütte wechselten. 1226/27 vernichtete ein Brand alle bereits vorhandenen Dachwerke. Nach Fertigstellung des Langhauses, seiner Einwölbung und neuer Dachwerke wurden die Westteile des alten Doms abgebrochen und Querschiff und Westchor errichtet[136].

Die Anwesenheit vieler Bauarbeiter nützten einige Domherren und ließen sich eigene Häuser bauen. Das gemeinsame Leben im Domstift war um 1200 in Auflösung begriffen; wer es sich leisten konnte, zog in eine eigene Wohnung. So entstanden rund um den Dom die Domherrenhöfe. Jeder hatte eine Kapelle, so dass der Dom auch von einer „Schar von Heiligen" umgeben war. Zur Zeit Elisabeths gab es in der Hofhaltung die Patronate der Apostel Andreas und Thomas (ab 13. Jh. Katharina), und in den Domherrenhöfen die von Philippus, Jakobus, Johannes Ev. und Paulus sowie der Heiligen Maria (ab 1340 Kunigunde), Kilian, Hippolyt, Blasius, Laurentius und Lampert. Im Dom war das Grab des Kaiserpaares Heinrich und Kunigunde. Außerhalb der Burg konnten sich die Compostela-Pilger bei der Kirche des heiligen Jakobus versammeln. Im Langheimer Hof hatten die Zisterzienser von Langheim, Ebrach und Heilsbronn ihr Quartier.

Was mag Elisabeth in dieser Umgebung empfunden haben? Sicher erinnerte sie sich an die vielfältige Bautätigkeit ihres Mannes in Thüringen: Bauplätze auf Burgen und bei Kirchen waren ihr nicht fremd. Das im schlichten Stil eben entstehende Langhaus des Domes entsprach eher ihren Vorstellungen als der reiche Skulpturenschmuck an den Portalen und Chorschranken, wie aus einer ihrer späteren Bemerkungen zu schließen ist. An der Gnadenpforte zu Füßen Marias konnte sie zwischen ihrem Großonkel Poppo und dem Onkel Ekbert ihren Großvater Berthold IV. als Kreuzfahrer entdecken – ihm war eine glückliche Heimkehr beschieden. Acht Jahre später wird ihr hier eine Kapelle gewidmet werden, früher als der heiligen Kunigunde.

Bald kamen auf Elisabeth neue Probleme zu, denn sie sollte nach Vorstellung Bischof Ekberts wieder verheiratet werden. War dies schon gegenüber einer im Trauerjahr stehenden Witwe nicht sehr taktvoll, so ist noch weniger verständlich, wie Ekbert als Geistlicher nicht zur Kenntnis nehmen wollte, dass sich Elisabeth durch ein Gelübde zur Ehelosigkeit verpflichtet hatte. Ekbert wusste den Satz aus dem 1. Timotheusbrief (5,14) auf seiner Seite: *Deshalb will ich, dass jüngere Witwen heiraten, Kinder zu Welt bringen, den Haushalt versorgen und dem Gegner keinen Anlass zu übler Nachrede geben.* Elisabeth dagegen wollte ein religiös gebundenes Leben führen. So kam es zu einem tiefen Konflikt zwischen Onkel und Nichte. Elisabeth nahm ihn gelassener hin als ihre Hofdamen, die das gleiche Gelübde abgelegt hatten und nun fürchteten, zu einer Ehe gezwungen zu werden. Elisabeth tröstete sie: *Mein Vertrauen in Gott, der mein Gelübde über die Enthaltsamkeit kennt, ist so fest, … dass ich es im Vertrauen auf seine Barmherzigkeit für unmöglich halte, dass er nicht meine Keuschheit gegen alle menschliche Absicht und Gewalt bewahre … Selbst wenn mich mein Onkel gegen meinen Willen jemandem übergeben würde, würde ich mit Willen und Worten widerstehen und, wenn ich keinen anderen Ausweg mehr hätte, mir heimlich die Nase abschneiden. So hässlich verstümmelt wollte mich keiner mehr haben*[137].

Nun musste Elisabeth sicher keine allzu große Furcht haben, gegen ihren Willen verheiratet zu werden. Eine Ehe kam nur zustande, wenn die Frau einwilligte. Selbst wenn Ekbert sich als Vormund Elisabeths betrachtete, was gegenüber einer Witwe durchaus umstritten war, durfte er sie nicht gegen ihren Willen verheiraten; denn, wie schon im 8. Jahrhundert in einem Gesetz der Langobarden stand: *Schlimmer kann sie nicht misshandelt werden, als den zum Mann zu nehmen, den sie nicht will*[138]. Doch sah die Praxis manchmal anders aus. So fest Elisabeths Vertrauen war, so drastisch war ihre Ausdrucksweise, sich „die Nase abzuschneiden“. Natürlich wusste sie, dass jede Selbstverstümmelung in den Augen der Kirche Sünde ist. Wie kam sie trotzdem auf diese Idee? Man sah im Mittelalter manchmal eine Frau mit abgeschnittener Nase, eine Bestrafung für schwere Verbrechen der Unfreien. Nach einem Gesetz Kaiser Friedrichs II. wurde der Frau bei erwiesenem Ehebruch die Nase abgehackt und sie für ihr ganzes Leben gebrandmarkt. Vielleicht hatte Elisabeth auch von der ehrwürdigen Oda erfahren, die sich die Nase abgeschnitten hatte, um dem Zwang zur Eheschließung zu entgehen. Oda nahm von Norbert von Xanten den Schleier, trat in das Prämonstratenserinnenkloster Gode Hoge ein und starb dort 1158. So war die Äußerung Elisabeths, sich notfalls die Nase abzuschneiden, vielleicht doch mehr als eine scherzhafte Übertreibung.

Wie lange die Auseinandersetzung zwischen Elisabeth und Ekbert dauerte, ist nicht bekannt. Er beendete sie damit, dass er Elisabeth gegen ihren Willen in eine seiner bischöflichen Burgen abschob, auf die Burg Pottenstein, etwa 40 Kilometer südöstlich von Bamberg gelegen. Der Ritt dorthin, bergauf und bergab, mag Elisabeth an den Thüringer Wald erinnert haben. Die Frauen werden am Fuß des Greifensteins vorbeigekommen und bei Streitberg das Wiesenttal erreicht haben, wo zwei mächtige Burgen des Schlüsselbergers, Streitburg und Neideck, den Talausgang bewachten. Wiesentaufwärts ging es an den bischöflichen Burgen Gailenreuth und Gößweinstein vorbei, dann das Püttlachtal entlang bis Pottenstein, wo das Dorf und seine kleine Kirche von der Burg überragt wurden. Diese bestand im 12./13. Jahrhundert aus einem Bergfried, einem Wohngebäude, einem Speicher und Wirtschaftsgebäuden, einem Garten und einem in einen Felsen eingelassenen Verlies. Verwaltet wurde sie vom Ministerialengeschlecht derer von Pottenstein. Die recht kleine Burg bot sicher wenig Wohnkomfort; es ließ sich dort nicht fürstlich, aber doch menschenwürdig leben. Von der Burg konnte man in zwei tief eingeschnittene Täler mit ihren Mühlen blicken, die Bergkuppen ringsum waren bewaldet oder von malerischen Felsen gekrönt. Auf der nach Norden anschließenden Hochfläche des fränkischen Karsts mögen gerade die Bauern ihre Felder bestellt haben, die trotz aller Arbeit wenig Ertrag brachten. In diesem landschaftlich sehr schönen Gebiet, das heute den Kern der Fränkischen Schweiz bildet, konnten die Frauen zur Ruhe kommen und den beginnenden Frühling genießen. Wenigstens für den Leib muss dies eine Erholung nach all den Entbehrungen gewesen sein.

Die Frage nach ihrer Zukunft lastete aber schwer auf den Frauen. Elisabeth wurde bewusst, dass sie in Pottenstein festgehalten werden solle, bis sie verheiratet würde[139]. Es ging zunächst nur um eine grundsätzliche Entscheidung des Lebensstandes, denn Bischof Ekbert hatte offensichtlich noch keinen bestimmten Ehepartner für Elisabeth vorgesehen. Die im 14. Jahrhundert verbreitete Behauptung, Ekbert habe Elisabeth mit Kaiser Friedrich II. verheiraten wollen, ist Legende, denn Friedrich war zu dieser Zeit verheiratet. Seine Frau

Isabella erwartete ihr erstes Kind und gebar am 25. oder 26. April den Sohn Konrad, starb allerdings zehn Tage nach der Geburt, am 6. oder 7. Mai[140]. Davon konnte Ekbert im April und Mai noch nicht erfahren haben. Elisabeth wandte sich im Gebet an Gott, *auf den sie ihr Herz geworfen hatte*, und vertraute ihm unter Tränen alles an. Isentrud, die nur kurz von Pottenstein berichtet, führt es auf die Hilfe Gottes zurück, dass diese Bedrängnis nicht lange dauerte[141]. Überraschend kam ein Bote von Bischof Ekbert und forderte Elisabeth auf, nach Bamberg zurückzukehren: Die Kreuzfahrer kämen aus dem Heiligen Land zurück und brächten die Gebeine Ludwigs mit; sie würden bald in Bamberg erwartet. Die Frauen machten sich sofort auf.

In Bamberg angelangt, musste sich Elisabeth auf eine schwere Stunde einstellen. Ludwig, von dem sie sich vor noch nicht einem Jahr voller Bangen und Hoffen verabschiedet hatte, wurde als Toter zurückgebracht. Seine Gebeine waren in zwei kleine Schreine verteilt, die rechts und links wie Satteltaschen vom Rücken eines Maultieres herabhingen. Der traurige Zug wurde von Bischof Ekbert und Elisabeth empfangen und in einer Prozession in die Kirche geleitet. Berthold in den Gesta oder Dietrich präzisieren, dass es die Kathedrale gewesen sei, und damit dürfte der damals benutzbare Ostchor des Domes gemeint sein, der dem heiligen Georg geweiht ist und daher zur Trauerfeier für einen Kreuzritter passend war. Elisabeth wich nicht aus: Die Schreine wurden geöffnet, sie konnte die Gebeine ihres Mannes erblicken. Ihr Gebet hat Isentrud so im Gedächtnis behalten: *Herr, ich danke dir, dass du mir mit den so sehr ersehnten Gebeinen meines Gatten barmherzig zum Tröster geworden bist. Du weißt: So sehr ich ihn auch liebte, ich will ihn, den Geliebtesten, dir nicht neiden. Er hat sich auf seinen und meinen Wunsch zum Schutz des Heiligen Landes geopfert. Könnte ich ihn wieder haben, so wollte ich ihn gegen die ganze Welt eintauschen, selbst wenn ich mit ihm betteln gehen müsste. Aber gegen deinen Willen möchte ich ihn – dafür bist du Zeuge – nicht um ein einziges Haar zurückkaufen. Nun empfehle ich ihn und mich deiner Gnade. An uns geschehe dein Wille*[142].

An dieser Stelle schiebt Dietrich von Apolda eine Episode ein, die den Charakter eines Gerichtsverfahrens hat. Elisabeth habe sich nach der Trauerfeier im Dom in einen Garten (so übersetzt Friedrich Ködiz; es könnte auch eine umfriedete Wiese gewesen sein, wie für Gerichtsprozesse nötig) zurückgezogen und die Thüringer Kreuzfahrer zu sich gebeten, um vor ihnen Anklage über das erlittene Unrecht zu erheben. Nach der Beerdigung Ludwigs habe daher Schenk Rudolf von Vargula Landgraf Heinrich Raspe alle Beschuldigungen vorgehalten. Die anderen Ministerialen wären als *Advokaten* beigestanden. Der Beschuldigte habe sein Unrecht zugegeben und Wiedergutmachung versprochen. Erst nach deren Übergabe seien die Ritter nach Hause zurückgekehrt[143]. Da die Wiedergutmachung aber nachweislich weit später erfolgte, ist anzunehmen, dass Dietrich diese Version erfunden hat, um die Verbundenheit der Ministerialen mit Elisabeth hervorzuheben.

Laut Libellus verhandelten die Kreuzfahrer mit Bischof Ekbert, weil Elisabeth mit ihnen zur Bestattung Ludwigs nach Reinhardsbrunn, der Grablege der Ludowinger, ziehen wollte. Ekbert erlaubte zunächst die Rückkehr Elisabeths nicht, wenn die Ritter nicht für die Rückgabe von Elisabeths Witwengut sorgten. Sie versprachen es; so konnte Elisabeth mit ihnen nach Thüringen zurückkehren[144]. Damit war für Elisabeth die Zeit in Franken zu Ende, keine unbeschwerte Zeit. Und doch hatte sie während dieser Wochen von den Ereignissen im Winter Abstand gewonnen. Vielleicht war auch ein Plan über ihre spätere Lebensgestaltung in ihr gereift. Den galt es, in Thüringen durchzusetzen.

Beisetzung Ludwigs in Reinhardsbrunn und Abschichtung Elisabeths

Was nun folgen musste, war die Beisetzung von Ludwigs Gebeinen in Reinhardsbrunn, dem Hauskloster der Ludowinger, nördlich von Friedrichsroda und südlich von Waltershausen gelegen. Wie aus den folgenden Urkunden zu erschließen, wird sie spätestens am 15. Mai 1228, dem Pfingstmontag, stattgefunden haben. Anwesend waren außer Elisabeth Ludwigs Mutter Sophia, seine Brüder Heinrich Raspe und Konrad, Heinrichs Frau Elisabeth, Bischof Lambert von Livland (es könnte sich um ein Mitglied des Schwertbrüderordens gehandelt haben, der sich 1237 mit dem Deutschen Orden vereinigte), die Äbte Ludwig von Hersfeld und Konrad von (Paulin) Zelle, die Grafen Poppo von Henneberg, Heinrich von Schwarzburg und Günther von Käfernburg, Heinrich der Schreiber, Rudolf Schenk, Reinhard Varch, Friedrich von Treffurt, Dietrich Meiz und weitere Teilnehmer. Die genannten Herren waren Zeugen einer Schenkungsurkunde, in der Landgraf Heinrich Raspe dem Kloster Reinhardsbrunn zehn Hufen in Ludersborn zur Feier des Andenkens an seinen Bruder Ludwig vermachte. Nimmt man die Zeugen der Urkunden vom 16. Mai hinzu, kommt man auf dreizehn Angehörige des Thüringer Adels. Genannt werden auch die Hofämter Schenk, Marschall und Truchsess. Es waren wirklich alle Getreuen gekommen, um ihrem früheren Landgrafen Ludwig die letzte Ehre zu erweisen. Elisabeth wird es dankbar zur Kenntnis genommen haben. Dagegen ist es eher unwahrscheinlich, dass die Kinder Hermann und Sophia nach Reinhardsbrunn geholt wurden, einmal wegen der Kürze der Zeit und dann wegen der noch andauernden Auseinandersetzung.

Zwei weitere Urkunden wurden am 16. Mai 1228 in Moseburg, also vermutlich auf dem Heimweg der Trauergesellschaft, ausgestellt und betreffen vermögensrechtliche Verfügungen der Gemeinderschaft der Ludowinger. Sophia, Landgraf Heinrich Raspe mit seiner Gattin Elisabeth und Konrad stellten sie aus[145]. Elisabeth wird hier nicht mehr erwähnt; sie ist also bereits aus der Gemeinderschaft ausgeschieden. Demnach muss die Abschichtung Elisabeths kurz vor oder am Tag der Beisetzung stattgefunden haben.

Man wird sich den Vorgang so vorzustellen haben: Die Teilnehmer an Ludwigs Begräbnis kamen in Reinhardsbrunn zusammen, Elisabeth im Schutz der Kreuzfahrer. Diese ergriffen vermutlich die Initiative, wie sie es Bischof Ekbert versprochen hatten. Die Beratung zur Abschichtung Elisabeths fand dann im Kreis der Gemeinderschaft der Ludowinger statt. Konrad von Marburg, zwar nirgends offiziell erwähnt, muss ebenfalls dabei gewesen sein, denn ihm war die Sorge für Elisabeths Besitz anvertraut. Auch führt der lange Libellus die Auszahlung des Geldes auf Konrads Vermittlung *(quo mediante)* zurück. Dabei dürfte er zuerst auf die Zurückgabe der Dos, des Witwenguts von Elisabeth, wie es ihr rechtlich zustand, gedrängt haben[146]; diese lag sicher im thüringischen Kerngebiet, denn Elisabeth konnte zur Zeit ihrer Ehe problemlos darüber verfügen. Im Lauf der Verhandlung ergab sich eine andere Möglichkeit, die vielleicht von Elisabeth selbst, von Konrad oder von den Ludowingern vorgeschlagen wurde: Die Ludowinger behielten die angestammte Dos in Thüringen und entschädigten Elisabeth mit einem kleineren Grundbesitz in Hessen[147] und einer Abfindungssumme von 1000 Silbermark. Außerdem übernahmen sie die Bezahlung der Schulden Ludwigs. Damit war Elisabeth einverstanden. Diese Lösung muss ihrer Vorstellung entsprochen haben: Geld konnte sie nach freier Verfügung verschenken. Das ihr zugedachte Grundstück lag am Rande von Marburg an einem Bach und war so bestens geeignet, ein Hospital darauf zu errichten. An einem solchen im westlichen Landesteil könnten auch die Schwäger Elisabeths interessiert gewesen sein, existierten doch erst ein Hospital in Eisenach und eines in Gotha, dem östlichen Landesteil. Mit diesem Tausch wurde der Wohnsitz Elisabeths nach Marburg verlegt und so ihr weiterer Lebenslauf entschieden. Elisabeth hatte die Möglichkeit und war jetzt dazu entschlossen, ein Hospital zu errichten. Das Grundstück erhielt sie als Leibgeding, also zur lebenslangen Nutzung mit freier Verfügung über alle Erträge, aber ohne es oder Teile davon verkaufen zu dürfen. Nach Elisabeths Tod sollte es wieder an die Familie zurückfallen. Letztere Einschränkung wird Elisabeth nicht bewusst gewesen ein.

Außerdem stand Elisabeth selbstverständlich das für Witwen übliche Erbe zu: ihre Aussteuer, die sich aus 1000 Silbermark und vielen Textilien zusammengesetzt hatte, und die aus dem gemeinsamen Haushalt herauszuziehende „Frauenrate" oder „Fahrhabe". Diese bestand nach verschiedenen Rechtsbüchern jener Zeit aus Bett, Kisten mit Fuß oder gewölbtem Deckel, Polstern, Kissen, Teppichen, Vorhängen und Wandbehängen, Tüchern für Betten und Tische, Wäsche, weiblicher Kleidung, Schmuck, Büchern, Leuchtern, Schüsseln und Küchengeschirr; für die Ackerbaubürger werden noch Kleintiere genannt. Es ist unbekannt, ob Elisabeth etwas von dieser Fahrhabe beanspruchte. Ihre Aussteuer hat sie sicher mitgenommen – vielleicht reiste sie deshalb noch einmal zur Neuenburg –, denn die Verwendung ihrer Textilien in Marburg wird erwähnt. Auch tauchen die Psalter in ihrem Besitz auf. Die hohe Summe von zusammen 2000 Silbermark konnte von den Ludowingern nicht sofort aus dem Vermögen beglichen, sondern musste erst beschafft werden. Dies kann ein halbes Jahr in Anspruch genommen haben. Es scheint, dass Elisabeth das Geld oder seine letzte Rate im Herbst 1228 oder im Frühjahr 1229 zur Verfügung hatte. Vermutlich wurde der Bau des Hospitals in Marburg mit einer anzunehmenden ersten Rate in Angriff genommen.

Mit der Abschichtung Elisabeths aus der Gemeinderschaft der Ludowinger erlosch für diese die Verpflichtung, Elisabeth Lebensunterhalt zu gewähren, den sie auch nicht in Anspruch nehmen wollte. So bemerkt Isentrud, Elisabeth sei nach der Beerdigung ihres Mannes, weil sich niemand um ihr Wohlergehen kümmerte, wie vorher in Armut und Mangel geblieben, bis sie auf die Aufforderung Konrads hin nach Marburg umzog.

Es ist die Leere nach einer Beerdigung, die Elisabeth aushalten musste. Die ihr wohlgesonnenen ehemaligen Kreuzfahrer ritten auf ihre Burgen heim, um dort mit ihren Familien die glückliche Rückkehr zu feiern. Die Schwiegermutter Sophia ging in das Katharinenkloster zurück, Heinrich Raspe mit seiner Frau Elisabeth vermutlich auf die Wartburg, wo die neue Landgräfin den Haushalt übernommen hatte. Wahrscheinlich war beschlossen worden, die Kinder Hermann und Sophia dort zu erziehen. Elisabeth war schlicht überflüssig geworden. Sie musste mit ihrer Tochter Gertrud und den beiden Hofdamen ausharren und den Umzug nach Marburg vorbereiten. Der Gedanke an das dort zu gründende Hospital wird Elisabeth neuen Mut gegeben haben.

Ein neues Leben im Hospital in Marburg

Die Hospitalgründung

Wir wissen nicht, ob Elisabeth früher einmal Marburg besucht hatte; es lag immerhin hundert Kilometer vom Thüringer Kerngebiet entfernt. Doch ist eine glückliche Stunde ihres Lebens mit Marburg verbunden: Als Elisabeth im März 1222 ihren Sohn Hermann gebar, weilte Ludwig gerade in Marburg, wo in der späteren Pfarrkirche eine Zusammenkunft mit der Bürgerschaft stattfand. Auf die Kunde des Boten hin beglückwünschten alle den Vater, berichtet Berthold.[148]

Das Gebiet um Marburg mit den Eigengütern war 1122 als Teil des Erbes des Grafen Giso IV. an die Ludowinger gekommen. Sie bauten Marburg zu einem Zentrum für Oberhessen aus als Gegengewicht zu Fritzlar. Dieses war nämlich Mittelpunkt der Grafschaft Hessen, die die Ludowinger nur als mainzisches Lehen besaßen; Mainz stellte bei jedem Tod eines Landgrafen die Belehnung erneut in Frage. In Marburg konnten nun die Ludowinger über ihr Allod frei verfügen. So wurde im 12. Jahrhundert die Burg errichtet. Der Ort erhielt 1138/39 Markt- und Münzrechte und wurde um 1180 zur Stadt erhoben und mit einer Mauer befestigt. Um 1200 wurden die Kilianskapelle und Jahre später eine größere Kirche erbaut, die 1227 zur Pfarrkirche St. Marien erhoben wurde – übrigens unter Mitwirkung Konrads von Marburg. Im März 1228 schloss Heinrich Raspe mit den Grafen von Battenberg ein Schutz- und Trutzbündnis, in dem er ihnen erlaubte, auf der Burg in Marburg zwei Kastellane einzusetzen, sich aber bei Streitigkeiten zwischen den Grafen und ihren Ministerialen die Gerichtsbarkeit vorbehielt[149]. Elisabeth betrat also im Sommer 1228 eine aufstrebende, von den Landgrafen geförderte Stadt, in der sie nun ein Hospital errichten wollte – und das mit Zustimmung ihrer Schwäger.

Um es genau zu sagen: Elisabeth betrat offensichtlich weder die Burg noch die Stadt; diese hatte sie nicht als ihr Wittum eingetauscht, hier besaß sie kein Wohnrecht. In aller Konsequenz begab sich Elisabeth auf das ihr vermachte Grundstück außerhalb der Stadt, wo sie nicht mehr als eine Baustelle vorfand. Hier konnte Elisabeth die nötigen Anweisungen zum Bau geben, aber natürlich konnte sie hier noch nicht wohnen. Die Aussagen der Hofdamen dazu sind sehr knapp: Elisabeth habe sich nach Marburg begeben, das graue Ordensgewand angelegt, alles verschenkt und ein Hospital gegründet. So sah sich der Verfasser des langen Libellus zu der durchaus glaubwürdigen Erweiterung veranlasst, Elisabeth habe auf einem Landgut in der Nähe ein verfallenes Hofgebäude bezogen, bis sie im Hospital in das für sie gebaute Haus einziehen konnte[150]. Nicht oben auf der landgräflichen Burg, von Grafen und deren Burgwarten verwaltet, nicht in der Stadt mit Schultheiß, Rat und Pfarrei, sondern unten in der Niederung war Elisabeths Platz. Sie ließ das Hospital in Fachwerkbauweise errichten, wie das für die einfache Bevölkerung üblich, für die Franziskaner sogar vorgeschrieben war. Außerdem konnte man solche Gebäude rasch hochziehen.

Das Grundstück war für ein Hospital sehr geeignet: Es lag nördlich von Marburg zwischen dem Mühlgraben-Lahnarm und der von Westen her einmündenden Ketzerbach und besaß einen Brunnen. Weitere Grundstücke, von denen Elisabeth der Zehnte zustand, befanden sich auf dem Weg von Marburg nach Ockershausen und zur Cassenburg[151]. Auf dem Hospitalgelände wurde als erstes ein Wohngebäude für Elisabeth und die Frauen errichtet, dann kamen das Hospital, ein Haus für das männliche Personal – Konrad erwähnt einen Konversen – und Wirtschaftsgebäude dazu. Es ergab sich ein großer Innenhof; die ganze Anlage wurde mit einem Zaun umschlossen. Größe und Aussehen des eigentlichen Hospitalbaus sind nicht überliefert. Nach dem Vorbild anderer Hospitäler wird es ein großer rechteckiger Raum gewesen sein, in dem rechts und links nach Geschlechtern getrennt die Krankenbetten standen; Einzelkojen wurden erst in späterer Zeit üblich. An der Stirnseite wurde die Halle meist durch eine Kapelle abgeschlossen. So konnten die Kranken täglich an der Messe teilnehmen – sie waren die „Gäste Gottes“, versammelt wie in einem Festsaal. Manchmal wurde der Altarraum auch an einer Seite über die Seitenwand des Krankensaals hin erweitert, so dass der Grundriss eine Art Winkelmaß bildete und die Kapelle von außen her zugänglich war, was für das Personal und für Besucher von Bedeutung war. Diese Bauweise hätte sich für Marburg empfehlen können, denn die Kapelle sollte sich zu einem Wallfahrtsort der Franziskusverehrung entwickeln, und es ist nicht recht vorstellbar, dass die Wallfahrer durch den Krankensaal gegangen sind. Denkbar ist auch die dritte Möglichkeit, dass die Kapelle als selbständiger Bau errichtet wurde[152]. Dafür spricht, dass Elisabeth in der Nordwestecke der Kapelle beerdigt wurde, was für einen Krankensaal (heutigem Empfinden nach) wohl nicht passend ist.

Der Bau wurde rasch vorangetrieben. Die Frauen hatten viel zu tun: Für die Kapelle musste das nötige Gerät gekauft, Bettzeug musste angeschafft, die Wirtschaftsräume eingerichtet werden. Wahrscheinlich noch vor dem Wintereinbruch 1228 konnte das Hospital in Betrieb genommen und die Kapelle eingeweiht werden. Elisabeth hatte Franziskus von Assisi zum Patron gewählt. Er war jüngst, am 16. Juli 1228, in Rom heiliggesprochen worden; Papst Gregor IX. förderte seine Verehrung in der ganzen Christenheit. Elisabeth griff dies freudig auf und stellte das Hospital unter seinen Schutz. Konrad von Marburg mag die Hoffnung auf den Zustrom von Wallfahrern bewegt haben. So kam es zu diesem frühesten Patronat von Franziskus nördlich der Alpen. Der Papst bestätigte indirekt Hospital und Patronat, indem er am 19. April 1229 auf Elisabeths Bitte hin allen Besuchern des Hospitals am 4. Oktober, dem Festtag von Franziskus, einen Ablass von 40 Tagen gewährte[153].

Nach dem, was die Quellen eher nebenbei erwähnen, rief Elisabeth eine Hospitalgemeinschaft ins Leben, wie dies seit Beginn des 13. Jahrhunderts üblich war. Solche Gemeinschaften wurden oft von Privatpersonen gegründet, der Stifter trat häufig selbst ein. Die Hospitalbrüder und -Schwestern brachten ihren Besitz in das Hospitalvermögen ein und legten die Gelübde der Armut, der Keuschheit, des Gehorsams und des Dienstes an Kranken und Armen ab. Sie trugen eine einfache Tracht aus ungefärbtem Wollstoff, grau oder braun. Man lebte nach der Augustinusregel, die keinen festen Tagesablauf vorschreibt, sondern nur grundlegende Normen für ein klösterliches Gemeinschaftsleben aufstellt, oder eigenen Statuten. Es bestand die Verpflichtung zum gemeinsamen Leben mit Teilnahme am Kapitel, zu Gottesdiensten und Gebeten und zum regelmäßigen Sakramentenempfang. Kleinere Hospitäler gehörten zur Pfarrgemeinde, größere konnten eigene Seelsorger anstellen[154].

In Marburg führte Konrad die Einkleidung der Schwestern durch und nahm ihre Gelübde entgegen. Dies geht vor allem aus den Darstellungen am Schrein Elisabeths und an den Glasfenstern der Elisabethkirche hervor, die beide gegen 1250 entstanden; am Fenster wird Konrad sogar mit Namen genannt. Konrad übernahm wie früher für Elisabeth nun für die ganze Hospitalgemeinschaft die geistliche

Leitung. Da er im Auftrag des Papstes den Rechtsschutz und die Vermögensverwaltung für Elisabeth wahrzunehmen hatte, wird er diese Befugnis auf das Hospital ausgedehnt haben. Zu dessen Defensor wurde er vom Papst erst im Oktober 1233 ernannt; Provisor des Hospitals nennt ihn Caesarius von Heisterbach nach 1236. Der Hospitalgemeinschaft gehörte Konrad sicher nicht an, denn diese wird 1232 von den weltlichen Hospitalmeistern Hermann und Albert vertreten, während Konrad in der Auseinandersetzung zwischen den Ludowingern und den Johannitern den Schiedsrichter macht[155]. So ist es unwahrscheinlich, dass Konrad im Hospital wohnte: Er besaß schon früher eine Bleibe in Marburg. Auch konnte er das Verhalten Elisabeths nicht selbst überwachen, sondern musste sich von den Schwestern berichten lassen. Sie konnte sogar eine aussätzige Frau längere Zeit in einem Wirtschaftsgebäude verstecken[156]. Neben Konrad tätigte der Eremit Heinrich von Ziegenhain aus der Wegebacher Linie, Sohn eines Grafen und später Franziskaner, einige Male Geschäfte für das Hospital. Der Stadtpfarrer Hermann hatte ebenfalls Einblick in das dortige Geschehen, während die beiden Spitalgeistlichen, Gottfried und Crafdo, 1232 erstmals genannt werden[157].

Elisabeth kümmerte sich im Herbst 1228 auch um das Hospital in Gotha, das sie zusammen mit ihrem Mann und dessen Mutter 1223 gegründet hatte. Sie bat nämlich den Papst um die Genehmigung einer Kapelle, eines Friedhofs und eines Kaplans für die dortige Hospitalbruderschaft. Diese Bitte trug sie allein vor, ohne den mit ihr zuständigen Landgraf Heinrich Raspe. Der Papst entsprach dem und beauftragte am 1. Februar 1229 Erzbischof Siegfried von Mainz, die gewünschte Erweiterung zu genehmigen[158]. Das Hospital in Gotha schloss sich später dem Lazariterorden an, einem Ritterorden, der sich der Pflege Aussätziger widmete. 1231 erscheint das Hospital als dessen Komturei.

Da der Papst also um die Jahreswende 1228/1229 diese Kontakte mit Elisabeth hatte, ist es naheliegend, dass sein persönlicher Brief an sie, der ohne Datum erhalten ist[159], in diese Zeit fällt. Denn der Papst tröstete Elisabeth, sprach vom Anfang ihrer Wege und forderte sie zu entschlossener Hingabe an Gott auf. Der Brief, in blumiger Kanzleisprache abgefasst, lautet (leicht gekürzt): *Bischof Gregor, Knecht der Knechte Gottes, bietet der in Christus geliebten Tochter, der Landgräfin von Thüringen, Gruß und apostolischen Segen. Wir haben sehr oft durch Erfahrung gelernt, dass die Liebe stark ist wie der Tod (Hl 8,6) und es nichts gibt, was die Liebe besiegen kann … Daher kommt es, dass unser Geist ganz ergriffen wird durch die Erinnerung an deine Reinheit und Tugend, die Reinheit des Herzens und des Fleisches, in der du mit solcher Hingabe die Wundmale der Passion des Herrn zu ertragen ersehnst. Deshalb haben wir auf dem Erdreich deines Geistes den Samen des Wortes des Herrn mit Tränen ausgesät, damit du später in frohem Jubel ernten kannst (Ps 126,5f) und mit dem wenigen Samen der Tränen die reiche Ernte der ewigen Glückseligkeit empfangest. Die Anfänge deines Wandels werden mit der Hilfe Gottes glückliche Fortschritte machen, was den Engeln zur Freude, dir zum Verdienst und vielen zum Vorbild gereichen wird. Wir freuen uns auch, dass wir so glühende Zeichen der Liebe im Glauben und der Lebensführung an einem Menschen von solch hohem Stand, gebrechlichem Geschlecht, zartem Alter und hartem Schicksal finden. Jener Stein, der von den Bauleuten einst verworfen wurde, aber zum Eckstein geworden ist (Ps 118,22; Lk 20,17), hat die schwache Hand zu starkem Tun gekräftigt und die flüchtigen Füße deiner Jugend auf jenen Stein gestellt. Auf also, Tochter, eile, deinem Bräutigam zu folgen, wohin er geht, bis er dich in das Schlafgemach seines Hauses führt! Eile freudig im Duft seiner Salben (Hl 1,4 und 1,3) und singe froh: Wegen der Worte deiner Lippen habe ich die rauen Pfade eingehalten (Ps 17,4f) … Nicht mehr als Fremdling und Ankommender, sondern als Braut und Hausgenosse Gottes (Eph 2,19) mögest du das Stadion mit bereitwilligem Eifer durchlaufen, um den geschuldeten Siegespreis zu erlangen … Prüfe deine geistigen Wünsche, damit sich nichts Sündhaftes unter dem Mantel der Tugend verberge. Und was deinem Gewissen und deinem Ruf entgegenstehen kann, das schließe sofort aus deinen Gedanken aus. Deine Tränen mögen dein Brot sein Tag und Nacht, bis dein Bräutigam deine Seele mit himmlischer Tröstung und dem Geist der Heilsgnade erquickt (2 Kor 7,13). Mit dem Gebet höre nicht auf und lasse die Füße des Herrn nicht los, bis der Südwind deinen Geist durchweht (Hl 4,16) und dich im Angesicht ewiger Liebe zur Tugend entflammt. Verehre mit ganzem Herzen die unter allen Frauen gebenedeite und glorreiche Jungfrau Maria, die dir aus dem Schatz des königlichen Sohnes eine Krone bereitet, und höre nicht auf, in allen deinen Nöten und Schwierigkeiten wie eine Magd besonders seinen Namen anzurufen.*

Mit diesem Brief ermuntert der Papst Elisabeth, mit Vertrauen einen neuen Lebensabschnitt zu beginnen. Und das tat sie, hatte es schon getan. Elisabeth scheint in diesen Wochen aus ihrer Trauer und ihrer passiven Haltung erwacht zu sein und sich mit Energie dem aktiven Leben hingegeben zu haben. Sie hatte die ihr gemäße Lebensform gefunden: Armut, aktive Nächstenliebe und Dienst an den

Kranken. Das machte sie froh. So nahm es ihre Umgebung wahr. Wurde jedoch schon dieser Dienst von Seiten der *Mächtigen des Landes* für töricht und Elisabeth für verrückt gehalten, so wurden ihr auch Gelassenheit und Fröhlichkeit zum Vorwurf gemacht: Sie habe den Tod ihres Mannes allzu rasch vergessen[160]. Die Geringschätzung, die Elisabeth in Eisenach erfahren hatte, setzte sich also in Marburg fort; hier mögen es die Grafen und Ministerialen gewesen sein, die Elisabeths Haltung nicht verstanden. *Das Leben der Schwestern in der Welt ist am verachtetsten*[161], sagte sie einmal. Gerade das hatte sie gewählt. Ihr graues Wollkleid brachte das zum Ausdruck. Durch die Einkleidung, die wahrscheinlich gleichzeitig mit der Einweihung des Hospitals im Spätherbst stattgefunden hatte, wurden die Frauen zu Religiosen, zu Gott geweihten Personen, ähnlich wie Beginen, Reklusen und Eremiten. Während Einsiedler meist sehr geachtet waren, war die Lebensweise von Beginen und Schwestern in der Welt noch ungewohnt und wurde – bei den Beginen auch von der Amtskirche – misstrauisch beobachtet.

Nun führte gerade das graue Kleid zu der Meinung, die im Mittelalter vereinzelt, im 19. Jahrhundert gehäuft auftrat, Elisabeth sei Franziskaner-Tertiarin geworden. Man fasste das Gewand als Ordenstracht und das Patronat des hl. Franziskus als Zugehörigkeit zu seinem Orden auf. Das ist aus der Sicht des 19. Jahrhunderts durchaus verständlich, denn damals entstanden, nach der Aufhebung vieler Klöster in der Säkularisation, zahlreiche Kongregationen, deren Mitglieder sich Tertiaren nannten und sich Werken der Nächstenliebe widmeten. Tertiaren im eigentlichen Sinn sind Laien, die sich der geistlichen Führung eines Ordens anvertrauen und dessen Spiritualität in einem Leben in der Welt zu verwirklichen streben. Manche leben als Einzelpersonen, manche im Ehestand und manche in lockeren Gemeinschaften. Diese Lebensform entwickelte sich im Lauf des 13. Jahrhunderts, als die religiöse Bewegung weite Kreise der Bevölkerung ergriff. Die ersten Tertiaren waren Angehörige des dritten Ordens der Humiliaten, der 1207 entstanden war. Sie verdienten sich vor allem durch Spinnen und Weben den Lebensunterhalt, was Elisabeth mit ihnen verbindet. Sie wird aber kaum Kontakt mit ihnen gehabt haben. Ferner entwickelten sich in Italien Büßergemeinschaften, die in dem 1221–1228 entstandenen *Memoriale propositi fratrum et sororum de poenitentia in propriis domibus existentibus* die päpstliche Bestätigung fanden. Die Mitglieder sollten ein bescheidenes Leben führen, ungefärbte Stoffe und einen Ledergürtel tragen, das Stundengebet oder andere Gebete verrichten, Kranke unterstützen, an Begräbnissen teilnehmen, weder Eid noch Kriegsdienst leisten, keine Gewalttaten begehen und ihre Ehe gemäß den kanonischen Vorschriften führen. Die Hospitalgemeinschaft Elisabeths hat mit ihnen wenig Ähnlichkeit. Es gibt keinen Nachweis, dass Elisabeth büßende Frauen aufgenommen hat.

Nach 1250 übernahmen – wogegen sie sich bisher gewehrt hatten – Franziskaner und Dominikaner die Betreuung von Beginen und ordensähnlichen Gemeinschaften von Frauen. Der Dominikanergeneral Munio von Zamora arbeitete 1285 eine Regel für sie aus, gestützt auf das Memoriale (s. o.). Papst Nikolaus IV., selbst ein Franziskaner, wollte 1289 in seiner Bulle *Supra montem* sogar alle Tertiaren dem Franziskanerorden angliedern[162]. Eine Tertiarin des Franziskanerordens konnte Elisabeth also nicht sein, weil es diese Institution zu ihrer Zeit noch nicht gab; sie entwickelte sich erst Jahre nach Elisabeths Tod. Auch betrieben Franziskaner keine Hospitäler, weil sie keinen Grundbesitz haben durften. So konnte sich Elisabeth, als sie kurz vor ihrem Tod einen Orden suchte, der ihr Hospital weiterführen könne, nicht an die Franziskaner wenden. Deren zweiter Orden war der kontemplative, in strenger Klausur lebende Klarissenorden. Den Versuch, ein Klarissenkloster mit einem Hospital zu verbinden, machte die böhmische Königstochter Agnes, die Elisabeth verehrte und mit Klara von Assisi in Briefkontakt stand. Sie gründete vor 1233 zusammen mit einem Klarissenkloster ein Hospital. Letzteres wurde aber nicht von den Klarissen, sondern von einer Hospitalbruderschaft betrieben, die sich später zum Orden der Kreuzherren mit dem roten Stern entwickelte. Wenn Elisabeth bei ihrer Einkleidung ein graues, einfaches Gewand erhielt, das von der frühesten franziskanisch ausgerichteten Elisabeth-Vita Mitte des 13. Jahrhunderts als Gewand der Minoriten bezeichnet wird[163], so ist darauf zu verweisen, dass ein solches Gewand aus ungefärbtem Wollstoff damals auch Zisterzienser, Prämonstratenser, Humiliaten und andere Religiose trugen. Elisabeth erhielt es aus der Hand Konrads, nicht eines Minoriten. Konrad Holtnicker meint denn auch, Elisabeth habe das Gewand der Minoriten nur *soweit es ihr möglich war* getragen[164]. Erst im 14. Jahrhundert wird dann ausdrücklich behauptet, Elisabeth sei Franziskaner-Tertiarin gewesen, so auch vom Generalkapitel der Franziskaner 1370.

Während dies klar zurückzuweisen ist, muss doch auf die große Verbundenheit Elisabeths mit den Franziskanern hingewiesen werden. Schon 1224 wurde sie durch Bruder Rodeger religiös geführt[165]. Dass Elisabeth die Wohngebäude für die Minoriten in Eisenach gestiftet habe, ist nur mündliche Tradition. Doch spann sie noch auf der Wartburg Wolle für sie. Nachdem sie die Wartburg verlassen hatte, ging sie in der Nacht zu den Minoriten und bat sie, ein Tedeum anzustimmen. In ihrer Kirche legte sie am Karfreitag 1228 das Gelübde der vollkommenen Nachfolge Jesu ab, wobei neben Konrad auch Minoriten anwesend waren. In Marburg benannte sie das Hospital nach Franziskus und besorgte wahrscheinlich auch Reliquien dafür. Während beim Eintreffen Elisabeths in Marburg dort noch keine Franziskaner lebten, werden sie sich bald danach, womöglich mit ihrer Unterstützung, angesiedelt haben. Denn 1235 gewährte der Mainzer Erzbischof allen, die zur Vollendung des Baus der Franziskanerkirche beitrügen, einen Ablass. Neben diesen äußeren Zeichen der Verbundenheit ist die große innere Übereinstimmung von Elisabeth und Franziskus hervorzuheben. Elisabeth wollte arm sein bis zu ihrem Wunsch hin, betteln zu gehen. Sie verschenkte alles, was sie besaß und nicht für das Hospital benötigte, und lebte sehr karg. Dabei strahlte sie immer Gelassenheit und Freundlichkeit aus und wollte andere Menschen froh machen.

Geistliches Leben und Tätigkeiten

Elisabeth hatte im März 1228 auf ihre Familie und ihre Eigenmächtigkeit verzichtet. Auf ihren Besitz zu verzichten, hatte Konrad verhindert. Beim Gelübde im Herbst 1228 konnte sie dies nachholen und nun konkret vollziehen. Es war für Elisabeth selbstverständlich, ihren Besitz für das Hospital einzusetzen. So verwendete sie die reichen Stoffe ihrer Aussteuer als Bettwäsche: Einmal zerriss sie einen großen weißen Vorhang, um Betttücher daraus zu machen. Die seidenen und purpurnen Decken an den Krankenbetten fielen noch 1235 den Protokollanten auf. Die beiden Prachthandschriften, die Elisabeth geerbt hatte, den Egbert- und den Elisabeth-Psalter, schenkte sie 1229 dem Dom von Cividale, wie es ihr Onkel Berthold, Patriarch von Aquileja, erbat oder vermittelte. Das ist der einzig nachweisbare Kontakt Elisabeths mit diesem Onkel. Das Geld aus ihrer Abfindung verteilte sie zu verschiedenen Zeiten an Notleidende, an einem Tag einmal 500 Mark. Die Schmuckstücke, die sie aus ihrem Vaterhaus mitgebracht hatte, teilte sie aus. Die Dienerin Irmengard berichtet, Elisabeth habe auch außerhalb des Hospitals viel gegeben und dafür heimlich goldene Ringe, seidene Kleider und andere Kleinodien verkauft. Warum heimlich? Vielleicht wollte Konrad den Einsatz des Vermögens auf das Hospital konzentrieren oder sah den Schmuck als Reserve, die man zurückhalten müsse[166]. Elisabeth löste diese Reserve langsam auf, als sie sich durch die Not der Menschen gedrängt fühlte. Der lange Libellus macht darauf aufmerksam, dass Elisabeth nach den Gelübden gar kein Eigentum besitzen durfte; wenn sie gegen den Willen Konrads etwas verschenkte, war dies sicher am Rande der Legalität. Deshalb auch sparte sich Elisabeth etwas ab von dem, was ihr zum eigenen Lebensunterhalt zugewiesen war und was sie durch Spinnen verdiente.

Die große Geldverteilung fand im Einvernehmen mit Konrad statt. Isentrud erwähnt sie kurz, die anderen Schwestern erzählen ausführlich davon. So ist zu vermuten, dass sie im Frühjahr 1229 durchgeführt wurde, kurz nach dem Weggang Isentruds. Alles war bestens organisiert: Hilfsbedürftige aus einem Umkreis von zwölf Meilen (das sind fast 90 Kilometer) wurden an einem bestimmten Tag in den Hof des Hospitals gerufen. Alle mussten sich setzen und durften ihren Platz nicht mehr verlassen, damit keiner zum Nachteil anderer das Almosen wiederholt empfange. Wer sich nicht daran halte, dem sollten die Haare abgeschnitten werden. Elisabeth ging gegürtet durch die Reihen und verteilte 500 Silbermark. Eine Mark waren zwölf Schillinge oder 144 Pfennige; demnach hatte Elisabeth 72 000 Pfennige zu verteilen. Deren Kaufkraft war hoch: Für einen Kölner Pfennig, die Elisabeth verwendete, erhielt man ein Huhn oder zwölf Heringe, für sechs Pfennige ein kleines Schwein, für zwanzig Mark ein kleines Landgut. Wieviel Arme zu dieser Spende gekommen waren, ist nicht überliefert. Man vermutet, dass es damals in Marburg bis zu 800 Bedürftige gab, in seiner Umgebung noch mehr. Wären 2000 Empfänger gekommen, so hätte jeder 36 Pfennige erhalten – eine beträchtliche Gabe, mit der man Schulden zurückzahlen oder Nahrung und Kleinvieh anschaffen konnte! Die Verteilung des Geldes nahm den ganzen Tag in Anspruch. Als die Nacht hereinbrach und sich die Meisten auf den Heimweg gemacht hatten, blieben die Schwächeren und Kranken im Hof zurück, um dort zu übernachten. Als Elisabeth das bemerkte, sagte sie: *Seht, die Schwachen sind zurückgeblieben, wir wollen ihnen noch etwas geben.* Jedem ließ sie nochmals sechs Kölner Pfennige geben, auch den Kindern. Danach ließ sie Brot austeilen und sagte: *Wir wollen ihre Freude vollkommen machen. Zündet Feuer für sie an!* Das geschah in der ganzen Länge des Hofes. Auch wurden Vielen die Füße gewaschen und gesalbt. Die Menschen fühlten sich wohl und begannen zu singen. Elisabeth freute sich mit ihnen und sagte zu ihren Helfern: *Seht, ich habe euch gesagt, dass wir die Menschen froh machen müssen!*

Elisabeth gewann an diesem Tag eine weitere Hospitalschwester, Hildegund. Diese wollte im Hospital ihre kranke Schwester besuchen und wusste weder von der Almosenverteilung noch vom Verbot, im Hof umherzugehen. Sie wurde festgehalten und zu Elisabeth geführt, die ihr auch sofort die sehr schönen Haare abschneiden ließ. Das Mädchen weinte laut; zu spät klärte sich der Sachverhalt. Elisabeth meinte: *Wenigstens wird sie mit ihren jetzigen Haaren nicht sehr oft zum Tanzen gehen,* rief Hildegund wieder zu sich und fragte sie, ob sie nie die Absicht gehabt habe, ein vollkommeneres Leben zu führen. Hildegund bekannte, sie habe sich schon überlegt, in einen Orden einzutreten, es aber wegen ihrer schönen Haare nicht getan. Darauf erklärte Elisabeth: *Da ist es mir lieber, du hast deine Haare verloren, als wenn mein Sohn Kaiser geworden wäre!* So trat Hildegund der Schwesterngemeinschaft bei und diente noch während der Heiligsprechung Elisabeths im Hospital. Sie konnte den Vorfall selbst bezeugen. Die Protokollanten bestätigten: *Wir haben ihre prächtig schmückenden Haare gesehen*[167]. Es erstaunt, wie rasch Elisabeth über die Ungerechtigkeit hinwegging, die dem Mädchen widerfahren war, und wie direkt sie ihm eine das Leben entscheidende Frage stellte: die der Nachfolge Jesu und der Hilfe für Kranke. Ein gewisser Pragmatismus Elisabeths wird hier sichtbar: Die praktische Verwirklichung der Gottes- und Nächstenliebe ist ihr Anliegen. Das überzeugte auch Hildegund.

Schwerer als den Besitz wegzugeben ist es, Menschen hinzugeben, wenn sie den vollen Einsatz für den Dienst am Nächsten behindern sollten. Elisabeth sah im Frühjahr 1229 die Zeit gekommen, ihre eineinhalbjährige Tochter Gertrud wegzugeben. Ein Kind diesen Alters, das laufen und seine Umgebung erobern will, konnte man nicht im Hospital behalten, schon nicht wegen der Ansteckungsgefahr. Und wer hätte sich ausreichend um das Kind kümmern sollen? Elisabeth wusste sich zum Dienst an den Kranken berufen. So fasste Elisabeth, beraten von Konrad, den Entschluss, Gertrud in das Prämonstratenserinnenstift Altenberg bei Wetzlar zu geben. Dieses reichsunmittelbare Stift für Adlige war 1179 vom Prämonstratenserkloster Rommersdorf aus gegründet worden. Es gehörte zur Erzdiözese Trier, lag außerhalb der Grenze Hessens und doch nur etwa 40 Kilometer von Marburg entfernt – drei Umstände, die Elisabeth gelegen sein mochten. Sie äußerte: *Gott ist mein Zeuge, dass ich für meine Kinder so wie für andere Nächste sorge; ich habe sie Gott übergeben, er mache mit ihnen, was ihm gefällt*[168]. Als ihr Vater, König Andreas, durch eine Gesandtschaft des Grafen Paviam Elisabeth einlud, nach Ungarn zurückzukehren, fand er kein Gehör. Elisabeth war dem fürstlichen Leben entwachsen; sie hatte die Armut gewählt.

Die Trennung von Gertrud war für Elisabeth vorauszusehen und gewollt. Ganz anders empfand sie die Trennung von ihren Hofdamen: Sie wurde von Konrad verfügt und traf Elisabeth hart. Nacheinander entfernte Konrad erst ihr vertraute Mägde, dann Isentrud und endlich Guda, *in Eifer und guter Absicht,* wie die Hofdamen zugeben, damit Elisabeth mit ihnen nicht den gemeinsam verbrachten glanzvollen Zeiten nachtrauere; sie solle allein Gott anhangen[169]. Elisabeth entließ Isentrud und Guda mit Tränen, ging es ihr doch um die Zukunft des Hospitals, zu dessen Dienst sie sich verpflichtet hatten. Auch sie litten darunter und scheinen während der Lebenszeit Elisabeths nicht allzu weit entfernt Wohnung genommen zu haben, weil sie sie noch besuchten. Auf ihre Nachfolgerinnen sind sie begreiflicherweise nicht gut zu sprechen. Auch Konrad charakterisiert sie nicht eben freundlich: *eine gottgeweihte Jungfrau sehr niederen Standes und eine adlige Witwe, taub und sehr streng, damit durch die Magd die Demut Elisabeths vermehrt und durch die strenge Witwe ihre Geduld geübt werde.* Konrad hatte diese Frauen also ganz bewusst ausgesucht. Nach Aussage Isentruds befahl er ihnen sogar, Elisabeth zu beobachten und ihm zu berichten, wenn sie ihm den Gehorsam versagte, zum Beispiel die Bedürftigen beschenkte, obwohl ihr Konrad es verboten hatte. Anschuldigungen hatten Folgen für Elisabeth: Konrad züchtigte sie und gab ihr Ohrfeigen, *die sie einst ersehnt hatte in Erinnerung an die Ohrfeigen, die Jesus erhalten hatte.* Deshalb wagte Elisabeth nicht einmal, Guda und Isentrud, wenn sie sie einmal besuchten, zu bewirten oder ein Gespräch mit ihnen zu führen, wenn es Konrad nicht gestattet hatte. Er spricht selbst davon, dass er einmal Elisabeth schwerstens gezüchtigt habe[170]. Von den beiden Hospitalschwestern Elisabeth und Irmengard, die von nun an zum engeren Haushalt Elisabeths gehörten und beim Kanonisationsprozess aussagten, könnte erstere mit der unansehnlichen Jungfrau identifiziert werden. Von der Witwe ist nicht mehr die Rede. Irmengard dagegen scheint sich zu einer verständigen Gesprächspartnerin Elisabeths entwickelt zu haben.

Beide Schwestern stellen Elisabeth das Zeugnis aus, sie sei gegenüber den Anweisungen Konrads sehr gehorsam und bereitwillig gewesen, und bringen Beispiele dafür. Als sie einmal einen Eremiten besuchen wollte, befahl ihr Konrad umzukehren; Elisabeth tat dies sofort mit der Bemerkung, sie ziehe sich jetzt wie eine Schildkröte bei Regen in ihr Haus zurück. Als Konrad anordnete, Elisabeth dürfe nur

Elisabeth mit Konrad von Marburg, um 1420; Provinzialat der Dillinger Franziskanerinnen

jeweils einen Pfennig verschenken, hielt sie sich daran, gab aber kurz danach dem gleichen Empfänger nochmals einen Pfennig. Konrad erlaubte ihr nur noch, Brot auszuteilen. Auch Brote gab sie wiederholt, bis Konrad vorschrieb, sie dürfe nur Stücke von Brot hergeben. War dies *in allem gehorsam und bereitwilligst,* oder handelte Elisabeth mit weiblicher List? Caesarius von Heisterbach kommentiert: *Seht, mit solch frommer List umging sie bei den Werken der Barmherzigkeit die Weisungen Konrads und wahrte doch in allem den Gehorsam!*[171] Was war für Elisabeth wichtiger: Barmherzigkeit oder Gehorsam?

So hütete sich Elisabeth, Befehle Konrads zu übertreten, wusste aber doch, wo sie ihr Herz sprechen lassen musste. Schon als Landgräfin hatte sich das gezeigt. Im Hospital nahm sie einmal ohne

Wissen Konrads eine aussätzige Frau auf, versteckte sie in einem Nebengebäude und pflegte sie wochenlang. Als Konrad dies entdeckte, schickte er die Frau weg und strafte Elisabeth. Aussätzige mussten nämlich in eigenen Leprosorien untergebracht werden. Gemäß dem Bericht von Irmengard, der mit dem von Konrad nicht übereinstimmt, pflegte Elisabeth die Kranke, bis sie geheilt war. Während Konrads nächster Predigtreise nahm Elisabeth einen mit Ausschlag behafteten Jungen zu sich; das beanstandete Konrad nach seiner Rückkehr nicht; der geheilte Junge saß noch an Elisabeths Sterbebett. Während einer schweren Krankheit Konrads, kurz vor ihrem Tod, versuchte Elisabeth, das Hospital in die Obhut der Johanniter zu geben. Diese Beispiele zeigen, dass Elisabeth eine selbständig denkende Frau war, die Gehorsam und Klugheit zu vereinen suchte. Ihre Klugheit wird von Konrad, ihre Unterscheidungsgabe von den Protokollanten bei der Aufzählung ihrer Tugenden durchaus anerkannt[172]. Hier dürfte wieder der Einfluss Bernhards von Clairvaux spürbar sein, der bei seiner Interpretation der benediktinischen Regel ein differenziertes Urteil und eine maßvolle Entscheidung, eben die von der Liebe geleitete Discretio, forderte. Elisabeth selbst gab ihrem Gehorsam einen tieferen Sinn: *Wenn ich schon einen sterblichen Menschen so fürchte, wieviel mehr ist dann der allmächtige Herr zu fürchten, der der Herr und Richter aller ist.* Als sie einen Arzt befragte, ob sie so viel fasten dürfe und sich dadurch nicht etwa eine Krankheit zuziehe, tat sie es, um sich nicht wegen übertriebenen Fastens vor Gott schuldig zu machen[173].

Wenn Konrad auch strikten Gehorsam verlangte und heftig reagierte, wenn ein Gebot nicht eingehalten wurde, so gab er in grundsätzlichen Lebensfragen Elisabeth doch immer wieder Entscheidungsfreiheit. Beides ist beim Besuch im Kloster Altenberg aufzuzeigen. Konrad ließ, wohl im Sommer 1229, Elisabeth nach Altenberg kommen, um mit ihr zu besprechen, ob sie dort Klausnerin werden wolle. Diese Neuorientierung Elisabeths hielt er anscheinend für möglich, nachdem die Hospitalgründung vollzogen war, doch ging Elisabeth nicht darauf ein. Im Anschluss daran ereignete sich ein großes Missverständnis zwischen Elisabeth und Konrad: Die Ordensfrauen baten Konrad, er möge Elisabeth die Erlaubnis geben, die Klausur zu betreten, da die Nonnen sie kennenlernen wollten. Konrad antwortete: *Sie möge eintreten, wenn sie will,* obwohl jedes Eindringen in eine Klausur mit der Strafe der Exkommunikation belegt war. Elisabeth, in der Meinung, durch diese Worte die Erlaubnis erhalten zu haben, ließ sich durch Irmengard die Tür aufsperren und ging hinein. Sie wurde eilig von Konrad zurückgerufen, der ihr die Bibel entgegenhielt, dass sie darauf schwöre, den Geboten Folge zu leisten, die er ihr wegen der Exkommunikation nun auferlegen werde. Elisabeth und Irmengard mussten sich zu Boden werfen und wurden von Bruder Gerhard mit einer starken und langen Rute geschlagen, während Konrad den Bußpsalm *Misere* sang. Irmengard erzählte später, sie habe drei Wochen lang und Elisabeth noch länger die Spuren der Geißelung auf dem Rücken gehabt. Elisabeth habe es gelassen hingenommen und geäußert: *Wir müssen so etwas gerne ertragen, denn wir sind wie das Schilf im Fluss: Schwillt der Fluss an, drückt er das Schilf hinunter, und das Wasser fließt darüber, ohne es zu knicken. Danach richtet sich das Schilf wieder auf und wächst in Kraft fröhlich und schön. So müssen auch wir uns zuweilen beugen und demütigen und danach fröhlich und schön aufrichten*[174]. Dieses Bild könnte Elisabeth aus der *Fabel von der Eiche und dem Schilf* des Babrios übernommen haben. Zur Zeit ihrer Kindheit wurden antike Stoffe bevorzugt und Fabeln in Predigten gerne verwendet.

An sich war eine Geißelung, Rutenschläge auf den entblößten Rücken, im Mittelalter eine gebräuchliche Bußübung für Sühne von Sünden, Bußwerk für Übertretungen (wie hier) oder Hinführung zur Umkehr. Wenn sie in Ordensregeln vorgeschrieben war, sollte sie die Sündhaftigkeit und Bußfertigkeit des Menschen bewusst machen. So hatten zum Beispiel die Deutschordensritter, alles Adlige, die Vorschrift, an jedem Freitag die *Disziplin* zu empfangen, in der Advents- und Fastenzeit dreimal in der Woche. Im 13. Jahrhundert wurde auch bei Laien freiwillige Selbstgeißelung üblich, bei Elisabeth schon zu Lebzeiten ihres Mannes, verstärkt vor dem nahenden Kreuzzug. Sie geißelte selbst eine alte Frau, die so tat, als ob sie schliefe, statt sich auf die Beichte vorzubereiten[175]. In Altenberg jedoch widerfuhr die Geißelung Elisabeth und Irmengard als Strafe für eine Untat, die sie nicht begangen hatten. Der Vorfall macht die verschiedenen Charaktere von Elisabeth und Konrad deutlich: Elisabeth verlässt sich arglos auf das Wort Konrads, erfüllt die Bitte der Klosterfrauen und nimmt danach die Buße klaglos auf sich. Konrad macht zuerst eine doppeldeutige Aussage, sucht aber dann die Schuld des Missverständnisses nicht bei sich, sondern sieht nur die äußere Übertretung eines kirchlichen Gebotes und reagiert heftig. Die Beurteilung Konrads durch Caesarius von Heisterbach trifft zu: Er war, *wie wir alle wissen, ein harter und strenger Mann, weshalb er von allen gefürchtet wurde, am meisten wegen der ihm vom Papst verliehenen Autorität, die er nicht versäumte auszuüben*[176]. Die Wormser Annalen nennen ihn *iudex sine misericordia – ein Richter ohne Barmherzigkeit.* Damit ist Konrad das Gegenteil von Elisabeth, die bei der Wahl zwischen Gehorsam und Barmherzigkeit stets die Barmherzigkeit wählte.

Dem Gehorsam eng verwandt ist die Geduld. Gehorsam ist, den Willen eines anderen zu erfüllen, Geduld ist, ihn zu ertragen. Elisabeth tat beides mit auffallender Gelassenheit. Und sie hatte dazu reichlich Gelegenheit: Unverständnis der Hofleute, die feindselige Haltung ihres Schwagers Heinrich Raspe nach dem Tod Ludwigs, Kälte, Armut und Verlassenheit in Eisenach, in Marburg das Schelten ihrer Mägde, wenn sie in der Küche etwas anbrennen ließ, und schließlich alles, womit Konrad sie erziehen wollte. Alles ertrug sie *mit größter Geduld und mit Freude,* wird berichtet. Elisabeth hielt auch andere Menschen zur Geduld an, die Kranken im Hospital, die Aussätzigen und die Schwestern. Sie duldete es nicht, wenn jemand in ihrer Gegenwart unnütze und zornige Worte sprach, und fragte sofort: *Wo ist nun der Herr?*[177] Elisabeth fand so zu einer großen Gelassenheit allen Widerwärtigkeiten gegenüber. Sie erblickte in ihnen den Willen Gottes. Seiner Führung vertraute sie und wusste, dass alle Bedrängnisse sie letztlich nicht von ihrem als richtig erkannten Weg abhalten konnten.

Auffallend oft weisen die Zeugen darauf hin, dass Elisabeth Geduld in großer Freude übte: Sie verbrachte einmal die Nacht im Schweinestall *in großer Freude,* sie wusch ihre beschmutzten Kleider *mit Freude,* ertrug die Widerwärtigkeiten *mit Freude,* freute sich in der Trübsal und gelangte zur *großen Freude der Geduld.* Ihre Schwestern ermahnte sie, Gott alles mit Fröhlichkeit und Freude zu geben[178]. Bei der großen Geldverteilung wollte sie die Menschen froh machen und sich mit den Fröhlichen freuen. Besuchte sie die aussätzige Frau oder den mit Krätze behafteten Jungen, war sie zu scherzhaften Reden aufgelegt, ebenso bei Gesprächen mit ihren Mägden. Sogar den Tod erwartete sie freudig, von einem lustig singenden Vogel unterstützt[179]. Ihr Einverständnis mit dem Willen Gottes kommt darin zum Ausdruck.

Wenn Elisabeth nach ihrer Geißelung das Bild des Schilfrohres auf sich anwendet, zeigt dies ihre tiefe Demut. Sie unterwirft sich, auch wenn sie dabei Unrecht erleidet. Für ein Leben im niederen Stand hatte sie sich durch die Annahme des grauen Ordenskleides entschieden. Dieses Kleid sah mit der Zeit immer ärmlicher aus: Von Anfang an war es zu kurz, weswegen Elisabeth es mit einem Streifen andersfarbigen Stoffes verlängerte. Später gerieten Risse und Brandflecken hinein, die sie mit Flicken ungeschickt ausbesserte, wie Irmengard beanstandete. Elisabeth wollte den anderen Hospitalschwestern gleichgestellt sein. Das galt für die Hausarbeit, die die Frauen abwechselnd verrichteten. Die Mägde berichten, Elisabeth habe sogar gespült, was anscheinend als niedrige Hausarbeit galt. Der lange Libellus erwähnt, Elisabeth habe aus Sparsamkeit einfachstes Essen gekocht. Von den Hospitalschwestern ließ sich Elisabeth nicht mit *Herrin* und *ihr* ansprechen, sondern mit *du, Elisabeth.* Sie ließ sie an ihrer Seite sitzen und mit sich aus einer Schüssel essen. Einmal meinte Irmengard: *Ihr erwerbt euch durch eure Demut uns gegenüber großes Verdienst, bedenkt aber nicht, dass wir überheblich werden könnten, weil wir mit euch essen und an eurer Seite sitzen.* Darauf reagierte Elisabeth: *Siehe, nun musst du auf meinem Schoß sitzen!* und nahm sie auf den Schoß[180]. Elisabeth suchte, Standesschranken zu überwinden und in Jedem den Mitmenschen zu sehen. Weil sie das überzeugend lebte, konnte sie bisweilen andere Frauen zur gleichen Haltung veranlassen. So übernahm eine adlige Dame die Aufgabe einer Amme für das verlassene Kind einer Landstreicherin.

Zur Gleichstellung mit dem einfachen Volk und dem Bemühen um einfachste Lebensweise gehörte für Elisabeth der Versuch, den Lebensunterhalt durch die Arbeit ihrer Hände zu erwerben. Dies hatte sich als Grundsatz der Armutsbewegung herausgebildet, angefangen von den Prämonstratensern und Zisterziensern über die Humiliaten und Beginen bis zu den Franziskanern. Vor allem die Humiliaten-Tertiaren und Beginen verdienten sich durch das Spinnen von Wolle ihren Lebensunterhalt. Im hohen Mittelalter war die Nachfrage nach Wolle groß. Die Grundherren hielten Schafherden und ließen die Wolle von Taglöhnerinnen spinnen. Dabei wurden die Fasern aus dem Rocken gezogen, vorgedreht und über eine frei hängende, in Rotation versetzte Spindel zum Faden versponnen, für den die Grundbesitzer Lohn zahlten. Genau das tat auch Elisabeth: *Sie wählte es, durch das Werk ihrer Hände wie eine Taglöhnerin den Lebensunterhalt zu verdienen.* Dazu ließ sie sich vom Kloster Altenberg Wolle bringen und verspann sie. Der Erlös genügte allerdings für den Lebensunterhalt nicht, war aber ein Beitrag für Kirche, Kranke und Arme. Selbst wenn sie krank im Bett lag, wollte sie spinnen, so dass ihr Irmengard manchmal den Rocken aus der Hand nahm, damit sie sich schone. Als Graf Paviam aus Ungarn kam und Elisabeth heimholen wollte, saß sie gerade beim Spinnen. Vor Verwunderung bekreuzigte er sich und rief: *Niemals zuvor wurde eine Königstochter beim Wolle-Spinnen gesehen!* Das in etwa standesgemäße Spinnen von Flachs konnte Elisabeth nicht. Sie nahm es mit der Lohnarbeit sehr genau: Einmal hatte sie von Altenberg für die zu spinnende Wolle den Lohn bereits erhalten, als sie die Arbeit abbrechen musste, weil sie von Konrad nach Eisenach gerufen wurde. So schickte Elisabeth den Rest der Wolle mit einem Kölner Pfennig nach Altenberg zurück, damit *sie nichts besitze, was sie sich nicht durch ihre Arbeit verdient hatte*[181]. Nur dies schien ihr ein rechtmäßig erworbener Besitz zu sein.

Die Hauptsorge Elisabeths galt den Kranken im Hospital, ihnen widmete sie die meiste Zeit. Sie nahm *die ärmsten, schwächsten, kränksten und frömmsten Menschen auf und diente ihnen persönlich,* so die Aussage der Dienerin Elisabeth[182]. Tatsächlich war es üblich, in einem Hospital außer den Kranken auch Arme, Gebrechliche und Findel- oder Waisenkinder aufzunehmen, selten dagegen Gebärende. Aussätzige durften nicht aufgenommen werden. Nach den Hospitalstatuten des Raymund du Puys (1125–1158) sollte der Patient zuerst beichten und die Kommunion empfangen, dann erst ins Bett gebracht und *wie der Herr* gepflegt werden. Elisabeth begann die Aufnahme mit einem Bad der Kranken, wie das auch bei den Heiliggeist-Spitälern des 13. Jahrhunderts üblich wurde. Die Kleider des Kranken mussten gereinigt und aufbewahrt, die Bettwäsche immer wieder gewechselt werden, so dass die Frauen ständig im Fluss waschen mussten. Durch täglich drei Mahlzeiten suchte man die Kranken zu kräftigen oder durch bestimmte Schonkost zu heilen. Eine weitergehende Heilbehandlung wurde meist nicht geleistet. Für die Spitalküche dürfte Elisabeth nicht gekocht, sondern das den Schwestern überlassen haben. Sie selber widmete sich den Kranken, badete sie, machte ihnen die Betten und deckte sie zu. Als sie das wieder einmal getan hatte, rief sie aus: *Wie gut ist es für uns, dass wir so unseren Herrn baden und zudecken dürfen!* Worauf eine Magd erwiderte: *Fühlt ihr euch wohl bei solchen Leuten? Ich weiß nicht, ob es anderen auch so geht.* Für Elisabeth galt Jesu Wort: *Was ihr für einen meiner geringsten Brüder getan habt, das habt ihr mir getan* (Mt 25,40).

Konrad und die Schwestern schildern drei Pflegefälle, die für Elisabeth eben keine Fälle, sondern erbarmungswürdige Menschen waren. Einen schwerkranken Jungen nahm Elisabeth zu sich in die Wohnung. Ein gelähmtes einäugiges Waisenkind, das einen Ausschlag hatte und ständig blutete, musste Elisabeth zur Verrichtung der Notdurft hinaustragen, in einer der Nächte sechs Mal. Danach bettete Elisabeth den Jungen jedesmal wieder sorgsam und sprach ihm gut und freundlich zu. Die beschmutzten Betttücher wusch sie eigenhändig und pflegte so das Kind bis zu seinem Tod. Die oben schon erwähnte aussätzige junge Frau voll eiternder, übelriechender Geschwüre brachte Elisabeth in einem entlegenen Nebengebäude des Hospitals unter, wusch sie, wollte ihr die Schuhriemen lösen und die Schuhe ausziehen, was die Kranke aber nicht zuließ, schnitt ihr die Nägel an Händen und Zehen, verband ihre Wunden und linderte ihre Schmerzen mit Arzneien. Elisabeth besuchte sie oft, rief sie auch manchmal zu sich in ihre Wohnung, unterhielt sich liebevoll und tröstend mit ihr und scherzte viel; *so wurde sie mit der Zeit geheilt,* erzählt Irmengard. Später nahm Elisabeth einen armen Jungen auf, der so die Krätze hatte, dass kein einziges Haar mehr auf seinem Kopf wuchs. Sie konnte ihn mit Waschungen und Medikamenten heilen. Hier wundert sich Konrad: *Ich weiß nicht, von wem sie das gelernt hatte*[183]. Dieser Junge saß noch am Sterbebett Elisabeths.

Elisabeth bemühte sich neben der Pflege um die Heilung der Kranken. Außer der üblichen Wundbehandlung griff sie zu Bädern, Waschungen und Arzneien, worunter vermutlich Salben zu verstehen sind. Das Wissen um passende Kräuter wurde im Mittelalter meist von Frauen weitergegeben, wie die Kräuterkunde und die Heilkunst überhaupt weibliches Betätigungsfeld waren. Hildegard von Bingen zum Beispiel kannte 485 Heilpflanzen. Vom 12. Jahrhundert an wurden dann Ärzte an medizinischen Schulen wie Montpellier und an Universitäten ausgebildet. Nach einer Vorschrift von 1182 mussten im Johanniterspital in Jerusalem vier Ärzte angestellt werden. Sicher konnte Elisabeth keinen Arzt anstellen, dazu war ihr Hospital zu klein. Nachdem aber nebenbei erwähnt wird, Elisabeth habe einen Arzt befragt, wie stark sie fasten dürfe, ist anzunehmen, dass sie einige Male einen Arzt zu den Kranken rief und sich von ihm Anweisungen für die weitere Pflege geben ließ.

Elisabeth beschränkte ihre Fürsorge nicht auf das Hospital, sondern widmete sich auch den Notleidenden in der Stadt Marburg. Sie ging mit ihren Mägden, die Brot, Fleisch, Mehl und andere Nahrungsmittel tragen mussten, in die Häuser, teilte die Sachen mit eigenen Händen aus und prüfte aufmerksam Kleidung und Bettzeug der Bewohner, um zu sehen, was sie nötig hatten. Diese Besuche in der Stadt schloss Elisabeth mit Gebet und Verehrung der Reliquien in den Kirchen ab.

Weil Elisabeth in jedem Menschen den von Gott geliebten Menschen sah, ermahnte sie die Eltern, ihre Kinder bald zur Taufe zu bringen, und die Kranken, zu beichten und zu kommunizieren. Sie selber *suchte mit Eifer, alle Wünsche der Armen zu erfüllen*[184]. Ihr ganzes Bemühen setzte sie, sogar mit gewissem Nachdruck, ein, junge Menschen zu einer Lebensentscheidung in der Nachfolge Jesu zu bewegen. Das konnte man bei der Hospitalschwester Hildegund beobachten und kann man am Beispiel des jungen Berthold sehen.

Aufenthalt in Wetter

Diesen Vorfall kann man auf den Herbst 1230 datieren. Elisabeth weilte für einige Wochen im Kanonissenstift Wetter[185], wenige Kilometer nördlich von Marburg gelegen, mit dessen Äbtissin Lutrudis sie anscheinend befreundet war. Dort besuchte Gertrud von Leimbach eine verwandte Stiftsdame und brachte einen jungen Mann namens Berthold mit. Weil dieser sehr auffallend gekleidet war, sprach ihn Elisabeth sofort daraufhin an und fragte ihn direkt: *Du scheinst mir wenig klug zu sein; warum dienst du deinem Schöpfer nicht?* Berthold versuchte keine Ausflüchte, sondern bat Elisabeth, sie möge für ihn beten, damit Gott ihm die Gnade gebe, ihm zu dienen. Elisabeth entgegnete, er müsse ebenfalls beten, um sich für die Gnade Gottes zu bereiten. Beide suchten sich im Kloster einen ruhigen Platz. Während Elisabeth knieend Gott anflehte, wurde es dem jungen Mann so heiß, dass er rief, Elisabeth solle aufhören, was sie nicht tat. Der Schweiß brach ihm aus, er zitterte und schlug mit den Armen um sich und wurde von Gertrud und der Magd festgehalten. Erst als Elisabeth ihr Gebet beendete, ging es ihm besser. Nach Elisabeths Tod trat Berthold bei den Minderbrüdern ein. Ähnliches ereignete sich auch bei anderen Personen, für die Elisabeth betete, sagte ihre Dienerin und führte ein weiteres Beispiel an, das über die Gebetskraft hinaus viel von Elisabeths Persönlichkeit aussagt:

In Wetter bemerkte Elisabeth eine Frau ohne Wohnsitz, die kurz vor der Entbindung stand. Weil das Hospital zu weit entfernt war, befahl Elisabeth, in einer nahegelegenen Scheune alles vorzubereiten: einen Herd zu beschaffen, Feuer zu machen, Matratze, Kissen und genügend Decken bereitzulegen. Das Neugeborene, ein Mädchen, ließ Elisabeth auf den Namen Elisabeth taufen, besuchte täglich die Wöchnerin, sprach ihr zu und sorgte so etwa vier Wochen für sie. Dann stattete sie die Frau mit dem eigenen Mantel und den eigenen Schuhen, mit einem Kleid und zwölf Kölner Pfennigen aus und ließ vom Mantel der Schwester Elisabeth den Pelzbesatz an den Ärmeln abtrennen, um das Kind darin einzuwickeln. Auch dem Ehemann schenkte sie Schuhe und gab Lebensmittel für unterwegs mit. Als sie am nächsten Tag vor der Matutin die Schwester mit einer weiteren Gabe in die Scheune schickte, stellte diese fest, dass die Eltern geflüchtet waren und das Kind allein zurückgelassen hatten. Elisabeth ließ das Kind schnell holen, es der Frau eines Ritters dieser Stadt zur Pflege geben und befahl dem Stadtrichter, Boten auszuschicken, um die Mutter zu suchen; sie war nicht zu finden. Nun bat die Schwester, Elisabeth möge Gott um einen „Fingerzeig" bitten. Nach einer Stunde kehrte der Vater zurück und erklärte, er habe mit seiner Frau nicht weitergehen können. Er gab an, wo sie sich befand. Sie wurde von den Boten geholt und bat um Verzeihung ihrer Undankbarkeit. Nun urteilten die Bürger, eine in solch schlechtem Ruf stehende Frau dürfe Mantel und Schuhe Elisabeths nicht tragen, worauf Elisabeth antwortete: *Macht, was euch gerecht zu sein scheint.* So wurden die Schuhe einer Witwe und der Mantel einer frommen Jungfrau der Stadt gegeben, die sofort gelobte, Gott als Ordensfrau zu dienen. Elisabeth aber ließ der Frau andere Schuhe und Pelze geben. Diese nahm nun ihr Kind zu sich und verließ Wetter.

Diese Begebenheit beleuchtet Wesenszüge Elisabeths: Sie erkennt mit erfahrenem Blick die Notlage eines Menschen. Hier eine Situation, die für das Leben von Mutter und Kind gefährlich werden könnte. Elisabeth ist sofort zur Hilfe entschlossen und handelt rasch. Nach der Flucht der Frau denkt Elisabeth nicht an ihre eigene Enttäuschung, sondern sofort an den Säugling, der bald seine nächste Mahlzeit benötigte. Bei der Frau des Ritters musste Elisabeth sicher Überzeugungsarbeit leisten, denn Adlige machten keine Ammen für Landstreicherkinder. Aber wie sie selbst die Standesschranken überwunden hatte, mutete sie dies auch anderen zu. Elisabeth organisiert und improvisiert, wobei sie, wie in früheren Zeiten als Landgräfin, zu befehlen weiß; wie hätte sie sonst den Stadtrichter einschalten können? Dass eine Mutter, die ihr Kind im Stich lässt, bestraft werden müsse, empfand auch Elisabeth. Da aber Barmherzigkeit wichtiger ist als Gerechtigkeit, glich Elisabeth die Strafe sogleich durch eine nochmalige Gabe aus. Nicht nur der arme, auch der sündige Mensch ist Geschöpf Gottes.

Elisabeth besaß nun selbst keinen Mantel mehr. Das traf sie im beginnenden Winter empfindlich. Man ist versucht, den folgenden Bericht Irmengards mit der Hilfe für die Wöchnerin in Verbindung zu bringen: Als einmal im Winter Elisabeth nicht genügend Kleidung besaß, legte sie sich zwischen zwei Matratzen (das dürften Strohsäcke gewesen sein) und scherzte noch: *Ich liege wie in einem Sarkophag*[186]. Sie hatte ihren Mantel, mit dem sie sich hätte zudecken können, nicht nur wie Martin geteilt, sondern ganz weggegeben und war selbst in Not geraten.

Einmal besuchte Elisabeth einen Konvent, der keinen Besitz hatte, dessen 24 Insassen nur von täglichen Almosen lebten. Es muss ein Franziskanerkloster gewesen sein, denn die Dominikaner breiteten sich erst Jahre später in Mitteldeutschland aus. Die Marburger Franziskanerniederlassung war im Aufbau begriffen und konnte noch nicht 24 Brüder haben. Außer in Eisenach gab es damals in erreichbarer Nähe große Franziskanerkonvente nur in Erfurt und Würzburg, wohin Elisabeth nachweislich aber nicht kam. So wird es sich um das Franziskanerkloster in Eisenach gehandelt haben. Dorthin hatte Magister Konrad Elisabeth, wie es Urkunden belegen, im Frühjahr 1231 gerufen. Bei der Besichtigung der Kirche umringten die Brüder Elisabeth. Als ihr kostbar vergoldete Skulpturen gezeigt wurden, sprach Elisabeth statt der erwarteten Bewunderung einen Tadel aus: *Ihr hättet besser daran getan, diese Ausgabe für eure Kleidung und Nahrung zu verwenden als für die Wände, denn ihr solltet das Abbild dieser Skulpturen in euren Herzen tragen.* Als ihr einmal jemand ein Bild schenken wollte, wehrte sie ab: *Ich habe solch ein Bild nicht nötig, weil ich es in meinem Herzen trage*[187]. Neben ihrem praktischen Sinn, zuerst für Nahrung und Kleidung zu sorgen, und ihrem Bemühen, alles Vermögen für Arme und Kranke einzusetzen, strebte Elisabeth nach großer Innerlichkeit. Hatte sie nicht genau in dem Augenblick, in dem sie Religiose wurde, ihre beiden Pracht-Psalter verschenkt, in denen sie doch täglich hätte lesen können? Das wollte sie offenbar nicht – zu einer Schwester in der Welt, die arm leben will, passten diese reich ausgestatteten Bücher nicht mehr. Elisabeth wurde keine Nonne, die mit dem Stundengebet und dem Psalter lebt; sie widmete sich stärker dem freien innerlichen Gebet.

Elisabeth erinnerte die Brüder an die in der Armutsbewegung entstandenen Ordensvorschriften: Die Zisterzienser bauten ihre Kirchen ohne Turm und in einfachem Stil; Bernhard lehnte mit Ausnahme der Bischofskirchen Bilderschmuck in Kapellen und Kirchen überhaupt ab. Ähnlich dachten die Prämonstratenser. Franz von Assisi bestimmte, es sollten nur schlichte Kirchen ohne Schmuck gebaut werden. Normen dafür stellte das Generalkapitel 1263 unter Bonaventura auf: Die Kirchen dürfen weder durch Bildwerke noch Glasfenster zu Sehenswürdigkeiten gemacht werden, nur eine Kreuzigungsgruppe am Hochaltar und Darstellungen von Maria, Franziskus und Antonius sind gestattet. Vorhandene Kunstwerke sind zu entfernen. Ähnlich wie die Franziskaner entschied Elisabeth den Widerstreit zwischen Kunst zur Ehre Gottes und karitativem Engagement der Kirche einseitig zugunsten des letzteren.

Wenn Magister Konrad Elisabeth nach Eisenach kommen ließ, wo er sich aufhielt, muss das einen wichtigen Grund gehabt haben, den Irmengard leider nicht mitteilt. Nun gibt es drei Nachrichten vom Frühjahr 1231, die den Grund liefern können. Es kann zum einen um das Patronat über die Marburger Kirchen gegangen sein. Ob Elisabeth oder Konrad von Marburg in dieser Sache aktiv war, ist unbekannt. Jedenfalls müssen dazu im Januar/Februar 1231 Verhandlungen stattgefunden und zu dem Ergebnis geführt haben, dass Landgraf Heinrich Raspe mit Zustimmung seines Bruders Konrad das Patronatsrecht in Marburg dem Hospital vermachte; damit flossen die Einnahmen der Marburger Kirchen und Kapellen dem Hospital zu. Auf Bitten Elisabeths wird diese Schenkung mit Datum vom 11. März 1231 durch Papst Gregor IX. bestätigt. 1232 ist das Hospital im Besitz der Patronate, wie das der Mainzer Erzbischof in einem Schreiben anerkennt[188]. Offensichtlich hatten beide Landgrafen erkannt, dass das Hospital eine breitere materielle Grundlage brauchte und Elisabeth eine tatkräftige Frau war, die ein Hospital zu leiten verstand. Die Schwäger konnten sie nun nicht mehr als weltfremde Idealistin sehen und nahmen daher eine versöhnliche Haltung ihr gegenüber ein. So ist zu hoffen, dass es dann auch zu einer persönlichen Aussöhnung kam.

Der zweite Grund könnte, wenn auch wenig wahrscheinlich, in den Veränderungen liegen, die der Tod von Heinrichs Gemahlin Elisabeth 1230/31 nach sich zog. Heinrich Raspe, kinderlos, wollte nun seinen jüngeren Bruder Konrad an der Regierung beteiligen und übergab ihm im Sommer 1231 die selbständige Regierung in Hessen. Wollte man Elisabeth darauf vorbereiten? Konrads erste Urkunde stammt vom August 1231. In ihr nennt er sich, obwohl Hessen nur Grafschaft war, erstmals Landgraf, in der zweiten vom September 1231 sogar Landgraf von Thüringen und Pfalzgraf von Sachsen, in vielen anderen auch „junger Landgraf“. Die Titel Landgraf und Pfalzgraf, die ihm die Erhöhung zum Reichsfürsten brachten, behielt er bis zu seinem Ordenseintritt am 18. November 1234 bei. Für eine angestrebte Gesamtbelehnung gibt es keinen Nachweis. In diesem Fall würde Elisabeths Sohn Hermann im Alter von 16 bis 18 Jahren nicht mehr die Alleinregierung übernehmen können, sondern nur als dritter Landgraf neben seinen beiden Onkeln herrschen. Der Vorteil für die Ludowinger hätte darin gelegen, dass beim Tod eines der drei Landgrafen die beiden anderen unangefochten die Regierung fortsetzen konnten und das Land nicht als erledigtes Lehen an das Reich zurückfiel oder vom Markgrafen von Meißen geerbt wurde, was man befürchtete. So ließ sich Konrad, 25 Jahre alt und unverheiratet, 1232 für sein Kirchenlehen Wolfshagen vom Mainzer Erzbischof die Erbfolge für seine „Söhne und Töchter" oder auch für seinen Bruder oder seinen Neffen versprechen[189]. Das Bestreben, den Herrschaftsbereich Thüringen-Hessen den Ludowingern zu erhalten, ist offenkundig.

Könnte Hermann überhaupt das Erbe seines Vaters antreten? Die vom Kaiser 1227 ausgesprochene Eventualbelehnung mit der Markgrafschaft Meißen war 1230 erloschen, weil Markgraf Heinrich zwölf Jahre alt geworden war. Elisabeth war nicht entgangen, dass sich Heinrich Raspe von Anfang an als Landgraf bezeichnete, dass er nicht als Vormund seines Neffen, sondern als Nachfolger und Erbe seines Bruders regierte. Er war in Thüringen anerkannt und wurde von Papst und Kaiser als Landgraf angesprochen. Eine Belehnung hat er wohl erst im Dezember 1231 erhalten. Heinrich Raspe hatte seinen Neffen Hermann praktisch von der direkten Erbfolge verdrängt und ins dritte Glied versetzt. Elisabeth hatte allen Grund, um die Zukunft ihres Sohnes besorgt zu sein.

Der eigentliche Grund der Reise Elisabeths nach Eisenach mag darin gelegen haben, dass sie dort eine Reliquie von Franziskus von Assisi für ihr Hospital in Empfang nehmen sollte. Jordan von Giano hatte bei einer Reise nach Italien in Assisi von Thomas von Celano Haar- und Gewand-Reliquien erhalten, im Frühjahr 1231 nach Eisenach gebracht und wegen des überaus feierlichen Empfangs der Minderbrüder zur Verehrung ausgesetzt[190]. Konrad von Marburg, der von Anfang an das Hospital zu einer Wallfahrtsstätte für Franziskus machen wollte, wird einen Teil erbeten und Elisabeth zum Abholen nach Eisenach gerufen haben. Nachdem schon am 19. April 1229 ein vierzigtägiger Ablass für Besucher der Hospitalkapelle am 4. Oktober, dem Festtag von Franziskus, vom Papst gewährt worden war, konnte nun mit den Reliquien von Franziskus seine Verehrung in Marburg belebt werden. Aller Wahrscheinlichkeit nach wurden sie in den Altar der Hospitalkapelle eingelegt, bei dessen Abbruch 1786 man noch ein Reliquiar mit Tuchresten fand[191].

Elisabeth war sicher vom Zweck der Reise unterrichtet, die sie wohl mit gemischten Gefühlen antrat. Der Weg war lang genug, sich mit Erinnerungen und Erwartungen zu beschäftigen. Würde sie ihre Kinder, den neunjährigen Hermann und die siebenjährige Sophia, sehen, ja überhaupt die Wartburg betreten? Würde ein Treffen mit Heinrich Raspe die alten Wunden heilen? Es ist nichts überliefert. Auf der

Rückreise hatte Elisabeth die Gewissheit, dass die Herrschaft der Ludowinger in Thüringen und Hessen gefestigt war und dass ihr Marburger Hospital nun lebensfähig war und blieb. Sie konnte sich mit allen Kräften der Krankenpflege und der Verehrung des heiligen Franziskus widmen.

Der Tod Elisabeths

Eine Frau von 24 Jahren wird nicht so leicht an den eigenen Tod denken. Was mit dem Hospital geschehen solle, wenn sie eines Tages ausfallen würde – mit dieser Frage sah sich Elisabeth konfrontiert, als im Herbst 1231 eine Infektionskrankheit, vielleicht eine Grippewelle, durchs Land ging. Konrad von Marburg erkrankte so schwer, dass er mit seinem Tod rechnete. Kurze Zeit danach erkrankte auch Elisabeth. Viele Autoren der neueren Elisabeth-Literatur vertreten die Meinung, Elisabeth sei an Erschöpfung gestorben. Dies lässt sich den Quellen nicht entnehmen. Sicher verlangte sich Elisabeth immer den vollen Einsatz ihrer Kräfte ab: Sie arbeitete im Hospital, im Haushalt und zum Broterwerb, besuchte Hilfsbedürftige in der Stadt, betete stundenlang. Auch während einer Erkrankung spann sie. Fasten sollte ihrer Gesundheit nicht schaden. Diese ihre Energie und ihre Reisen nach Wetter und Eisenach zeigen, dass sie im allgemeinen bei guter Gesundheit gewesen sein muss. In einem Hospital konnte man sich allerdings leicht anstecken. So ist es wahrscheinlich, dass Elisabeth an einer schweren Infektion gestorben ist.

Konrad von Marburg berichtet vom Verlauf seiner und Elisabeths Krankheit und ihren testamentarischen Bestimmungen: *Als ich von einer sehr schweren Krankheit gepeinigt wurde, fragte ich Elisabeth, wie sie nach meinem Tod ihr Leben ordnen wolle. Bei dieser Frage sagte sie mir ohne Zweifel ihren Tod voraus. Am vierten Tag erkrankte sie und war mehr als zwölf Tage krank.* Als Konrad sie am Sonntag nach Martini fragte, was über ihr Vermögen anzuordnen sei, antwortete sie, *dass alles, was sie zu besitzen scheine, schon seit langer Zeit den Armen gehöre, und bat mich, dass ich alles diesen austeilen möge außer ihrer geringen Kutte, die sie trug und in der sie beerdigt werden wolle*[192]. So genau Konrad die Daten angibt – da Elisabeth am 17. November starb, fand das erste Gespräch am 31. Oktober und das zweite am 16. November statt –, lässt er doch einen wichtigen Punkt aus, absichtlich oder weil er damals tatsächlich nicht besprochen wurde: Elisabeth bestätigt auf dem Sterbebett, dass sie all ihren

Besitz den Armen vermacht habe. Vermutlich schon bei ihrer Einkleidung hatte sie ihre Rechte, die Nutznießung an den Ländereien, der Hospitalbruderschaft überlassen. Das konnte sie nur für die Zeit ihres Lebens tun; nach ihrem Tod fielen die Ländereien an die Landgrafenfamilie zurück. Um den Fortbestand des Hospitals zu sichern, entschied sich Elisabeth für Übernahme ihres Hospitals nach ihrem Tod durch den Johanniterorden. Sie muss in diesen Tagen mit den Johannitern verhandelt und ihnen das Hospital übereignet haben in der Hoffnung, dass diese es unter denselben rechtlichen Bedingungen weiterführen könnten: Eigner der Güter waren die Ludowinger, die Nutznießung der Güter hatte das Hospital beziehungsweise der Johanniterorden. Allerdings fassten die Johanniter die Überlassung als eine volle Schenkung auf, die Elisabeth vollzogen habe – dann hätte Elisabeth sogar mehr verschenkt, als sie überhaupt besaß. Auch das ist möglich.

Dass Elisabeth die Johanniter mit der Weiterführung ihres Hospitals betraute, liegt einmal an deren günstiger Nähe: Die drei Grafen von Battenberg hatten kurz vor 1230 in dem nur 20 Kilometer entfernten Wiesenfeld dem Orden eine Niederlassung gestiftet; einer der Brüder war dort eingetreten, die beiden anderen waren Burgmannen in Marburg. Diese haben vielleicht Elisabeth in ihrer letzten Krankheit besucht, mit ihnen könnte sie verhandelt haben. Als Kreuzritterorden im 11. Jahrhundert in Jerusalem gegründet, hatte der Johanniterorden dort hundert Jahre lang ein großes Pilgerspital unterhalten. Nach dem Fall von Jerusalem 1187 hatte er seine Tätigkeit nach Akkon verlegen müssen. Die Mittel bezogen die Johanniter aus Spenden der Kirche und des westlichen Adels. Auch hatte König Andreas II. von Ungarn dem Orden eine Jahresrente von 500 Mark Silber aus den Salinen von Szalacs gestiftet. Wenn nun Elisabeth ihr Hospital von den Johannitern weiterführen lassen wollte, lag das durchaus in der Tradition ihrer Familie. Es war auch ein Ausdruck ihres Gedenkens an ihren Mann, der auf einem Kreuzzug an einer Seuche gestorben war.

Die Berichte der Hospitalschwestern und Konrads über Elisabeths letzte Tage und ihren Tod lassen sich mit Ausnahme einer Zeitangabe mühelos zusammenfügen. Während der Krankheit bekam Elisabeth viele Besuche, auch von Adligen – von Geringschätzung war nichts mehr zu spüren. Drei Tage vor ihrem Tod erlaubte Elisabeth keine Besuche mehr. Sie wolle sich nun in die Betrachtung des letzten und strengen Gerichts versenken. Früher hatte sie einmal geäußert, wie sehr doch das Gericht Gottes zu fürchten sei, wenn sie sich schon vor Magister Konrad so fürchte. Jetzt mögen Elisabeth Bilder und Gedanken des Gerichts und der Hoffnung auf Seligkeit bewegt haben, so wenn sie an ihrem letzten Tag zu ihrer Dienerin sprach: *Was würden wir tun, wenn sich uns jetzt der Teufel zeigte?* und, wie um ihn zu vertreiben, rief: *Fliehe, fliehe, fliehe!*

Als Elisabeth einige Tage vor ihrem Tod zur Wand gekehrt im Bett lag, hörte Schwester Elisabeth eine überaus süße Stimme, als ob Elisabeth sänge. Nach einer Stunde wandte sich Elisabeth um und fragte: *Wo bist du, Liebe?* Diese antwortete, sie sei hier, und fügte hinzu: *Meine Herrin, wie schön hast du gesungen!* Elisabeth erklärte: *Ich sage dir, dass zwischen mir und der Wand mir ein Vogel sehr fröhlich zugesungen hat. Sein süßer Gesang zwang mich auch zu singen.* So wurde Elisabeth mit tiefer Freude erfüllt, die sie wie andere Mystikerinnen im Gesang ausdrückte.

Der 16. November, ein Sonntag, sollte Elisabeths letzter Lebenstag werden. Nach der Laudes hörte Magister Konrad Elisabeths Beichte, die aber nichts enthielt, was sie nicht schon früher oft gebeichtet hätte, schrieb Konrad. Es folgte das Gespräch über die testamentarischen Verfügungen. Zur ersten Tagesstunde empfing Elisabeth den Leib des Herrn. Mit den sie umgebenden Mitgliedern der Hospitalgemeinschaft sprach sie dann über die Auferweckung des Lazarus und wie Jesus darüber geweint hatte. Als die Brüder und Schwestern zu weinen begannen, zitierte sie Lukas, Vers 23,28: *Töchter Jerusalems, weint nicht über mich, sondern über euch!* Dann verstummte sie oder sang – so Konrad. Stundenlang lag sie wie in tiefer Andacht versunken. Spät in der Nacht sagte sie: *Nun wollen wir von Gott und dem Jesuskind sprechen; es geht ja auf Mitternacht, die Stunde, in der Jesus geboren wurde, in der Krippe lag und in seiner Allmacht den neuen Stern erschuf, den niemals vorher jemand gesehen hat.* Bei diesen Reden war sie heiter, als ob sie nicht krank wäre, und bemerkte: *Wenn ich auch schwach bin, fühle ich mich gar nicht krank.* Dann empfahl sie alle Umstehenden Gott. Irmengard hörte sie sprechen: *Schon naht die Zeit, da der allmächtige Herr seine Freunde rufen wird.* In der Todesstunde lag sie wie schlafend da. Elisabeth verschied am frühen Morgen des 17. November 1231.

Als bekannt wurde, dass Elisabeth gestorben war, kamen Viele, um sie noch einmal zu sehen. Der Schmerz war besonders groß bei jenen, denen sie zur zweiten Mutter geworden war. Vermutlich hatte man Elisabeth in der Hospitalkapelle aufgebahrt; sie hatte ihre Kutte an, der Kopf war mit Tüchern umwunden. Zwei Tage lang ließ man so die Menschen von Elisabeth Abschied nehmen, und sie taten es auf ihre Weise. War sie schon zu Lebzeiten eine der Ihren geworden, so gehörte sie ihnen auch nach dem Tod. Mancher versuchte, ein Andenken mit nach Hause zu nehmen: man schnitt Teilchen der Kutte oder der Tücher, sogar Haare und Fingernägel ab.

Am Mittwoch, dem 19. November, hielt man die Totenvigilien, anscheinend in der Pfarrkirche von Marburg, geleitet von deren Pfarrer. Während des Gottesdienstes vernahm die anwesende Äbtissin von Wetter, Lutrudis, überaus fröhliches Vogelgezwitscher. Darüber verwundert, trat sie aus der Kirche und sah auf dem Kirchendach viele Vögel, die zwitscherten, als ob sie an den Exequien teilnähmen[193]. Lutrudis mag hierbei an die damals geläufige Vorstellung gedacht haben, die menschliche Seele fliege nach dem Tod wie ein Vogel zu Gott empor oder werde am Totenbett von einer Schar von Heiligen abgeholt. So erblickte eine Mitschwester der heiligen Klara von Assisi bei deren Tod in einer Vision Maria mit einer Schar von Jungfrauen, die Klara mit einem schönen Tuch schmückten. Oder Thomas von Cantimprè stellt die Todesstunde von Lutgard von Tongern so dar, dass das himmlische Heer mit jugendlichen Paukenschlägerinnen gekommen sei und Psalmen singend Lutgards Seele mitgenommen habe[194]. So soll der Mensch, bisher Glied der irdischen Kirche, im Tod hinübergeleitet werden in die triumphierende Kirche, die himmlische Gemeinschaft der Seligen. Wenn nun Lutrudis die Vögel *iocundissime* – total fröhlich – singen hörte und wenn Elisabeth selbst vor ihrem Tod in den *iocundissime* erklingenden Gesang eines Vogels einstimmte, so wird deutlich, dass beide den Tod als Glück empfanden: Der Mensch hat sein Ziel erreicht und wird wie ein Sieger in den Himmel geleitet.

Begraben wurde Elisabeth in ihrem Hospital vor dem Altar der Kapelle. Eine Steinplatte schloss das Grab ab. Am Tag nach der Beerdigung wurde dort ein Zisterziensermönch von einer Gemütskrankheit, an der er 40 Jahre gelitten hatte, geheilt. Zehn Tage später erhielt ein Blinder aus Marburg sein Augenlicht zurück. Daraufhin setzten Wallfahrten ein. Es kamen Handwerker und Bauern, Tagelöhner und Knechte, Bettler und Arme, Kinder und Alte. So war Elisabeth – wie im Leben – wieder von Notleidenden und Bedrängten umgeben.

Mausoleum Elisabeths in der Elisabethkirche von Marburg, aus dem 1236 ihre Gebeine erhoben wurden. Das Tumbarelief aus dem 14. Jh. zeigt die Aufnahme Elisabeths in den Himmel, wo Christus, Maria und Konrad, Hochmeister des Deutschen Ordens, sie empfangen; unten bittende Krüppel

Nachklänge

Kanonisation und Translation

Bei Elisabeths Tod waren Konrad von Marburg und die Menschen ihrer Umgebung überzeugt, dass eine Heilige gestorben war, was durch die am Grab einsetzenden Wunderheilungen unterstützt wurde. Bald kamen Wallfahrer aus der näheren und weiteren Umgebung zu ihrem Grab. Konrad bemühte sich um ihre Kanonisation. Nach seiner Ermordung im Juli 1233 stockte das Verfahren, bis es Papst Gregor IX. nach Verhandlungen mit Landgraf Konrad im Oktober 1234 wieder aufnahm. Der Bericht der 2. Päpstlichen Kommission vom März 1235 führte zur Heiligsprechung Elisabeths am 27. Mai 1235 in Perugia. Kanonisationsbullen, die an die Geistlichkeit der Kirche adressiert und vor allem vom Deutschen Orden verbreitet wurden, legten den jährlichen Gedenktag Elisabeths am 19. November fest. Konrad von Marburg hatte sein Gesuch um Kanonisation begründet: Durch das heiligmäßige Leben einer Frau, die eng mit der Lehre und den Gebräuchen der Kirche verbunden gewesen sei, habe die Wahrheit dieser Lehre eine Bestätigung erfahren. Papst Gregor IX. übernahm die Argumentation in der Bulle und verwies dreimal auf die Stärkung des rechten Glaubens durch das Beispiel Elisabeths. Sie habe den rechten Glauben erwählt und mit größtem Eifer bewahrt; durch Wunder seien die Gläubigen im katholischen Glauben bestärkt worden, sei den Ungläubigen der Weg der Wahrheit und den Häretikern das Ausmaß ihrer Verwirrung gezeigt worden; weite Teile Deutschlands, die von häretischen Irrtümern infiziert gewesen seien, würden wieder im wahren Glauben in Jubel ausbrechen[1].

Am 1. Mai 1236 wurde in Marburg die Translation Elisabeths gefeiert. Ihre Schwiegermutter Sophia, ihre Schwäger Heinrich Raspe und Konrad und vermutlich auch ihre Kinder, viele Angehörige des deutschen Hochadels und etliche Bischöfe, darunter Ekbert von Bamberg, waren anwesend. Auch Kaiser Friedrich II. war mit seinem achtjährigen Sohn Konrad zugegen und wollte sich durch seine öffentlich bekundete Verehrung als rechtgläubiger und treuer Sohn der Kirche darstellen[2]. Die Erzbischöfe von Mainz und Trier und Bischof Konrad von Hildesheim hatten die Erhebung durchzuführen.

Elisabethkirche Marburg, errichtet über der Grablege Elisabeths als Kirche des Deutschen Ordens; 1235–1283 bzw. 1320

Elisabeths Leichnam wurde in einen neuen Sarkophag gelegt, ihr Haupt vom Kaiser mit einer Krone geschmückt und in einem Reliquiar aufbewahrt. Zu dem Fest waren nach Berichten der Chronisten zwölfhunderttausend Gläubige aus Deutschland, Böhmen, Ungarn und Frankreich gekommen[3]. Die Verehrung Elisabeths wurde so in ganz Deutschland bekannt. 1249 wurden die Gebeine in einen goldenen Schrein gelegt, der auf dem Hochaltar stand und 1280 seinen endgültigen Platz in der Sakristei der Elisabethkirche bekam.

Schicksal des Hospitals

Kurz vor ihrem Tod hatte Elisabeth versucht, den Fortbestand ihres Hospitals zu sichern. Sie hatte es den Johannitern anvertraut, ohne die Rechtslage zu durchschauen oder zu klären. Der Grund, auf dem das Hospital stand, sowie die Ländereien, von deren Ertrag sein Unterhalt zu bestreiten war, gehörten den Ludowingern. Sie wollten denn auch ihre Besitzrechte wahren und die Güter nach dem Tod Elisabeths wieder dem Familienvermögen zuführen. Die Johanniter dagegen hatten die Abmachungen mit Elisabeth als eine Schenkung aufgefasst. Eine Urkunde darüber war offensichtlich nicht erstellt worden. So kam es zu einer Auseinandersetzung zwischen den Johannitern und dem Landgrafenhaus.

Es ist schwer vorstellbar, aber doch möglich, dass Elisabeth ihren Plan nicht mit Konrad von Marburg besprochen haben soll. Er gibt jedenfalls ein Wissen darüber nicht zu erkennen. Noch im Winter 1231/32 wandte er sich an die Landgrafen Heinrich Raspe und Konrad und erreichte von ihnen die Schenkung ihrer Eigengüter an das Hospital, das damit eine selbständige Einrichtung wurde. Zur Abwehr der Besitzansprüche der Johanniter wurde eine päpstliche Schiedskommission eingesetzt, die am 2. August 1232 einen vorausgehenden Urteilsspruch Konrads von Marburg bestätigte: Die Schenkung Elisabeths ist nichtig, der Anspruch der Johanniter damit hinfällig. Der Papst bestellte im Oktober 1232 Konrad von Marburg zum Defensor des Hospitals und nahm es zusätzlich in päpstlichen Schutz. Wegen der rasch einsetzenden Wallfahrt zu Elisabeths Grab konnte es Konrad von Marburg zum Zentrum seiner Ketzerpredigten machen.

Durch die vielen Pilger veränderte sich die Aufgabe des Hospitals, das sich nun vermehrt diesen zuwenden musste. Konrad ließ im Frühjahr 1232 eine Steinkirche neben dem Hospital errichten, die mit 32 m Länge und 10 m Breite genügend Raum als Wallfahrtskirche bot. Bei der Einweihung ihrer beiden Altäre im August 1232 veranlasste Konrad den Mainzer Erzbischof Siegfried III. zu den ersten Zeugenvernehmungen über Wunder an Elisabeths Grab. Ihre beiden Schwäger, die zur Altarweihe gekommen waren, traten als Zeugen für Wunder auf. Nach Konrads Tod im Juli 1233 wurde er selbst in dieser Kirche bestattet. Die Hospitalbrüder bestellten nun den Marburger

Stadtpfarrer Hermann zum geistlichen Leiter des Hospitals und erbaten vom Papst einen neuen Defensor, den sie in der Person Bischof Konrads von Hildesheim erhielten.

Im Sommer 1234 verhandelte Landgraf Konrad in Rieti mit Papst, Kaiser und Deutschordensmeister Hermann von Salza mit dem Ergebnis, dass der Papst das Hospital in Marburg dem Deutschen Orden schenkte. Kaiser Friedrich II. bestätigte diesem den Besitz des Hospitals und nahm es in seinen Schutz. Landgraf Konrad trat am 18. November 1234 selbst in den Deutschen Orden ein und brachte ihm weitere Besitzungen in Oberhessen (Mardorf, Werlo, Eigengüter um Marburg) mit[4]. So war die wirtschaftliche Grundlage des Hospitals beträchtlich erweitert und sein Bestand gesichert. Durch den Deutschen Orden, dem Ludwig IV. besonders nahe gestanden hatte, blieb auch der Kreuzzugsgedanke lebendig. Für die Hospitalgemeinschaft bedeutete dies allerdings eine starke Veränderung. Sie wurde als rechtliche Institution aufgelöst, die Brüder und Schwestern sollten dem Deutschen Orden Gehorsam leisten. Die beiden weltlichen Hospitalmeister übergaben ihr Amt an den Komtur Winrich, Pfarrer Hermann die geistliche Leitung an den Prior Ulrich von Dürn. Die Schwestern blieben wohl zum größten Teil im Hospital, wie das von Hildegund und der Dienerin Elisabeth nachweisbar ist.

Mit der Heiligsprechung Elisabeths, ihrer Translation und dem Bau der großen Elisabethkirche über ihrem Grab, 1235 bis 1283, stieg die Verehrung Elisabeths weiter an. Damit wuchs die Bedeutung des Deutschen Ordens in Marburg; Generalkapitel mit bis zu 100 Ordensbrüdern wurden dort abgehalten. Landgraf Konrad wurde 1239/1240 als Nachfolger Hermann von Salzas zum Hochmeister gewählt, starb jedoch schon im August 1240 in Rom. Um 1250 begann der Orden, Konventsgebäude nördlich der Franziskuskirche mit einem Hospital für kranke Ordensbrüder zu erbauen. Neben diesem „Deutschen Haus“ errichtete er ein weiteres Hospital mit eigener Elisabethkapelle südlich der Ketzerbach. Dieses hatte im 15. Jahrhundert 102 Betten und diente auch der Aufnahme von Pfründtnern, war also mit dem ursprünglichen Hospital Elisabeths nicht vergleichbar. Aus der Kommende Marburg entwickelte sich im 14. Jahrhundert die Ballei Marburg oder Hessen, die bis zur Säkularisation des Ordens 1809 bestand. In deren Folge blieben von der mächtigen Anlage nur das herrschaftliche Brüder- und Komturhaus auf der Nordseite der Elisabethkirche sowie der große Speicher aus dem 15. Jahrhundert auf der Ostseite erhalten. Alles andere fiel der Stadterweiterung seit dem Ende des 19. Jahrhunderts zum Opfer.

Ludwig und Elisabeths Sohn Hermann wurde im März 1222 geboren. Beim Tod seines Vater 1227 war er fünf Jahre alt. Für ihn war Ludwigs Bruder Heinrich Raspe als Vormund und Regent bestellt, übernahm aber offensichtlich die Regierung als selbständiger Landgraf. Hermann dürfte an seinem Hof aufgewachsen sein. Da Heinrich Raspe noch keine Kinder hatte, seine Ehefrau aber 1231 gestorben war, musste er sich überlegen, wie die Herrschaft der Ludowinger in Thüringen zu erhalten sei. 1231 beteiligte Heinrich Raspe seinen Bruder Konrad, indem er ihm Hessen zur selbständigen Regierung übergab und ihm die Titel Landgraf und Pfalzgraf zugestand. Doch Konrad trat 1234 in den Deutschen Orden ein, womit er für eine mögliche Erbfolge ausschied. Im November des gleichen Jahres unterschrieb Hermann zusammen mit seinen beiden Onkeln das erste Mal eine Urkunde. Dabei benützte er das Siegel Heinrich Raspes, da er noch kein eigenes hatte. Die Onkel ließen ihn also termingerecht mit 12 Jahren an Geschäften teilhaben. 1236 wurde Hermann in einer Chronik Landgraf von Thüringen und Pfalzgraf von Sachsen, 1237 jüngerer Landgraf genannt. Als er 16 Jahre alt geworden war, trat er, wie früher sein Onkel Konrad, die Herrschaft in Hessen an. Seine erste erhaltene Urkunde datiert vom 1. Juli 1238; die Stadtrechte für Kassel bestätigte er 1239 mit dem Zusatz *principatus nostri anno primo.*

Hermann II. *lantgravius, filius sancte Elyzabet,* wie er sich nannte, regierte in Hessen selbständig, denn die hessischen und die thüringisch-sächsischen Herrschaftsbereiche waren damals schon geschieden. Er scheint auch sehr eigenwillig regiert zu haben. Im Oktober 1238 verlobte er sich mit der Tochter Kaiser Friedrichs II., Margarete. Als im März 1239 Kaiser Friedrich II. ein zweites Mal exkommuniziert wurde, löste Hermann die Verlobung und trat als einziger seiner Familie ins päpstliche Lager über. Er verlobte sich im Oktober 1239 mit Helene von Braunschweig aus dem Geschlecht der Welfen, die vermutlich erst acht Jahre alt war. Der Vermittlungsaktion zwischen Kaiser und Papst 1240 blieb Hermann fern und begann einen Streit mit seinem Vetter Heinrich von Meißen. Hermann starb am 3. Januar 1241 bei einem Besuch auf der Creuzburg, seinem Geburtsort, und wurde in Reinhardsbrunn beigesetzt. Kurz danach wird er als „junger Landgraf von Thüringen, Graf von Hessen und Herr des Landes an der Leine“ bezeichnet[5].

Wie empfand Hermann sein Leben und seine Lage als Regent? Fühlte er sich von seinem rechtmäßigen Erbe, der Landgrafschaft

Thüringen, ausgeschlossen und war er deshalb seinem Onkel gram? Hoffte er, ihn doch noch zu beerben? Heinrich Raspe hatte 1239/1240 seine zweite Frau verloren und war immer noch kinderlos. Seine dritte Ehe schloss er kurz nach Hermanns Tod mit Beatrix, der Tochter Herzog Heinrichs II. von Brabant. Auch in dieser Ehe blieben ihm Kinder versagt. Bedeutete die Wahl Reinhardsbrunns als Grablege, die den Thüringer Landgrafen zustand, Hermanns versteckten Erbanspruch über den Tod hinaus? Die spätere Grablege der hessischen Landgrafen in der Marburger Elisabethkirche war noch nicht als solche gebräuchlich, hier war 1240 als erster Landgraf Konrad beigesetzt worden. So bleiben viele Fragen offen, genau so wie die nach der Ursache von Hermanns frühem Tod.

Ein völlig anderes Schicksal war Hermanns Schwester Sophia beschieden. Wir erfahren von ihr anlässlich ihrer Heirat 1239/40 mit Herzog Heinrich II. von Brabant. Er hatte aus seiner ersten Ehe vier Töchter und einen Sohn, den späteren Heinrich III. Die Tochter Beatrix heiratete Anfang 1241 Heinrich Raspe, wodurch sie zur „Tante" ihrer Stiefmutter Sophia wurde. Diese brachte 1243 eine Tochter zur Welt, die sie nach ihrer Mutter Elisabeth nannte, und im Jahr danach einen Sohn, der wiederum Heinrich genannt wurde und später den Beinamen „das Kind" erhielt. Für diesen Sohn nun kämpfte Sophia fast zwei Jahrzehnte lang um das Erbe der Landgrafschaft Thüringen-Hessen.

Was war geschehen? Heinrich Raspe, 1246 zum deutschen Gegenkönig gewählt, war im Februar 1247 kinderlos gestorben. Heinrich der Erlauchte, Markgraf von Meißen, hatte 1243 als Vetter der Ludowinger das Recht zur Nachfolge in Thüringen von Kaiser Friedrich II. erhalten, der sich damals allerdings im Kirchenbann befunden hatte. Das war für Sophia ein Grund, dieses Recht anzuzweifeln. Sie beanspruchte für sich und ihren Sohn die Erbfolge in Thüringen und Hessen, weil sie Tochter, Schwester und Nichte der drei letzten Landgrafen war. Der Mainzer Erzbischof jedoch forderte die Grafschaft Hessen als Kirchenlehen zurück. Sophias Ehemann Heinrich II. von Brabant reiste nach Hessen, tätigte dort Regierungsgeschäfte und rief ein päpstliches Schiedsgericht an. Nach seinem Tod 1248 ergriff Sophia mit ihren 24 Jahren selbst die Regentschaft. In Marburg stellte sie erste Urkunden aus. Ihr Siegel trug die Umschrift *Siegel Sophias, der Tochter der heiligen Elisabeth, Herzogin von Brabant und Herrin Hessens.* Mit Hilfe des Deutschen Ordens und etlicher Ministerialen konnte sie sich in Marburg und Kassel durchsetzen, während Heinrich von Meißen in Thüringen die Macht erlangte. Mit ihm traf sie

1250 in Eisenach zusammen und einigte sich, indem sie ihm die Vormundschaft für ihren Sohn übertrug und bis zu dessen Mündigkeit auf den Titel einer Landgräfin von Thüringen verzichtete. Diesen Titel nahm Sophia aber schon nach vier Jahren wieder an, zog 1259 mit Sohn und Schwiegersohn nach Eisenach, beschuldigte die Ritter des Markgrafen von Meißen des Meineids und warf diesem ihre zerrissenen Handschuhe vor die Füße. Fünf Jahre teils blutiger Kämpfe folgten, bis Sophia 1264 endgültig auf Thüringen verzichtete. Sie scheint aber für sich und ihre Schwester noch hohe Abfindungen für einige Allodialgüter als Erbe ihres Vaters erhalten zu haben. Inzwischen war auch mit dem Mainzer Erzbischof über Hessen eine Einigung erzielt worden: Er belehnte 1263 im Vertrag von Langsdorf Sophia und Heinrich das Kind mit der Landgrafschaft Hessen, die dann 1292 Reichsfürstentum wurde und bis 1918 beim Haus Brabant blieb. Elisabeth wurde Hessens Landespatronin.

Sophia wurden alle Rechte und Einkünfte von Marburg als Besitz zugewiesen. Sie wohnte mit einem kleinen Hofgesinde auf der Burg. Ihr Siegel lautete jetzt: *Sophia, Tochter der heiligen Elisabeth, einstmals Herzogin von Brabant.* In Löwen (Flandern) stiftete sie ein Hospital. Am 29. Mai 1275 starb sie und wurde in Villers neben ihrem Gatten bestattet[6]. Diese letzten elf Jahre waren ein friedlicher Ausklang eines kämpferischen Lebens, in dem sie sich ganz für Besitz und Herrschaft ihres Sohnes eingesetzt hatte, darin eher ihrem Vater als ihrer Mutter ähnlich. Doch gerade deren Autorität gebrauchte sie, um sich durchzusetzen. „Tochter der heiligen Elisabeth" – welcher Kirchenfürst wagte da, ihr zu widersprechen? Wie schon sie selbst, so pflegten auch ihre Nachkommen sich nach dem Verwandtschaftsgrad zu Elisabeth zu bezeichnen. Elisabeth wurde zur „Hauptfrau" der Dynastie, bis Landgraf Philipp von Hessen, der zur Reformation übergetreten war, Reliquienkult und Verehrung Elisabeths zu beenden versuchte. Der Verbleib der Reliquien ist bis heute nicht völlig geklärt, der Schrein ist leer.

Ganz anders war das Schicksal Gertruds, der zweiten Tochter Elisabeths. Am 27. September 1227, kurz nach dem Tod ihres Vaters Ludwig geboren, wurde sie im Alter von eineinhalb Jahren in das adlige Chorfrauenstift der Prämonstratenserinnen Altenberg bei Wetzlar gegeben. Sie genoss dort unter der Magistra (Priorin) Christina von Biel eine gute Erziehung. Gertrud wurde Nonne, nach dem Tod Christinas 1248 schon mit 21 Jahren zur Nachfolgerin gewählt und stand dem Konvent bis zu ihrem Tod am 13. August 1297 vor. Unter Gertruds Leitung nahm das Stift einen gewaltigen Aufschwung: Der

Konvent wuchs von 24 Nonnen auf 70 an. Zahlreiche Güterübertragungen Adliger und Patrizier, vor allem aus dem Marburger Raum, vermehrten den Besitz des anfangs eher ärmlichen Klosters. Die Verehrung Elisabeths und Vertrauen in das Wirken ihrer Tochter wurden darin deutlich. So konnte Gertrud die frühgotische Stiftskirche erbauen, deren Chor 1271 eingeweiht wurde, und alle Gebäude erneuern. Im Klosterbezirk wurde vor 1265 ein Elisabeth geweihtes Hospital errichtet, am Fuß des Berges ein weiteres, das „Hospital der Armen", 1277 erstmals erwähnt. Für den Unterhalt verwendete Gertrud zum Teil ihr Erbe, das sie 1265 erhalten hatte. So wusste sie sich gleichermaßen Vater und Mutter verbunden. Mit ihrer Schwester Sophia scheint Gertrud lockeren Kontakt gehalten zu haben. Ihr Neffe, Landgraf Heinrich das Kind, half ihr um 1270, das Kloster vor einer drohenden Vogtei der Grafen von Solms zu schützen. Um 1290 erwirkte sie beim König einen Schiedsspruch, der die Rechte und die Reichsunmittelbarkeit des Klosters sicherte, die bis 1802 erhalten blieb[7]. Nicht diese Leitungsaufgaben bestimmten das Leben Gertruds, sondern ihr unermüdlicher Einsatz für Arme und Kranke. So wurde sie bald nach ihrem Tod in weitem Umkreis verehrt. 1348 gewährte Papst Clemens VI. ihre kirchliche Verehrung, was als Seligsprechung zu werten ist. Gertruds Gebeine wurden in ein Hochgrab vor dem Altar der Stiftskirche überführt. Die Grabplatte zeigt Gertrud in betender Haltung.

Elisabeth-Patronate

Der Deutsche Orden hatte durch die Übernahme des früheren Franziskus-Hospitals mit dem Grab Elisabeths und dem Bau der Elisabeth-Kirche auch die Aufgabe erhalten, die Verehrung Elisabeths zu verbreiten. Der Orden, der bereits Maria zur Patronin gewählt hatte, machte Elisabeth zu seiner zweiten Patronin. Häufig wurde ihr das Hospital geweiht, das mit jeder Ordensniederlassung verbunden war. Als Beispiel für viele möge die Kommende in Nürnberg dienen. In dieser Stadt hatte der Deutsche Orden 1209 die St. Jakobskirche und später weitere Güter in unmittelbarer Nähe geschenkt erhalten. Hier gründete er 1230 ein Hospital, dessen Kapelle 1281 Elisabeth-Kapelle genannt wurde und über die Reformation hinaus für die Katholiken der Stadt Nürnberg erhalten blieb. Die Jakobskirche ließ der Deutsche Orden um 1360 durch einen großen gotischen Chor erweitern und mit einem Freskenzyklus über Elisabeths Leben ausgestalten. Im

Hl. Elisabeth aus dem Magdalenen-Altar von Tilman Riemenschneider, 1492; Stadtpfarrkirche Münnerstadt

Hl. Elisabeth; Kapelle im Nordostturm des Naumburger Domes; kurz nach 1235

Hl. Elisabeth mit Kirchenmodell; Holzfigur, schwäb. Raum; um 1490

Hl. Elisabeth, zweite Patronin der Diözese Fulda; Holzfigur im Dom zu Fulda nach dem Original in Rimbeck/Westfalen; 2. Hälfte 17. Jh.

Elisabeth-Glasfenster in der Pfarrkirche St. Martin, Nürnberg; angefertigt ca. 1954

bürgerlichen Heilig-Geist-Spital in Nürnberg wurde um 1410 ein Leitbuch angelegt und mit neun Miniaturen über Elisabeth, die die Werke der Barmherzigkeit an Jesus vollzieht, versehen. Als sich der Deutsche Orden in der zweiten Hälfte des 13. Jahrhunderts weiter nach Norden und Nordosten ausbreitete, widmete er sich dort kaum noch der Verehrung Elisabeths, sondern stellte wieder Maria in den Mittelpunkt der Verehrung.

Dagegen fällt auf, dass viele Frauen aus Elisabeths Verwandtschaft in ihrer Nachfolge Hospitäler gründeten. Agnes von Böhmen, ihre Kusine väterlicherseits, berief sich auf das Beispiel Elisabeths und stiftete in Prag ein Hospital und wenig später ein Klarissenkloster, in das sie 1234 eintrat. Deren Schwester Anna, Schwiegertochter der heiligen Hedwig und Witwe Heinrichs II. von Schlesien, errichtete 1253 zusammen mit ihren Söhnen und Brüdern ein Elisabeth-Hospital in Breslau. Margarete von Ungarn, eine Nichte Elisabeths, wurde Dominikanerin und sorgte sich hauptsächlich um Arme und Kranke. Zwei Nichten und eine Schwägerin Elisabeths, alle früh verwitwet, gründeten in Polen Klarissenklöster, in die sie eintraten. Eine Hospitalgründung ist auch durch die französische Königinwitwe Maria in Anet bei Chartres nachweisbar.

Die Verehrung Elisabeths gehört zu den lebendigsten Heiligenkulten des Mittelalters. Wenn auch nach 1236 kaum noch neue Pfarreien gegründet wurden, so entstanden im 13. Jahrhundert in fast allen Städten Hospitäler. Manche wurden von vermögenden Bürgern gestiftet, viele vom Stadtrat ins Leben gerufen. Sie wurden dem Heiligen Geist, dem Tröster der Bedrängten und Einsamen, oder Elisabeth geweiht. Sie können hier nicht aufgezählt werden. Doch soll an einigen Beispielen gezeigt werden, wie es zu einem Patroziniumswechsel zugunsten Elisabeths kam. 1328 stiftete Konrad Esler in Bamberg ein Heilig-Geist-Spital, für das 1354 eine Elisabeth-Kapelle geweiht wurde – ab 1400 ist nur noch vom Elisabeth-Spital die Rede. In Scheßlitz wurde 1395 Elisabeth Mitpatronin neben dem Heiligen Geist, Maria Magdalena und Barbara, ebenso in Hersbruck 1407. Später wurden beide Spitäler nur noch nach Elisabeth genannt. Dieser Name erhielt sich in Hersbruck trotz der dort eingeführten Reformation bis in unsere Zeit. Elisabeth war eine Heilige der ungeteilten Christenheit, die ihr geweihten Hospitäler hielten ihr Andenken lebendig.

Die verbreitete Verehrung Elisabeths machte sie bald zum Gegenstand künstlerischer Bildwerke. Die fürstliche Dame, die dem Bettler zu ihren Füßen Speise oder Trank gibt, hat den Elisabeth-Typus der meisten Darstellungen geprägt – besonders eindrucksvoll durch

Tilman Riemenschneider. Szenen aus ihrem Leben – am landgräflichen Hof oder bei der Armen- und Krankenpflege – haben durch die Jahrhunderte, in jeder Epoche und in einzelnen Stilen immer wieder Künstler inspiriert. Zu den bekanntesten Werken zählen die sechs großen Elisabeth-Fresken Moritz von Schwinds auf der Wartburg.

Zu einer Renaissance der Elisabeth-Verehrung kam es im 19. Jahrhundert. Es war die Zeit der Romantik, die sich mit der Geschichte des Mittelalters beschäftigte, Gedichte, Sagen und Legenden alter Zeiten sammelte und dadurch fast vergessene Persönlichkeiten zu neuem Leben erweckte. So geschah es auch mit Elisabeth, der Landgräfin von Thüringen, die sich der Armen und Kranken angenommen hatte, von der Wartburg „verstoßen" und deren Leben mit rührenden Legenden wie dem Rosenwunder ausgemalt worden war. Die Hinwendung zu ihr geschah vor dem sehr realen und harten Hintergrund der Entstehung des Proletariats durch Industrialisierung und Landflucht. Rund 250 Klöster waren 1802/1803 durch die Säkularisation aufgehoben, ihre Untertanen der Existenz und die Armen ihrer Hilfe beraubt worden. Eine soziale Sicherung musste erst geschaffen werden. In dieser Situation wurden Kongregationen gegründet, in denen Frauen nicht ein kontemplatives Leben hinter Klostermauern führten, sondern sich Aufgaben in der Welt zuwandten. So entstanden zum Beispiel 1832 die Armen Schulschwestern und 1838 die Ursulinen, die sich der Mädchenbildung widmeten, 1849 die Niederbronner, 1855 die Mallersdorfer Schwestern, 1857 die Vinzentinerinnen, die in Krankenhäusern, Kinder- und Altersheimen wirkten, ferner die Vinzenz- und die Elisabethen-Vereine, die Laien zu sozialer Hilfe anleiteten. Etliche der Kongregationen rechnen sich zur franziskanischen Ordensfamilie, viele nannten sich oder ihre Häuser nach der heiligen Elisabeth. Diese Kongregationen sind der einstigen Hospitalgemeinschaft in Marburg weit ähnlicher als den benediktinischen Orden. Auch Elisabeth hatte ja als „Schwester in der Welt" gelebt. Ihre Nachfolgerinnen in den verschiedenen Gemeinschaften sind wie sie in der Caritas und der Krankenpflege tätig. So trägt eine Vielzahl von caritativen Einrichtungen Elisabeths Namen: Krankenhäuser, Alten- oder Kinderheime, Stifte – nicht allein in Deutschland.

Die ungebrochene Verehrung der Heiligen pflegen allein in Deutschland etwa 50 katholische St. Elisabeth-Pfarrämter bzw. Kirchengemeinden (Stand von 2006). Elisabeth ist neben dem heiligen Bonifatius zweite Patronin der Diözese Fulda.

In Elisabeths Heimatland etablierten vor allem die Franziskaner ihre Verehrung, die besonders von den deutschen Einwanderern lebhaft aufgenommen wurde. Bedeutendste der vielen Elisabeth-Kirchen des alten Ungarn war der Dom von Kaschau, heute Slowakei. In Sárospatak erinnern der Reliquienschrein und ein Bronzerelief von Taufe und Rosenwunder in der Kirche sowie eine eindrucksvolle Skulptur des Thüringer Landgrafenpaares an die berühmte Tochter der Stadt.

Elisabeth wurde und ist eine europäische Heilige.

Sockel des Reliquienschreins in der Pfarrkirche Sárospatak; 20. Jh.

Aus dem Haus der Arpaden
Sankt Elisabeth
geboren in Sárospatak
Bitte für uns

Die Persönlichkeit Elisabeths

Bisher wurde dargestellt, wie sehr Elisabeth ein Kind ihrer Zeit war, wie sie nur im Blick auf ihre Zeit und Umwelt begriffen und ihr Verhalten eingeordnet werden kann. Befremdliches wie die Gabe der Tränen oder die Selbstgeißelung wurde nicht ausgespart, sondern zu erklären versucht. Hier soll nun beleuchtet werden, was unabhängig von Stand und Lebenslauf das Wesentliche ihrer Persönlichkeit ist. Was bleibt für unsere Zeit bedeutsam?

Wie jeder Mensch durchlief Elisabeth verschiedene Entwicklungsstadien. Als Kind nach der von ihr sicher schmerzlich empfundenen Trennung vom Elternhaus lebte sie wohl behütet und gut erzogen am Thüringer Landgrafenhof und versuchte, kindliche Frömmigkeit in äußeren Zeichen auszudrücken. Als junge Frau konnte sie sich auf Ehe und Mutterschaft konzentrieren. Das erlebte sie als tiefes Glück, wenn sie auch schon dessen Zerbrechlichkeit erkennen musste. War ihr Leben als reiche Landgräfin so von Gott gewollt, wünschte er weitergehende Entscheidungen von ihr? Elisabeths Einsatz für Hungrige und Kranke sowie das von Konrad von Marburg gegebene Speisegebot wiesen ihr neue Wege. Durch den Tod ihres Gatten und die Auseinandersetzung mit dem Schwager musste sich Elisabeth neu orientieren. Indem sie aufgeschlossen war für die spirituellen Strömungen ihrer Zeit, wurde sie zur Aussteigerin und verweigerte im jugendlichen Rigorismus höfisches Leben wie übliche Konventionen; eigenwillig setzte sie sich durch. Sie entschied sich zu Jesu Nachfolge in Armut. Als Hospitalschwester in Marburg fand sie schließlich zu der ihr entsprechenden Lebensform. Ihre Kinder beließ sie aber in der Welt des Adels und agierte noch einige Male als Landgräfin.

Auffallend ist Elisabeths Liebe zur Armut und ihre Bedürfnislosigkeit. In unserer Zeit der Wellness-Kultur und der Werbung zu lückenloser Bedürfnisbefriedigung ist dies ein fremdartiges Verhalten. Wenn wir allerdings an die als ungerecht empfundene Verteilung des Besitzes, an die größer werdende Schere zwischen Armen und Reichen, mehr noch zwischen den Industrienationen und den Entwicklungsländern denken, werden wir Elisabeths Verhalten verstehen: Besitz soll gerecht verteilt werden, soziale Strukturen müssen verändert werden, damit alle zu ihrem Recht auf Leben und Eigentum kommen. Den Menschen gerecht zu begegnen, bedeutete für Elisabeth, alle Bedürfnisse der Anderen so zu achten wie die eigenen, ihr zunächst fremde Menschen so zu lieben wie die eigenen Kinder. Letztlich leitete Elisabeth nicht Liebe zur Armut, sondern Liebe zu den Armen. Der Mensch stand für sie im Mittelpunkt ihres Tuns.

Elisabeth sah vor allem den leidenden Menschen. Ihm widmete sie sich in ihrer Hospitalzeit ausschließlich. Es waren erbarmungswürdige Gestalten, die sie in ihre nächste Umgebung aufnahm, denen sie ihr Erbarmen zuwandte. Persönliche Anteilnahme, Pflege, Gespräch und Scherz kennzeichneten ihren Umgang mit den Kranken, besonders den Kindern. Eine Heilung wurde angestrebt, aber auch Begleitung bis zum Tod gegeben. Elisabeth nahm jeden einzelnen Menschen ernst und ging auf seine besonderen Bedürfnisse ein. Jeder Mensch war für sie Ebenbild Gottes, von Gott gewollt und geliebt, zur Gemeinschaft mit Gott berufen. Durch Taufe und Gebet sollten das alle erfahren, durch den Entschluss zur ausschließlichen Nachfolge Jesu sollten es viele erleben. Daraus konnten Selbstachtung und Lebensfreude entspringen.

Um helfen zu können, handelte Elisabeth oft rasch und pragmatisch und doch klug und überlegt, wie bei der Hungersnot selbst die Verwalter erkennen konnten. Elisabeth war geradezu findig, wenn es darum ging, einem anderen eine Wohltat zu erweisen, etwa bei ihren vielen Patenschaften. Und außerdem arbeitete sie fleißig und hatte Talent zur Organisation. Die großzügige Almosenverteilung an ungezählte Bedürftige in Marburg beweist es. Theoretische Überlegungen über Kompetenzen und Gebräuche lagen Elisabeth fern. Ihre Entscheidungen beruhten auf der Einsicht, dass in einer Notlage sie ganz persönlich gefragt sei. Sie fühlte sich in ihrem Gewissen zum Handeln aufgefordert.

Immer wieder gab es in Elisabeths Leben Situationen, in denen sie eine eigene Entscheidung fällen musste, obwohl sie als Frau doch meist unter Vormundschaft stand oder Magister Konrad Gehorsam zu leisten hatte. Da sind die täglichen Entscheidungen zu nennen, welche Speisen sie genießen solle, weswegen sie sich schließlich entschied, die Wartburg zu verlassen. Da sind ihre Gelübde, durch die sie sich im Gewissen gebunden hatte, deren Einhaltung unter Bischof Ekbert schwierig wurde. Seine Vormundschaft empfand Elisabeth sicher so drückend wie ihre Schwägerin Jutta die von Landgraf Ludwig. Da sind die Befehle Konrads, nichts mehr herzuschenken, und Elisabeths Entscheidung für mehr Barmherzigkeit. Hierher gehört auch der Entschluss, nicht mehr zu heiraten, sollte sie ihren Gatten Ludwig überleben. Es war ihre authentische Entscheidung, auch bedingt durch ihre Liebe zu Ludwig über den Tod hinaus. Das alles entspricht den Bestrebungen nach größerer Selbständigkeit in der religiösen Frauenbewegung des 13. Jahrhunderts, aber auch dem heutigen Ruf nach dem „mündigen Christen".

War Elisabeths Verlobung noch eine politisch gesteuerte Verbindung, so wurde ihre Heirat mit Ludwig zur Liebesheirat, ihre Ehe eine Liebesehe. Nahes Zusammenleben, Verständnis füreinander und Freude aneinander kennzeichneten beide Ehegatten. Dabei ließen sie sich durchaus die nötige Freiheit zur Liebestätigkeit, zum Gebet, zu Gelübden, zu Reichsdienst und Kreuzzug, was auch Selbstbeherrschung und Verzicht einschloss. Sie waren sich offensichtlich einig darin, ihre Ehe als gemeinsamen Weg zu Gott aufzufassen, einen Zusammenklang von Gottes- und Gattenliebe zu verwirklichen. Das gemeinsame Ziel ermöglichte ihnen großes gegenseitiges Vertrauen.

Hier liegt wohl der Kern von Elisabeths Heiligkeit: Es ist der Einklang von Gottes- und Nächstenliebe. Begegnete Elisabeth einem leidenden Menschen, erkannte sie in ihm den leidenden Christus und wandte sich ihm in Liebe zu. *Wie gut ist es für uns, dass wir unseren Herrn so baden und zudecken dürfen!* rief sie am Bett eines Kranken aus und wandte damit das Wort Jesu auf ihre Tätigkeit an: *Was ihr für einen meiner geringsten Brüder getan habt, das habt ihr mir getan.* Ihr Mitleid mit ihm war vom Mitleid mit den Menschen nicht zu trennen, das eine strömte in das andere über. Dabei wusste sich Elisabeth immer von dem Versprechen Jesu getragen: *Wenn du mit mir sein willst, will ich mit dir sein.* Das pflegte sie in langen Gebetsstunden. Weil sie Gott vertraute und die Menschen liebte, konnte sie zufrieden und fröhlich sein. Indem sie Notleidenden und Kranken half, weckte sie in diesen Vertrauen und Freude: *Ich habe euch gesagt, dass wir die Menschen froh machen müssen.*

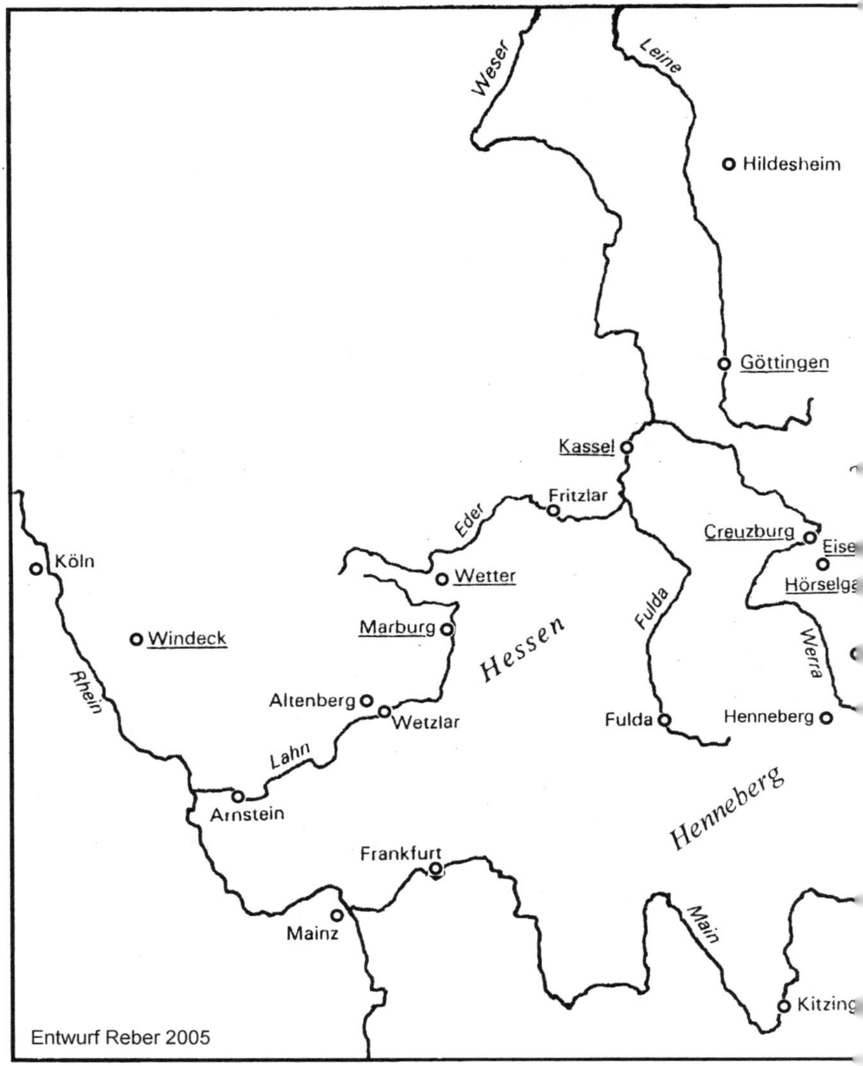
Weser
Leine
Hildesheim
Göttingen
Kassel
Fritzlar
Eder
Creuzburg
Köln
Wetter
Marburg
Windeck
Hessen
Fulda
Werra
Rhein
Altenberg
Wetzlar
Fulda
Henneberg
Lahn
Arnstein
Henneberg
Frankfurt
Main
Mainz
Entwurf Reber 2005

Lebus
Oder
Mark
Lausitz
Magdeburg
Pfalzgrafschaft
Sachsen
lberstadt
Saale
Elbe
Merseburg
Leipzig
gen
Osterlande
Meißen
Neuenburg
isee
Naumburg
Dresden
Erfurt
Mark
Meißen
otha
rdsbrunn
Orlamünde
alden
Plassenburg
Pottenstein
Mitteldeutschland im 13. Jhdt.
Städte der Ludowinger

Anmerkungen zu den einzelnen Kapiteln

Die Quellen

1 Dobenecker II, Regest (= R) 1976, 2137, 2246, 2409, 2411, 2118, III 44, 50, 55, 152, 190
2 Dobenecker III, R N 13; Böhmer-Ficker V,2, R 6816
3 Dobenecker II, R 2412; Böhmer-Ficker V,2, R 6878
4 Dobenecker II, 2371, 2401, 2454, z. B. Dobenecker III, R 152
5 in: Sankt Elisabeth, S. 362 f, 324, 354 f
6 A.a.O. S. 355 f, 363 f
7 Bierbrauer in: Sankt Elisabeth, S. 336 f. 2003 wurde das Buch in das Weltdokumentenerbe der UNESCO aufgenommen. Zu den beiden anderen Psaltern S. 345–352; zu den Kleidungsstücken S. 332–334, 387–390, 547–550
8 in: Sankt Elisabeth, S. 391. Wenn Caesarius von Heisterbach (S. 351) schreibt: *Cuonradus, licet uteretur habitu clericorum secularium, nil tamen in hoc possidebat,* schließt das zwar nicht aus, dass Konrad Prämonstratenser war und nur die Tracht weltlicher Kleriker gebraucht habe, wie das den Prämonstratensern gestattet war, doch lässt sich eine Ordenszugehörigkeit nicht erweisen.
9 Dobenecker II, R 2412 f; Patschovsky, in: Sankt Elisabeth, S. 70–77; derselbe, Zur Ketzerverfolgung, S. 641–693. Hierin weist er S. 690–692 nach, dass Konrad von Marburg an dem Ketzerprozess gegen den Propst Heinrich Minnike von Neuwerk nicht beteiligt war. Trotz einiger Irrtümer immer noch lesenswert, weil die päpstlichen Schreiben ausführlich zitiert werden, Kaltner, Konrad von Marburg und die Inquisition in Deutschland, Prag 1882, bes. S. 134– 163.
10 Caesarius, S. 351; Libellus 1882, 445–457, 1890; Summa vitae, S. 31
11 *Paternitati autem vestre supplicamus quantum possumus et audemus, quatinus hiis inspectis in subsidium universalis ecclesie et hereticorum confutandam pravitatem sanctorum eam cathalogo dignemini ascribere, quoniam hoc glorie dei et saluti ecclesie, si vestra decreverit magnificentia, credimus expedire.* 1. Wunderbericht, Wyß S. 29
12 Summa vitae, S. 158 f
13 Huyskens, Quellenstudien, S. 92–94
14 Epistola examinatorum, Huyskens, Quellenstudien, S. 155
15 Abgedruckt bei Huyskens, Libellus, S. XXXI
16 Auf dem kurzen Libellus fußen: Caesarius von Heisterbach, die Vita *Beata autem Helisabeth regiis orta natalibus* aus Zwettl, die Vita *Vas admirabile, opus excelsis* (möglicherweise von Thomas von Celano), von der wieder *Beata Elisabeth filia regis Ungarorum in purpura et deliciis nobiliter educata* eines toskanischen Franziskaners abhängig ist, die Predigt *Hec erat in omnibus famosissima* des Konrad Holtnicker, die Vita *Cum plura de virtutibus et sanctitate* aus dem Zisterzienserkloster Heilsbronn, und die Vita *Elisabeth illustris regis ungariae filia,* die später in die Legenda aurea Aufnahme fand.
Auf den langen Libellus gehen zurück das *Speculum maius historiale* und das *Memoriale omnium temporum* des Vincenz von Beauvais, die Vita *Beata igitur Elisabeth filia regis Hungarorum in palatio et in purpura nobiliter educata* aus der Mitte des 13. Jhs. (demnächst von Werner herausgegeben), die Vita *La vie saint Elysabel* des französischen Dichters Rutebeuf, *De seinte Elizabeth ceste la vie* des Nicolas Bozon in anglo-normannischer Sprache, die Vita des deutschen gereimten *Passional,* und die Vita des Dietrich von Apolda. Dazu vgl. Reber, Kult, S. 35–40.
17 ... *vitam et conversationem landgraviae memoratae .... per testes idoneos studeatis inquirere,* Montalembert, S. 683
18 *Hec requisita de conversatione et vita .... iurata dixit,* Libellus 251; ähnlich 418; 1373. So schließt auch der Bericht, Libellus 2211.
19 Libellus 388, 1357–1368, 1963–2106
20 *quam specialissime dilexit,* sagt Isentrud im Libellus 1289 f
21 Konrad Holtnicker, S. 289; *omnium virtutum eius cooperatrix fidissima,* Cronica Reinhardbrunnensis, S. 620

22 Libellus 407–417; Dobenecker II, R 1908; 1976; 2157; 2261; 2366; 2415

23 Wohl aber wird zum Jahr 1247 in den Cronica Reinhardbrunnensis von einem Hertwicus de Horzelgeu berichtet, der mit anderen Komplizen einen Schultheiß oder Advokat gefangengenommen und alles Vieh vor Eisenach und den umliegenden Dörfern weggeführt habe (S. 619). Isentruds Sohn oder Neffe als Raubritter? Sie wird es nicht mehr erlebt haben.

24 Libellus 1097: *ancille memorate, que cum ea continentiam voverant*

25 Libellus 1048: *plus reliquis pedissequis ei familiaris*

26 Libellus 1293 f: *Hoc fecit magister Conradus bone memorie bono zelo ac intentione;* 1302: *Adiunxit ergo magister Conrado ei austeras feminas, a quibus multas oppressiones sustinuit*

27 Summa vitae, S. 158: *virgine religiosa valde despectabili et quadam nobili vidua surda et valde austera*

28 1. Wunderbericht, Wyß, S. 27. Huyskens weist in den Quellenstudien S. 87 schon darauf hin.

29 Libellus 1370–1689; 2110–2156

30 Libellus 1455 und ab 1690, 1847–1859, 1772–1784, 1894, 2157–2167

31 Libellus 1544–1550

32 Libellus S. 1–9; 3; 80–86

33 *Qua re noverunt, quod … in curia plus vite laudabilitas et conversationis pulchritudo attenditur, quam miraculorum,* a.a.C. S. 146

34 Annales Colonienses Maximi, S. 845. Ähnlich die Schäftlarner Annalen; vgl. Werner, in: Sankt Elisabeth, S. 505–507. Dazu Beumann, a.a.O. 151–164

35 *fratrum minorum habitum griseam induens; sororum minorum inopiam dilexit; fratrum minorum et predicatorum quampluriurn,* a.a.O. S. 256; 268; 266.

36 *miserorum inopiam dilexit; chorus multorum et plurimorum religiosorum,* Narratio brevis S. 108

37 Caesarius, Predigt zur Translation, S. 387. Vgl. Jos 3,3 und 2 Sam 6,1–15

38 Caesarius, S. 344, 347–349, 367, 369. Predigt, S. 381 und 383

39 Caesarius, Vita, S. 353 f. Die Berufung auf einen Zeugen, der kein Augenzeuge sein kann, soll vielleicht dem Kundigen signalisieren, dass die Episode erfunden ist. Predigt S. 390 und 383

40 *quendam laycum nomine Rodegerum qui postmodo in Halberstat factus est gardianus et magister discipline spiritualis beate Elizabeth, docens eam servare castitatem, humilitatem et pacienciam, in oracionibus invigilare et operibus minime insudare,* Jordan, Voigt, S. 529; Hardick, S. 64 und 69; 20–28.

41 *et habitu minorum, quem, ut potuit, assumpsit, sicut ego ipse audivi ab eius confessore et ab eius ancilla,* Bonaventura, Opera omnia, S. 289

42 Patze, Geschichte Thüringens I, S. 11

43 So Holder-Egger, a.a.O. S. 632. M. Rener vermutet dagegen, dass Dietrich von Apolda wie in seiner Dominikus-Vita vieles wörtlich abgeschrieben habe, S. 12.

44 Holder-Egger II, S. 571 f; 622 und 625: III, S. 292. Auch die Reinhardsbrunner Chronik ist nicht vollständig überliefert, doch stellte Holder-Egger einen brauchbaren Text her (MGSS XXX/1).

45 *Bertholdus sacerdos et capellanus, de cuius manu hec omnia notata sunt atque conscripta,* Cronica Reinhardsbrunnensis, S. 611.

46 A.a.O. S. 600, 602 und 608; Johannes Rothe schrieb 1420–1434, Sp. 1708 und Sp. 2067

47 Cronica Reinhardsbrunnensis, S 613 und 616

48 Dazu Lomnitzer, Verfasserlexikon II, Sp. 103–110; Reber, Kult, S. 40; Rener, die die lang erwartete kritische Neuausgabe 1993 vorlegte, S. 6–9. Diese Ausgabe kennzeichnet gut die Quellen Libellus und Summa vitae, unterscheidet aber leider nicht zwischen den Gesta Ludowici und der Vita Ludovici; letztere ist nicht Quelle, sondern übernimmt Texte von Dietrich.

49 *Igitur … visitavi monachorum et monialium monasteria …, interrogavi personas antiquissimas et veraces, direxi literas hystorie huius integritatem et rei geste veritatem,* Dietrich, S. 21 f

50 Dietrich, S. 67 nach fünf Hss. der Reinhardsbrunner Rezension. Vgl. Alpers, Das Wienhäuser Liederbuch, S. 29 f; Kroos, in: Sankt Elisabeth, S. 196–199 und 217.

51 Dietrich, S. 24 f; Wachinger in: St. Elisabeth, S. 352 f

52 Dietrich, S. 29: *socrus ammirans;* S. 30 f: *satagebat operose; indignans diceret: Non in principum dominantium sed in servarum famulantium numero fuisse debueras, Elyzabeth, computata.*

53 *Qualis putas est futura adulta, que talis est in puericia? Quis, ut estimas, erit fructus in sapore, cuius odor sic fragrat vernans in flore?* Dietrich, S. 29. Vgl. die Prophetie Klingsors, S. 24. Den gleichen Gedanken bringt Jakob von Vitry zu Beginn seiner Vita über Maria von Oignies: Sie habe nie oder selten bei Spielen der Mädchen mitgemacht, *durch göttliche Voraussicht schon in der Kindheit vorzeichnend, was in fortgeschrittenem Alter geschehe (jam divino auspicio praesignans in pueritia, qualis futura esset in provecta aetate;* Jakob von Vitry, AASS zum 23. Juni, S. 550 B).

54 *Elyzabeth Andree regis hungarie filia, dum nata fuisset in oppido sorospathach, et in deliciis nutrita omnia puerilia contempsit. cepitque bonis operibus assuescere. ludos spernere vanitatis.* Osvaldus de Lasco, Predigt 108, S. 4

55 Diese Hinweise verdanke ich Frau Dr. Erzsébet Löffler, Leiterin des Diözesanmuseums in Eger (Ungarn).

56 Als im 17./18. Jahrhundert der Besitzer der Burg Sárospatak eine hessische Adlige heiratete, brachte diese die Verehrung Elisabeths mit und schenkte die bisherige Schlosskirche den Katholiken. Erst nach 1968 konnte sich der Wunsch nach einer Elisabeth-Reliquie erfüllen. Sie wird in einem Schrein aufbewahrt und durch zwei Reliefs mit der Taufe Elisabeths und dem Rosenwunder hervorgehoben. Vor der Pfarrkirche wurden die Fundamente der Rundkirche aus dem 11. Jahrhundert, in der Elisabeth getauft worden sein könnte, freigelegt. In einem früheren Konventsgebäude hat die Historische Gesellschaft hl. Elisabeth ein Domizil gefunden.

Familien und Länder

1 Urkunde von 1209, in einer Abschrift von 1336 erhalten, in deutscher Übersetzung abgedruckt bei Scholtz, Karpatenjahrbuch 1985, S. 62–64; dazu der Artikel von Scholtz, Zur Herkunftsfrage der ersten Zipser, S. 57–64

2 Cronica Reinhardsbrunnensis, S. 600; Kroos in: Sankt Elisabeth, S. 345; Gottschalk, S. 37 und S. 185

3 Diese frühe Datierung beruht auf den dendrochronologischen Untersuchungen von Th. Eißing, veröffentlicht im Wartburg-Jahrbuch 1992, S. 51–62. Eißing hat 145 Proben der Balken analysiert und kommt für den südlichen Keller auf eine Fällkampagne von 1157/58, für die Decken des Erdgeschosses und des 1. Obergeschosses auf eine von 1162 (+5/–3). Die Bauunterbrechung vor dem Aufsetzen des 2. Obergeschosses habe nur wenige Jahre betragen. Dabei geht Eißing von der Annahme aus, dass man im Mittelalter auch in Thüringen das Holz nicht lagerte, sondern sofort verbaute. Nach einer Mitteilung von Schwarz, Wartburg-Jahrbuch 1998, S. 249, hat Jährig vor 1980 bei weit weniger Proben die Zeit mit 1168 (+5/–5) angegeben. Lemmer S. 114 f und S. 123 neigt zu einem noch späteren Ansatz, weist aber auch darauf hin, dass zwischen dem Ausbau einer Burg und ihrer Benutzung als Residenzburg zu unterscheiden ist.

4 Posse, CDS I,2, Nr. 428: *Rudolfus pincerna, Guntherus dapifer, Heinricus marschalcus, Hermannus camerarius;* die Zuordnung zu den Geschlechtern nach Dobenecker II, R 534 und Register. 1195 wird auch ein Eckhard von Wartburg als Truchsess erwähnt, Dobenecker II, R 991. Beim Regierungsantritt von Ludwig IV. 1217 werden in den ersten Urkunden genannt Schenk Rudolf von Vargula, Truchsess Günther von Schlotheim, Marschall Heinrich von Tiefurt (Dobenecker II, R 1740, 1757, 1761). In seinen letzten Urkunden vor dem 24. 6. 1227 werden genannt Schenk Rudolf von Vargula, Truchsess Hermann von Schlotheim, Marschall Heinrich von Eckartsberga und Kämmerer Heinrich von Fahner (Dobenecker II, R. 2417–2419 und 2421).

5 Das Geschlecht *inter clarissimos regni primates locum, nomen et gloriam equipolenter acceperit …, ut principem decet;* Nr. 63 der Reinhardsbrunner Briefsammlung, zitiert nach Petersohn, Die Ludowinger, S. 17 f; vgl. Patze/Schlesinger II/1, S. 18

6 Nachweis bei Petersohn, De ortu, S. 604 f

7 *cum festiva vexillorum exhibicione uti moris est imperatoria largicione sollemniter extulit et principis ei nomen aptavit.* Bei seinem Tod habe er *Hermanno fratri relinquens principatum,* De ortu principum, S. 822. Vgl. Tebruck, S. 172–194; Petersohn, De ortu, S. 597–607

Das Leben Elisabeths

1 Summa vitae S. 160
2 Potthast R 2924; Schütz, Die Andechs-Meranier in Franken, S. 31
3 Osvaldus de Lasco (s. o. Anm. 54)
4 Böhmer-Ficker, V,1, R 243, 251a; 258a; Oefele S. 99 und R 629 und 630
5 Potthast R 3613; zum Verfahren A. Schütz, Andechs-Meranier in Franken, S. 33–36
6 Oefele S. 99 und R 632
7 *Nec multo post dictu principis Hermanni primogenito Ludowico, optime indolis puero, electa illa Elisabeth sancta adhuc sugens ubera nutu dei desponsata est.* Dietrich S. 25
8 *Si tentationem sentis aculeos ..., suge non tam vulnera quam ubera Crucifixi,* zitiert nach Dinzelbacher, Mittelalterliche Frauenmystik, S. 160 f. Das frühmittelhochdeutsche Hohe Lied drückt es so aus: Maria wurde als erste von Gott mit seiner innersten Liebe gesäugt, dann säugte sie ihren Sohn Jesus. *Nun sehen wir, wie wir gesäugt werden von den Brüsten der obersten Gnade ... Mit deiner Barmherzigkeit – das sind die Brüste – hast du unsere Wunden geheilt;* Wisniewski, S. 317 f
9 Wenn gesagt wird, Landgraf Hermann und König Andreas hätten keine Vermittlung nötig gehabt, weil sie schon 1204 in Verbindung gestanden hätten, denn Andreas habe damals Hermann Truppen zu Hilfe geschickt (so Hucker, Königsmord, S. 121 und 126), ist dagegen festzuhalten: Landgraf Hermann stand 1203/04 im Kampf gegen den Staufer Philipp und erhielt von König Ottokar von Böhmen Hilfe, der mit eigenen und ungarischen Truppen kam. Sollten letztere nicht nur ein Teil des böhmischen Kontingents gewesen, sondern vom ungarischen König geschickte Truppen gewesen sein, so waren sie auf jeden Fall von König Emerich gesandt, der bekanntlich den Welfen unterstützte, und nicht von Andreas, der 1203/04 in Esztergom in Haft saß. Er kam im September frei; am 17. September gab Hermann den Kampf gegen Philipp auf. Vgl. Cronica Reinhardsbrunnensis, S. 566 und 568; Dobenecker II, R 1245a, 1251, 1264 und 1264a
10 Böhmer-Ficker V,1, R 443e und 445c; 483a f, 486a, 646a; 680a und b; Dobenecker II, R 1511–1513
11 Oefele R 461a
12 Dobenecker III, R 159; v. Bogyay in: Sankt Elisabeth, S. 341. Die Urkunde Dobenecker III, R 1201, wird mit Recht als gefälscht betrachtet. Nach ihr hätten auch die Ritter Farcasius und David Elisabeth nach Thüringen begleitet und seien bei ihr geblieben, bis sie Witwe wurde; deswegen beanspruchten sie ebenfalls eine Schenkung. Doch genau bei der Verwitwung hätte Elisabeth Schutz und Hilfe der Ritter benötigt, wovon wir aber nichts erfahren.
13 So Dietrich von Apolda S. 25 f und Friedrich Ködiz S. 13, die hier offenbar die Gesta Ludowici ausgeschrieben haben, weswegen die Nachricht zuverlässig sein dürfte. Graf Meinhard von Mühlberg ist Zeuge in einer Urkunde vom März 1197, vermutlich sein Sohn Meinhard in einer vom September 1222; Dobenecker II, R 1072 und 2012.
14 Dobenecker II, R 1585; Franz, Kloster Haina, R 12 und S. 437: *filii mei Herimannus, Ludewicus, Heinricus puerili.* Wagner (in ZS d.V.f. Thüring. Geschichte 1909, S. 24) weist darauf hin, dass die Reihenfolge der Aufzählung auch durch einen Fehler des Schreibers bedingt sein könnte, da es sich um eine Empfänger-Urkunde handelt. Gewichtiger ist sein Argument, dass in dieser Urkunde, bei der es sich um die Verlegung des hessischen Klosters Aulisburg nach Haina dreht, sehr bewusst der zweite Sohn vorangestellt worden sein könnte, weil immer dieser die Grafschaft Hessen regierte.
15 Libellus 260–308. Das Ave-Maria wurde ab 1198 häufig nach dem Vaterunser gebetet. Es bestand erst aus den Grußworten des Engels und Elisabeths; das Bittgebet wurde im 15./16. Jh. angefügt.
16 Feilzer, S. 276; Wolfram, Parzival Vers 115,11 und 115,27: *ich enkan deheinen buochstab.*

17 Libellus 308–328; 333–363 und 646–657

18 Marbacher Annalen, MGSS XVII, S. 173: *Sub eodem tempore regina Ungarie, soror Eggeberti episcopi Babenbergensis et Ottonis ducis Meranie, ab ipsis Ungaris crudeliter est interempta, nulla alia causa ut dicebatur existente, nisi quod eadem regina erga Teutonicos undecunque adventantes larga fuit et liberalis, eorumque necessitati in omnibus subveniebat. Unus autem interfectorum, quidam comes nomine Petrus, a rege Ungarie postea comprehensus dicitur …* Friedrich Ködiz (S. 14 f) charakterisiert die Königin so: *senti Elyzabeths mutir was togintlich und bi wiplicher zucht hatte si gar ein menlichen freidigin mut, daz sie zu richte unde regirte alle geschefte des konigriches.* Den Mord begründet er: *daz trugin an di ediln unde di vornemstin des konigriches zu Ungern, di waren ir gram umbe des willen daz si alse gescheftig was.*

19 Libellus 364–383. Dietrich weitet seine Erzählung zu diesem Thema auf drei Kapitel aus, S. 30–32.

20 Posse I,3, R 235; Böhmer-Ficker V,1, R 507 k, 511 und 511a

21 Nach Berthold (Diese Angabe ist immer unter einem gewissen Vorbehalt zu sehen), Friedrich Ködiz S. 24 und Cronica Reinhardsbrunnensis, S. 591. Schoelen S. 136 f und Feilzer S. 156–169; 277 f stellen dar, wie das Fest im allgemeinen begangen wurde

22 Wolfram von Eschenbach, Parzival, Vers 170,10–173,6; 473,4; 489,3–16; 502,4–14; 827,19–27

23 Walther von der Vogelweide, z. B. „Ihr sollt sprechen willekommen“ und „Ich saß auf einem Steine“, Gedichte, S. 79–81 und S. 9

24 Nach Berthold, Friedrich Ködiz, S. 24; Cronica Reinhardbrunnensis, S. 591 und 593

25 Wagner, S. 29–32; Dobenecker II, R 1897 und 1899; Böhmer-Ficker V,1, R 1143. In dem Brief vom 13. Juli 1220 an den Papst rechtfertigt Friedrich II. mit diesem Streit die Wahl seines Sohnes zum deutschen König, womit er ein Versprechen brach; der Streit, wenn er denn stattfand, mag ihm recht gelegen gekommen sein.

26 Posse I,3, R 17

27 Nach Berthold, Dietrich, S. 32; Friedrich Ködiz, S. 27

28 Dobenecker II, 1940 und 1951 vom 2. 3. 1221; Posse I,3, R 288: *ut exinde dampna passis per clare memorie langravium virum tuum satisfacias competenter.*

29 Posse I,3, R 293; Dobenecker II, R 1976; 2001; 2051

30 Dobenecker II, R 2409 und 2411; Potthast R 7930

31 Libellus 658 f, 995 f wird sich auf die beiden älteren Kinder beziehen. Ziegler, Pönitentialsummen, S. 240 und 107; während der Stillzeit durften die Männer den Geschlechtsverkehr nicht fordern.

32 In dem oft missverstandenen Gebet Elisabeths in Marburg bittet sie Gott nicht darum, dass er ihre Liebe zu ihren Kindern wegnehme, sondern dass sie ihre Kinder wie alle Nächsten lieben könne. Der eine Textzeuge bringt die sich entsprechenden Teilsätze *dilectionem puerorum ei tolleret* und *pueros meos non curo, tanquam alium proximum diligo,* der andere Textzeuge *ut puerorum dilectionem ei tolleret immoderatam* und *pueros meos curo, tanquam alium proximum;* beide schließen mit *deo commisi eos, faciat de eis, quod sibi placet.* Libellus 1255 ff und 1264–1269; 2049–2054; 1536–1540

33 M. Müller, S. 19–56; Ziegler, Pönitentialsummen, S. 109–112; ein Kreuzzugsgelübde dürfe der Mann ohne Zustimmung der Frau ablegen, wenn er sie nicht dazu überreden könne; S. 250.

34 Libellus 74–76; 172–182

35 Summa vitae, S. 156: *ipsam querelosam reperiens, quod aliquando fuerit coniugio copulata et quod in virginali flore non poterat presentem vitam terminare*

36 Brandl, S. 29; 33; 125; 173; 195; Ziegler, Pönitentialsummen, S. 141; 151; 198

37 Wolfram, Willehalm, Verse 15,16; 100,7 und 24 ff; 220,30; 260,6–10; 403,1; 417,24 f; 3,3–24; 3,4–7: *Er liez en wâge iewedern tôt, der sele und des libes. Durch minne eines wîbes er dicke herzenôt gewan*

38 Libellus 464 f; 540 ff; 565–599

39 Libellus 620–625; 914–933: *Hec omnia et multa alia digna memorie, que ad presens non recolunt, fecit vivente marito suo, cum quo laudabiliter vixit in matrimonio, miro se affectu diligentes et se invicem ad dei laudem et servitium dulciter invitantes et confortantes. Maritus enim eius cum circa temporalia necessitate suorum principatuum intenderet necessario, in secreto tamen timorem dei habens semper pre oculis, beate Elysabeth*

ad omnia exercenda, que ad opus dei spectant et honorem, liberam concessit facultatem eam ad anime salutem promovendo.

40 Libellus 445–457; 643–645

41 Dazu Posse I,3, R 291; Dobenecker II, R 1953–1955 und 1963; Wagner S. 33–37. Friedrich Ködiz gab dem Kapitel die passende Überschrift: *Wi ... lantgrave Lodewig der swestir unde ores sons vormunde wart*

42 Nach Berthold, Friedrich Ködiz, S. 30 f; Cronica Reinhardsbrunnensis S. 597 f; Libellus 407–412

43 Nach Berthold, Friedrich Ködiz, S. 31–35; Cronica Reinhardsbrunnensis, S. 598–600; Wagner, S. 37–45. Jutta urkundet in der Zeit der Vormundschaft zusammen mit Ludwig und Heinrich oder stimmt zu, Dobenecker II, R 1953, 2023, 2275. Am 1. 7. 1226, als Ludwig in Italien beim Reichstag ist, urkundet sie selbständig, wobei ihr Mann Poppo Zeuge ist, Dobenecker II, R 2336. Jutta bekam in dieser 2. Ehe noch drei Kinder; der ältere Sohn wurde als Hermann I. Graf von Henneberg.

44 Dobenecker II, R 2118; III, R 44 und 50; Potthast R 8344; Böhmer-Ficker V,2, R 6757

45 Libellus 667: *ad ecclesiam remotam per difficilem descensum castri via dura et lapidosa*

46 Dobenecker II, R 1976 und 2137; Strickhausen a.a.O. und 120 f

47 Nach Berthold, Friedrich Ködiz, S. 36–40; Cronica Reinhardsbrunnensis, S. 601 f

48 Jordan von Giano, Voigt S. 529 und 535; Hardick S. 63–65; 71–73; 233–235. In dieser frühen Zeit sollte man noch nicht von einem Klosterbau sprechen, denn als Jordan in Erfurt gefragt wurde, wie er das Kloster gebaut haben wolle, antwortete er, er wisse nicht, was ein Kloster sei, und wünschte ein Haus am Fluss, damit sich die Brüder die Füße waschen könnten (S. 73). Der Bau eines Klosters wurde in Eisenach 1236 begonnen.

49 So nach Häutle S. 205–208, während Friedrich Ködiz S. 40 und 47 von der Dispens wegen *sipschaft unde mageschaft zwuschin im unde dem herzogin von Ostirriche,* die Cronica Reinhardbrunnensis S. 602 f ausdrücklich von einer *dispensatione consuanginitatis inter ipsum et ducem Austrie* sprechen, was beides auf Berthold zurückgehen dürfte.

50 Libellus 420 f, 612 f, 425 f; *uberrimam in secreto habens gratiam lacrimarum, quas tamen iocunde et sine deformatione vultus fundebat,* Libellus 909–913

51 Jakob von Vitry, Brief an Fulco, AASS zum 23. 6., S. 548 D/E und 550. Jakob von Vitry (um 1170–1240) schrieb diesen Brief als Einleitung zur Vita Marias nach deren Tod 1213. Die Tränen Marias werden zu einem Leitmotiv der Vita; vgl. Benke S. 192 ff. Katharina von Siena entwickelte im 14. Jh. eine eigene Tränenlehre, im Leben von Ignatius von Loyola spielte die Gabe der Tränen eine große Rolle.
1211–1216 hielt sich Jakob in der Diözese Lüttich auf, wurde 1213 mit der Kreuzpredigt gegen die Albigenser, kurz danach mit der für das Heilige Land beauftragt und predigte in Frankreich und den deutschsprachigen Gebieten Lothringens. 1216 wurde er Bischof in Akkon, wo er die Historia orientalis und die Historia occidentalis verfasste. Er kehrte 1225 nach Europa zurück, begleitete 1227 die Kreuzfahrer ins Heilige Land und verzichtete wohl 1228 auf seinen Bischofssitz in Akkon. Ab 1229 war er in Rom an der Kurie und wurde Kardinalbischof von Tusculum; Hinnebusch S. 5–7.

52 *quod, quando ipsa maxime iocunda fuit, maxime flevit, – quod dictu mirabile videtur, simul gaudere et flere, – et numquam, cum flebat, faciem in rugas vel deformitatem vertebat, sed lacrime quasi de fonte vultu eius serenissimo et iocundissimo existente fluebant.* Libellus 2057–2066

53 Libellus 432, 646 f, 626–642, 676 f, 904. Die Schmuckärmel waren breite, weite Stoffstreifen, die ähnlich einer Manipel am Unterarm getragen wurden und bis zum Boden herabhängen konnten. Demnach verbrauchten sie viel Stoff und wärmten kaum, konnten also nur von reichen Damen verwendet werden. Die hl. Hedwig ließ sich auf ihrem Siegel damit darstellen; Gottschalk neben S. 144. Die Ärmel, die Elisabeth bei den Edelfrauen beanstandete, waren zu eng geschnitten und mochten Elisabeth aufreizend vorgekommen sein.

54 Libellus 735: *sed vacca insolenter se habens non sustinebat.* Auch Libellus 888 f, 431 f, 712 f, u. ö.

55 Libellus 685–692

56 Libellus 727–730, 877–886

57 Libellus 1882–1884: *Conrado, qui non habet, sed est omnino mendicans*

58 *Multas enim vidimus, que divicias parentum contempnentes et maritos nobiles ac poten-*

tes sibi oblatos respuentes in magna et leta paupertate viventes nichil aliud habebant, nisi quod nendo et manibus propriis laborando acquirere valebant, vilibus indumentis et cibo modico contente; Sermo ad virgines et iuvenculas, hg. von Greven, Ursprung, S. 47. Auch S. 33–45; Anfänge, S. 197–215. Die Beginen wurden auch abschätzig Papelarda, Humiliata, Bizoke oder Coquennunne genannt.

59 *semper diligant et observent dominam nostram paupertatem*, zitiert nach Eßer, S. 64; auch S. 60–70

60 Thomas von Celano, S. 17–21; 133–135

61 *Mercenarii qui locant operas suas, pauperes sunt, de laboribus suis victum quaerentes quotidianum*. Summa theol. II/1, qu. 105,2 ad 6, zitiert nach Oexle, in: St. Elisabeth, S. 79 und 94.

62 Dobenecker II, R. 1664. Mit ihm werden Konrad, ehemaliger Bischof von Halberstadt, und der Scholaster Johannes von Xanten ernannt. Dagegen beziehen sich die Regesten Dobenecker II, R. 1627 und Franz, Kloster Haina, R. 13 mit einer Nachricht zum Jahr 1215 sicher auf Magister Konrad, den späteren Bischof von Hildesheim. Ähnlich wohl das R. 5716 bei Potthast zum Jahr 1218, womit Konrads von Marburg Tätigkeit in der Diözese Meißen fraglich wird. Caesarius, S. 351; Pixton, S. 178–191

63 Pixton, S. 172–175 und 183. Walther von der Vogelweide betrachtet den Opferstock sehr misstrauisch: *Sagt an, Hêr Stoc, hât iuch der bâbest her gesendet, daz ir in rîchet und uns Tiutschen ermet unde pfendet? … Ich waen des silbers wênic kumet ze helfe in gotes lant.* Gedichte, S. 46. Potthast R 6194

64 Dobenecker II, R 2059, 2409 und 2411. Der Papst bestätigte dies mit Urkunde vom 12. Juni 1227. Vgl. Potthast, R. 7930 und Böhmer-Ficker V,2, R. 6703

65 Summa vitae, S. 156: *querelosam reperiens*

66 Caesarius, S. 351 f

67 Caesarius S. 368. Im September 1232 eroberte Landgraf Konrad Fritzlar und brannte es nieder. Konrad von Marburg vermittelte einen Vergleich, den im Februar 1233 der Papst bestätigte; Dobenecker III, R. 323 und 333. Caesarius von Heisterbach kann mit seiner Bemerkung die Entscheidung Landgraf Konrads, in den Deutschen Orden einzutreten, eigentlich nicht gemeint haben, denn Magister Konrad starb im Juli 1233, und Landgraf Konrad trat erst im November 1234 in den Deutschen Orden ein. Auch führt Caesarius diese Entscheidung Konrads in der Vita auf die Fürbitte Elisabeths, in der Predigt auf die Fürbitte von Ludwig und Elisabeth zurück; S. 368 und 385.

68 Libellus 445–457: *Item dixit, quod beata Elysabeth vivente adhuc lantgravio marito eius et consentiente fecit magistro Conrado de Marpurch obedientiam salvo tamen iure mariti sui et promisit in manus magistri Conradi, quod servaret perpetuam continentiam, si contingeret eam supervivere mortuo marito suo, quod contigit Ysenache in cenobio sancte Katherine.* So stellt es auch Dietrich dar, S. 59.

69 *Vivo etiam marito adeo fuit obediens magistro Conrado, …* Libellus 737–758

70 Jakob von Vitry, Vita, S. 557. Vgl. Greven, Anfänge, S. 90; Grundmann, Religiöse Bewegungen, S. 195

71 *Ne uteretur bonis mariti, de quibus non haberet sanam conscientiam, quod ipsa stricte observabat,…* Libellus 458–477

72 *in cibis curie; a multiplicibus epulis impiis; Ipsa vero, licet abstineret ab illicite conquisitis, tamen, ubi poterat, vim passis satisfieri procurabat;* Libellus 497–503; 517 f; 561–564

73 *Elisabeth … de quibusdam bonis specialiter in dotem sibi assignatis familiariter sibi et suis providebat;* Libellus 488–492

74 Jakob von Vitry, Historia, hg. von Hinnebusch, S. 79 f; vgl. Lazzarino del Grosso, S. 133 f

75 Gleichnisse Mk 13,34; Mt 25,14; Lk 19,12; typisch für Lk 14,33 und 18,2; Apg 2,24 f und 4,32 ff

76 2 Kor 8,1–14

77 *iure divino omnia sunt communia omnibus: iure constitutionis hoc meum, illud alterius est;* zitiert nach Lazzarino del Grosso, S. 132.

78 Weigand, S. 336–345

79 *Proprietas possessionum non est contra ius naturale, sed iure naturali superadditur per adinventionem rationis humanae,* zitiert nach Farner, S. 132. Zu Huguccio Mollat, S. 100 und Weigand S. 336–345

80 Dietrich, S. 85: *Ipsa autem deo plena cognoscens huiusmodi commoditates et fastus principum ac divitum de incommodis et oppressionibus pauperum plerumque provenire, subduxit se eligens magis affligi cum populo dei et inter populares computari, quam deliciis regalibus interesse.* Friedrich Ködiz, S. 69.

81 Libellus 505; 511; 528–554; 518–524; 438–499

82 *Hoc ipsum libenter facerem, si familie et aliorum oblocutionem non timerem, verumtamen dante domino de statu meo cito aliter ordinabo,* Libellus 483–488 und 554–560

83 *tempore generalis famis et caristie,* Libellus 759 f; Cronica Reinhardsbrunnensis S. 605; Summa vitae S. 157

84 *omnem annonam de suis grangriis specialibus collectam in pauperum elemosinas expendit multis tantum dans singulis diebus, quantum sustentationi necessarie sufficiebat,* Libellus 762–768. *Generalem elemosinam,* Libellus 775–876

85 Curschmann, S. 70–80. An Bischof Raoul, der 1194 bei der großen Hungersnot nicht so handelte, schrieb Petrus von Blois: *Der Herr hat dich eingesetzt, damit du das Salz der Erde seist; hüte dich davor, zum verdorbenen Salz zu werden … Pauper Christi vicarius es … Öffne also dein Herz und deine Speicher, damit du nicht der ewigen Verdammnis verfällst … Bereits sind Tausende von Armen an Hunger und Not gestorben, und noch nicht auf einen einzigen hast du deine wohltätige Hand gelegt … Andere Bischöfe haben sich verschuldet, um den Armen zu helfen. Du aber begnügst dich damit, Abgaben einzuziehen.* Zitiert nach Mollat, S. 101

86 Libellus 782; *consolatrix pauperum* und *reparatrix famelicorum,* Summa vitae, S. 157

87 Summa vitae, S. 157: *in hiis omnibus viri sui felicis memorie voluntas non ingrata fuit inventa.* Dietrich von Apolda (S. 58) legt Ludwig den Satz in den Mund: *Sinite … eam benefacere et quecumque vult pro deo dare; Wartborch tantum et Niuvenberg castra mee dicioni servate.*

88 Dobenecker II, R. 2058 f, 2131, 2144. Zum Vergleich: Kaiser Friedrich I. verlangte beim 3. Kreuzzug 1187–1192 von jedem Kreuzfahrer, dass er sein eigenes Pferd mitbringe und sich zwei Jahre lang selbst verpflege.

89 Dinkler-von Schubert, S. 97 und 164; Abbildung in Sankt Elisabeth, S. 195; Dietrich S. 61

90 Walther, Gedichte, S. 9, 18, 28 und 171: *im dienent kristen juden unde heiden, der elliu lebenden wunder nert.*

91 Wolfram, Willehalm, 49,1–27; 65 f; 259,6–12; 357,22–30; Vers 253,9–11: *ich schûr sîner hantgetât, der beide gemachet hât, den kristen und den heiden*; 306,27; 450,18 f. Vgl. Bumke, Willehalm, S. 102 f; 24 ff; 152 ff

92 zitiert nach H. E. Mayer, S. 43; Brief vom 26. 3. 1229, zitiert nach Kluger, S. 84

93 Dobenecker II, R 2261; Wyß, R 13; Kluger, S. 59

94 Böhmer-Ficker V,1, R 1568a und 1569

95 Cronica Reinhardsbrunnensis, S. 604; Friedrich Ködiz, S. 41; Posse I,3, R 354–371

96 Dobenecker II, R 2458; Böhmer-Ficker V,1, R 1715, hier allerdings ohne Erwähnung der Beitragssumme. Vgl. Patze, Geschichte Thüringens II,1, S. 35, und Wagner, S. 73. Friedrich Ködiz (S. 53) hält Ludwig für weitaus großzügiger: *da wolde he zihen unde reisen uff sinen eigen solt unde zerunge, daz her nimand schatzen noch schindin dorfte, unde betrachte daz, daz her sine herschaft lant unde lute alliz von der gnade gotis hatte, dar umbe duchte iz on recht unde mogelich daz her got da von dinen solde unde geistliche ritterschaft triben*

97 Dobenecker II, R 2051: Ludwig gibt dem Kloster Pforta sechs Höfe und erhält dafür vier Höfe, bares Geld und Schuldenerlass R 2001: Ludwig kann bei Cesarius von Lewenberg seine Schulden nicht bezahlen, leiht sich die Summe beim Abt von Georgenthal, kann sie diesem nicht zurückgeben und verschreibt ihm deshalb im März 1222 Grundbesitz, der aus dem Dos seiner Mutter stammte. R 2000 und Böhmer-Ficker V,1, R 1379: Ludwig und Jutta wollen die Einkünfte aus der Silbergrube des Bischofs von Meißen an sich ziehen, was ihnen aber vom Kaiser verboten wird. Dobenecker II, R 2137: Ludwig schickt dem Kloster Kaufungen den Novel-Zehnten von Niederzwehren wieder zu, den er ihm entzogen hatte. R 2234: Ludwig befreit zwei Dörfer von allen Lasten, bis er dem Georgskloster in Naumburg seine Schuld von 44 Mark zurückbezahlt habe. Offensichtlich ist Ludwig froh, seiner Schwester Agnes keine Mitgift geben zu müssen; diese Ausnahme vermerkt noch Friedrich Ködiz (S. 48): *an alle metegabe.*

98 Böhmer-Ficker V, 1 1598; 1638a. Bei der Eventualbelehnung für Ludwigs Sohn Hermann

vom September 1227 ist nur noch von der *Mark Meißen und allem Zubehör* die Rede, nicht mehr von Preußen; Böhmer-Ficker, R 1710; Dobenecker II, R 2444. Friedrich Ködiz S. 43 und die Cronica Reinhardsbrunnensis S. 605 drücken sich so aus, als sei es gegenüber Ludwig eine echte Belehnung gewesen: *contulit sibi iure pheudi marchiam Mysnensem et Lusaciam et terram Pruscie quantum expugnare valeret et sue subicere potestati.*

99 Die Cronica Reinhardsbrunnensis, S. 606 erzählen, Graf Poppo von Henneberg habe Ludwig wegen der Eventualbelehnung beim Durchqueren seines Gebiets gefangen nehmen wollen, was Ludwig mit einem nächtlichen Gewaltritt verhindert habe. Aber schon im November beim Hoftag in Würzburg ist nichts von einer Verstimmung überliefert.

100 Nach Berthold, Friedrich Ködiz S. 47–49; 54; Dobenecker II, R 2415–2421; 2423 f; 2385; Posse I,3, R 380; Dietrich, S. 62 f;

101 Dietrich, S. 61 f: *Habebat tunc in utero conceptam prolem, quam pari voto sanctificantes domino obtulerunt ipsius eciam famulatui perpetuo ad religionem monasticum dedicantes. Decreverunt autem, ut, si puer masculus nasceretur, in Ramerstorff, si vero puella, in Alldenburch Premonstratensibus monasteriis sub regula beati Augustini locaretur.* Vgl. Friedrich Ködiz, S. 52 f und Cronica Reinhardsbrunnensis, S. 609

102 Dobenecker II, R 2371–2374; 2396–2403; 2401–2403; Böhmer-Ficker V,2, R 6657; 6685

103 Der Hohlpfennig stammt aus einem gegen 1240 bei Niederkaufungen in die Erde gekommenen Münzschatz und befindet sich jetzt in den Staatlichen Kunstsammlungen Kassel. Siehe in: Sankt Elisabeth, S. 364. Vgl. Shahar, S. 139. Auch Heinemeyer, Landgraf Ludwig, S. 34, und Elpers, Hess. Jb. f. Landesgesch. 1996, S. 95, sehen durch diese Münze Elisabeth als Mitregentin bestätigt. Die Münze könnte sich allerdings auch auf die Zeit von 1226 beziehen, die aber für eine Münzprägung doch wohl zu kurz war.

104 Dobenecker II, R 2409–2411; Böhmer-Ficker V,2, R 6703; Potthast, R 7930

105 Nach Berthold, Friedrich Ködiz, S. 56 f, Cronica Reinhardsbrunnensis, S. 610 f; Dietrich 67; Alpers, S. 29

106 Böhmer-Ficker V,1, R 1701; R 1706; 1708

107 Dies wurde bisher m. W. in der Literatur zu Ludwig und Elisabeth nicht beachtet, geht aber eindeutig aus den Angaben der Cronica Reinhardsbrunnensis, S. 611 hervor und aus Jakobs Zeugenschaft in der Urkunde über die Eventualbelehnung für Ludwigs Sohn Hermann mit Meißen, Böhmer-Ficker R 1710; Dictionnaire d'Histoire et de Géographie I, Sp. 372; Dobenecker II, R 2444

108 Dietrich, S. 76, und Friedrich Ködiz, S. 62, schildern das Verfahren so: Der Leichnam war bei der ersten Beerdigung in zwei wachsgetränkte Tücher eingewickelt worden und wurde jetzt wieder ausgegraben. Er wurde so lange gekocht, bis sich das Gebein ablöste. Dieses wurde in zwei neue Schreine gelegt, die verschlossen, mit einem silbernen Kreuz verziert und über ein Maultier gehängt wurden; so wurde die Reise angetreten. Dieser Bericht geht in seiner Ausführlichkeit kaum auf Berthold zurück, ist aber glaubwürdig, denn diese Methode war verbreitet und wurde mehrmals, so wieder 1300 durch Papst Bonifaz VIII. verboten, Meffert S. 393 f.

109 Dietrich, S. 70. Auch den Gefühlsausbruch Elisabeths möchte ich ins Reich der Fantasie verweisen.

110 Dobenecker II, R 2461. Konrad urkundet erst am 13. Aug. 1231 als Landgraf, Dobenecker III, R 211; Werner, Heinrich Raspe, S. 129 f und 141–145

111 Libellus 940–945; 992–994; 1772–1784: *Mortuo marito beate Elysabeth non fuit permissa ad tempus uti bonis mariti sui prepedita a fratre mariti sui. Poterat quidem sustentationem habuisse cum fratre mariti sui, sed de preda et exactione pauperum, que sepius in curiis principum fiunt, noluit victum habere et elegit abiecta esse et opere manuum eius velut questuaria victum acquirere*

112 In der Schutzurkunde vom 2. 3. 1221 für die Landgräfin Sophia heißt es: *personam tuam cum omnibus bonis tuis;* ähnlich für die Landgrafen Konrad und Heinrich, Posse I,3, R 288; 487; 495. Summa vitae, S. 33. Fried, S. 261 und 307–309 weist darauf hin, dass der allgemein verkündete päpstliche Schutz für Kreuzfahrer im 13. Jh. mehrmals keine Wirkung hatte und deshalb einzelne Schutzbriefe für Waisen und Witwen erbeten wurden.

113 *Ipsa vero intrans civitatem sub castro sitam intravit pauperem domum in curia cuiusdam tabernarii, in qua erant vasa et supellex cauponis, et in qua iacuerant porci illius,*

ubi fuit illa nocte in magna iocunditate. In matutinis vero in media nocte ibat ad fratres minores in eodem opido petens ab eis, ut decantarent „Te deum laudamus“, gaudens et gratias agens domino de sua tribulatione. Libellus 946–960

114 Seine Frau Elisabeth, vielleicht eine Tochter des Markgrafen von Brandenburg, stimmte in zwei Urkunden vom 16. Mai 1228 einer Schenkung an das Kloster Ichtershausen zu. Sie starb im September 1231 und wurde in Reinhardsbrunn begraben; Dobenecker III, R 14; 15; 212. Heinrich Raspe heiratete noch zwei Mal, bekam aber keine Kinder.

115 Libellus 986 f

116 *inopia cogente ad diversa loca et remota parvulos suos misit, ut ibi alerentur,* Libellus 995–999

117 Dazu vgl. Schütz und Mötsch in: Andechs-Meranier, S. 40–43 und 132. Otto VIII. wurde 1236 volljährig, woraus sich das Geburtsdatum 1218 errechnen lässt.

118 *Ab omnibus hominibus mariti sui persecutionem patiens,* Libellus 992

119 Libellus 1000–1015

120 Libellus 1016–1020; 1070–1079: *Que ibi vidi, non expediunt revelari, sed scias me in magno gaudio fuisse et mira dei secreta vidisse.*

121 Libellus 1020–1069. *Ita domine tu vis esse mecum et ego volo esse tecum et numquam volo a te separari … Vidi celum apertum et illum dulcem Jesum dominum meum inclinantem se ad me et consolantem me de variis angustiis et tribulationibus, que circumdederunt me, et cum vidi eum, iocunda fui et risi, cum vero vultum avertit, tamquam recessurus, flevi. Qui misertus mei iterum vultum suum serenissimum ad me convertit dicens: Si tu vis esse mecum, ego volo esse tecum. Cui ego respondi …*

122 Libellus 1080 ff; Summa vitae 159: *per aliquot horas in excessum mentia raperetur …*

123 Thomas von Cantimpré, AASS zum 16. Juni, 192

124 Mechthild, Buch VI, Kap. 1, S. 205; II.,3, S. 40; VI.,16, S. 226

125 *insolens verbum, insolentia verba,* zitiert nach Ruh, Geschichte I, S. 259

126 Thomas von Cantimpré, S. 193; vgl. Ruh, Geschichte II, S. 93

127 Hadewijch, Brieven, S. 163; Visioenen, S. 44 und S. 134

128 Mechthild, IV.,15, S. 130 und III.,5 S. 83

129 Ruh, Geschichte I, S. 275; Hadewijch, Visioenen, S.153

130 Fmhd.(Trudperter) Hohes Lied, 6,22; Hadewijch, Visioenen, S. 140 und 142; Jakob von Vitry, Vita der Maria von Oignies, S. 569–571; Libellus 2112–2131

131 Hadewijch, Brieven, S. 136 f; 244 f; Taigel, S. 207

132 Dinzelbacher, Vision, unterscheidet die frühen und die späten Mystiker: Die frühe Mystik ist eher Erlebnismystik, die späte ist spekulative Mystik. In der Frühzeit tritt die Vision oder Erscheinung eher spontan auf, ist einmalig und lang und verändert den bisherigen Lebensweg. In der späteren Phase wird die Vison erwartet und erbetet, tritt häufig auf, ist aber kurz; sie bestärkt den bisherigen Lebensweg. In der frühen Zeit steht oft eine Sach- oder Glaubensfrage im Mittelpunkt, in der späten geht es meist um das persönliche Verhältnis zu Gott (Übersicht S. 229 f). Bis auf das letzte Kriterium ist Elisabeth also der Frühzeit der Mystik zuzurechnen.

133 *mihi commendaretur* und *mihi duxisset commendendam,* Summa vitae S. 156 und 157

134 *cogebat eam, ut balnearetur … Hic balneatum est. Et subito de doleo exivit, corpori suo tantum comodi nolens impendere …,* Libellus 1847–1858

135 Böhmer-Ficker V,1, R 1701. Ein dritter Zeuge dieser Urkunde, Bischof Sifrid von Regensburg, starb übrigens als einer der ersten am 23. 8. an der Seuche, R 1709a.

136 Von Winterfeld, Der Dom in Bamberg I, 1979, S. 90; 93–95 und 141–145. Zum frühen Ansatz des Dombaus vgl. die Forschungen von Hubel und Schuller, Überlegungen, in: das münster, 2003, S. 310–325

137 *Tam firma est fiducia mea in domino qui novit votum meum de servanda continentia, … quod de ipsius misericordia confidens scio esse impossibile, quin observet meam castitatem contra omne humanum consilium ac violentiam … Immo si avunculus meus me invitam alicui tradiderit, animo et verbis dissentiam et, si aliam viam evadendi non haberem, secrete propium nasum meum truncarem, et sic nullus curaret me, tam deformiter mutilatam.* Libellus 1103–1126

138 Ketsch, Frauenbild, S. 151; 199

139 *Quadam vero die cum invita duceretur ad quoddam castrum Botenstein, ibi servanda, donec desponsaretur, sicut ipsa intellexit,* Libellus 1127–1131

140 Böhmer-Ficker V,1, R 1725a

141 Libellus 1132–1141

142 *Domine, gratias ago tibi, quia in ossibus mei mariti multum desideratis misericorditer me es consolatus. Tu scis quod quantumlibet eum dilectissimum tibi a se ipso et a me in subsidium terre sancte oblatum non invideo. Si possem eum habere, pro toto mundo eum acciperem, semper secum mendicatura. Sed contra voluntatem tuam te teste nollem eum uno crine redimere, nunc ipsum et me tue gratie commendo, de nobis fiat tua voluntas.* Libellus 1144–1161

143 Dietrich, S. 78: *in pratello*; 82–84; Friedrich Ködiz, S. 64; 67–69

144 Libellus 1162–1172; Dietrich, S. 78 f; Friedrich Ködiz, S. 65, erweitert übertreibend: *andirs wolde der bischof nicht erloube daz sie das gebeine unde ouch sente Elisabeth in keine wis kein Doringinlandin furtin.* Damit hätte der Bischof die Beerdigung in Reinhardsbrunn unmöglich gemacht!

145 Dobenecker III, R 13–15

146 Der Libellus (1168) nennt die Güter *dote recuperanda;* Konrad schreibt: *quibus volui de hiis, que pertinebant ad eam ratione dotis* und führt an, Elisabeth sei ihm gegen seinen Willen nach Marburg gefolgt: *me licet invitum secuta est Marpurc,* Summa vitae, S. 158. Das muss der Angabe der Hofdamen, Elisabeth sei auf das Gebot – *ad mandatum* – Konrads hin nach Marburg gegangen (Libellus 1178), nicht direkt widersprechen, sondern könnte anzeigen, dass Konrad sich mit seinem ersten Vorschlag nicht durchsetzte und das Hospital nach allgemeinem Beschluss in Marburg gebaut werden sollte; als es an der Zeit war, habe Konrad Elisabeth aufgefordert zu kommen. Langer Libellus 1241: *Quo (Conrado) mediante*

147 Dieser war vorher kein Bestandteil der Dos, denn in einer Urkunde von Heinrich Raspe und Konrad von 1232 heißt es: *quod hospitale ... Elisabeth ... fundaverat, in haereditate nostra situm est, in qua ne unum agrum habet vel habuit, quae ad nos cum area, in qua ipsum aedificatum est ex parte fratris nostri non devenisset ... ipsi a nobis fuit assignatum.* Wyss I, R 25. Vgl. Werner, Anfänge, S. 123 und 128

148 Cronica Reinhardsbrunnensis, S. 598; nach Friedrich Ködiz, S. 31, fand ein großer Gerichtstag der Burgmannen statt.

149 Wyß I, R 16; Dobenecker III, R 9

150 Libellus 1180–1211. Das Landgut wird in der Nähe gelegen und zu ihrem Besitz gehört haben. Der lange Libellus malt die Schwierigkeiten kräftig aus. Die Angabe Wigand Gerstenbergs vom Ende des 15. Jhs., dieses Landgut habe in Wehrda gelegen, ist nicht glaubwürdig.

151 Bestätigung von 1234: Wyß I, R 25 und 42. Die Erträge erwiesen sich später als zu gering für den Unterhalt des Hospitals, so dass die Landgrafen das Patronat der Pfarrei zustifteten.

152 Vgl. Craemer, Das Hospital als Bautyp, bes. S. 17 f; 48; 51 f

153 Wyß I, R 18. Zum ganzen Abschnitt vgl. Werner, Anfänge, S. 131

154 Reicke I, S. 53–60; II, S. 19–38; 118–123. Der Papst bestätigt 1231 den Brüdern des Hospitals, womit die Bruderschaft einschließlich der Schwestern gemeint ist, das Patronatsrecht, Wyß I, R 22

155 Wyß I, R 33; Caesarius, S. 366; Wyß I, R 25–27

156 Libellus 1308 f; 1731–1748; Summa vitae, S. 158 f

157 Libellus 1805 ff; 1549; Maurer, Hospital, S. 296 f

158 Dobenecker III, R 44 und 50; Maurer, Hospital, S. 287 f

159 Hg. von Heinisch. Den Brief erwähnt auch der lange Libellus, 1233–1238

160 Libellus 1216–1233

161 *Vita sororum in seculo despectissima est et, si esset vita despectior, illam elegissem,* Libellus 1875

162 Degler-Spengler, S. 85; Lexikon des MA VIII, Sp. 557 f. Papst Nikolaus war der irrigen Meinung, Franziskus selbst sei der Erfinder der Tertiaren gewesen.

163 *fratrum minorum habitum griseam induens aput Marpurch in totum et publice se vite secularis illecrebis abdicavit,* Vita aus Zwettl, S. 256; die Wörter *fratrum minorum* und *et publice* sind gegenüber dem Libellus 1194 eingeschoben.

164 *et habitu minorum, quem, ut potuit, assumpsit,* Konrad Holtnicker, S. 289

165 *Rodegerum ... magister discipline spiritualis beate Elizabeth, docens eam servare castita-*

tem, humilitatem et pacienciam, in oracionibus invigilare et operibus minime insudare, Jordan von Giano, Voigt S. 529; Hardick S. 64 f

166 Libellus 1720 ff, 2218, 1196–1210, 1325 ff: *quia nichil sibi retinuit in proprias necessitates*

167 Libellus 1480–1581; *et capillos precisos ornatissimos vidimus,* Libellus 1546

168 Libellus 1250–1273. Sicher musste Elisabeth ihrer Tochter einige hundert Mark als Aussteuer mitgeben oder versprechen. Ihren Anteil am väterlichen Erbe erhielt Gertrud erst nach dem thüringisch-hessischen Erbfolgekrieg 1265. Libellus 1813 ff

169 *bono zelo ac intentione,* Libellus 1273–1299

170 Libellus 1306–1314; 1334–1343; Summa vitae S. 158 f: *Quo percepto – parcat mihi Dominus – … gravissime castigavi*

171 Libellus 2023–2048; *Ecce! tam pio dolo in operibus misericordie preceptis magistri Cunradi obviavit, salva in omnibus obedientia,* Caesarius, S. 376

172 Libellus 1731–1756; Summa vitae, S. 158: *mulier indubitanter prudentissima*; Libellus 2103 f: *eius sanctitate, humilitate, patientia et discretio*

173 Libellus 1886 ff; *per quam (infirmitatam) divino obsequio se subtraheret et sic de nimia abstinentia domino redderet rationem,* Libellus 1952–1962

174 Libellus 1938–1951. Babrios war ein griechischer Schriftsteller des 1. Jhs. n. Chr. Seine Fabeln lebten im Mittelalter in lateinischen Fabelsammlungen des Aesop weiter.

175 Libellus 600–610; 1763–1772

176 Caesarius, S. 360. Er spielt damit auf die beiden päpstlichen Beauftragungen an: 1227 zur Reformierung von Welt- und Ordensklerus und zum Aufspüren von Ketzern, und im Oktober 1231 zum selbständigen Ketzerrichter. Bei diesen Prozessen ging Konrad zwar streng nach den neuen Rechtsvorschriften vor, schenkte aber den Anklägern mehr Vertrauen als dem Angeklagten. Als er 1233 zum Ketzerkreuzzug aufrief, baten ihn sogar die Erzbischöfe von Mainz, Trier und Köln um Mäßigung, und König und Reichsfürsten sandten zum Papst und baten um Klärung. Vgl. dazu die beiden Aufsätze von Patschovsky, bes. S. 690. Wormser Annalen S. 39

177 Libellus 558; 780; 900; 940; 977; 1013; 1394; 1355; 2093–2101: *Item in tribulatione gaudens et iocundissima et patientissima erat, ita ut numquam visa est molestiam pati. Hec sustinere non poterat, quod quis inutilia coram ipsa loqueretur et verba iracundie, quia statim sic dicebat: Ubi nunc est dominus?*

178 Libellus 954; 958; 1013; 1355; 1395; 1846; 1225 ff; 2017

179 Libellus 855; *in maxima hilaritate,* 908; 1570 ff; 1714; 1756; 2134; 2127; *iocundissime,* 2152

180 Libellus 1981 f; 1993–2010; 1963–1981

181 Libellus 1783 f, 1897, 1870 f: *Ne supra debitum et, quod labore non meruerat, quidquam haberet.* Dieselbe Aussage macht Jakob von Vitry über die Beginen: *nichil aliud habebant, nisi quod nendo et manibus propriis laborando aquirere valebant,* Sermo, hg. bei Greven, Ursprung, S. 47, und über Maria von Oignies: *Unde manibus propriis, quamdiu potuit, laboravit, … ut sibi etiam victum et vestitum … aquireret,* Vita S. 555 f. Von Ida von Löwen (um 1211–1290), die vor ihrem Ordenseintritt1233 als Begine lebte, wird berichtet, sie habe sich nachts mit Handarbeit abgeplagt, dadurch den Lebensunterhalt für sich erworben und die Not der Armen gelindert, Vita S. 161

182 Libellus 1381–1385

183 Libellus 1397–1407, 1706–1715, 1725–1756, Summa vitae, S. 158 f

184 Libellus 1955, 2011–2022, 1755 ff

185 Der Libellus 1408–1479 gibt zwar eine Ortschaft Werden an, doch das früher darunter verstandene Dorf Wehrda besaß weder ein Kloster noch einen Stadtrichter; vgl. Huyskens, Libellus, S. 53 und 58. Maurer, Hospital S. 294, meint, Elisabeth sei zweimal in Wetter gewesen. Das geht aus dem Libellus nicht hervor, denn die beiden Ereignisse können bei einem Aufenthalt stattgefunden haben und werden beide von der Hospitalschwester Elisabeth erzählt.

186 Libellus 1582–1689, 1839–1846

187 *sculpturas sumptuose deauratas – Ecce melius posuissetis hanc expansam in vestibus vestris et victualibus, quam in parietibus, quoniam hanc sculpturam imaginum in corde vestro gerere deberetis. – Non habeo opus tali imagine, quia eam in corde meo porto.* Libellus 2072–2092

188 Wyss I, R 22; 26; Werner, Anfänge, S. 133

189 Dobenecker III, R 211, 216, 231, 323, 472–474; Posse I,3, R 430; Werner M., Heinrich Raspe, S. 150–152

190 Jordan von Giano, Hardick S. 85–87

191 Wyß I, R 18; Maurer, Hospital, S. 308 f: *Als man 1786 den damals in die Firmanei der Deutschordensherren versetzten Altar abbrach, fand man in einem Reliquiar noch einige Tuchreste, die auf jene Erwerbung zurückgehen könnten.* Das Reliquiar befindet sich heute im Universitätsmuseum für Kunst und Kulturgeschichte in Marburg. Vgl. dessen Abbildung in Sankt Elisabeth, Katalog Nr. 153, S. 535–537. Damit lässt sich auch die Legende, der Papst habe Elisabeth den Mantel von Franziskus gesandt, auf einen historischen Kern zurückführen.

192 Summa vitae, S. 159 f

193 Libellus 2112–2145, 2169–2209

194 Thomas von Celano, S. 73; ... *in medium juvencularum tympanistriarum principibus coelestis exercitus commixtis, psallentibus, anima felix ad liberas auras exultans, evolat ad superna,* Thomas von Cantimprè, S. 208

Nachklänge

1 Kanonisationsbulle S. 79. Ähnlich argumentiert schon Jakob von Vitry im Brief an Fulco: *Was Gott heute in seinen Heiligen wirkt, kann zum Zeugnis gegen die Häretiker öffentlich verkündet werden.* S. 549B

2 So im Brief an Elias

3 Chronik aus St. Pantaleon in Köln, S. 845; Caesarius von Heisterbach S. 386 f

4 Wyß R 25–27; 33; 40; 42; 45; Dobenecker III, R 273–277; Werner, Anfänge, S. 139–149

5 Dobenecker III, R 737; 801; Werner, Heinrich Raspe, S. 208–215

6 Goez, Lebensbilder; Werner, Mater Hassiae

7 Reuling in: Sankt Elisabeth, S. 375–377

Quellen- und Regesten-Verzeichnis

Annales Colonienses Maximi (St. Pantaleon in Köln), hg. Pertz Karl, Monumenta Germaniae Scriptores (= MGSS) XVII, Hannover 1861, S. 723–847

Annales Marbacenses (Marbach im Elsass), hg. Wilmans Roger, MGSS XVII, Hannover 1861, S. 142–180

Annales Wormatienses, hg. von Bethmann Ludwig, MGSS XVII, Hannover 1861, S. 34–73

Ballade „Landgraf Ludwig und die hl. Elisabeth", hg. Alpers Paul, Das Wienhäuser Liederbuch, in: Jahrbuch des Vereins für ndt. Sprachforschung 69/70 (1943/47), S. 29–30

Böhmer-Ficker, Bände V, 1 und 2, Die Regesten des Kaiserreiches unter Philipp, Otto IV., Friedrich II., Heinrich (VII.), Konrad IV., Heinrich Raspe und Richard 1198–1272, hg. Böhmer Johann Friedrich und Ficker Julius, Innsbruck 1881 und 1892–1894, Nachdruck Hildesheim 1971

Caesarius von Heisterbach, Vita sanctae Elyzabeth Lantgravie und Predigt, hg. Huyskens Albert, Die Schriften des Caesarius von Heisterbach über die hl. Elisabeth von Thüringen, in: Publikationen der Gesellschaft für rheinische Geschichtskunde 43, Die Wundergeschichten des Caesarius von Heisterbach, hg. von Hilka Alfons, Bonn 1937, Band 3, S. 331–390

Cronica Reinhardsbrunnensis, hg. von Holder-Egger Oswald, in: MGSS XXX/I, Hannover 1896, S. 490–656

Cronica S. Petri Erfordensis moderna, hg. Holder-Egger Oswald, in: MGSS XXX/I, Hannover 1896, S. 335–480

De ortu principum Thuringiae, hg. von Tebruck Stefan, Die Reinhardsbrunner Geschichtsschreibung im Hochmittelalter, Frankfurt a. M. u. a., 2001, S. 398–408

Dietrich von Apolda, Vita S. Elyzabeth, hg. Rener Monika, Die Vita der heiligen Elisabeth des Dietrich von Apolda, Marburg 1993
Dobenecker Otto, Regesta diplomatica necnon epistolaria historiae Thuringia, 2, Jena 1900
Epistola examinatorum sancta Elisabeth ad dominum papam, hg. Huyskens Albert, Quellenstudien zur Geschichte der hl. Elisabeth, Marburg 1908, S. 155
Forma de statu mortis Lantgraviae de Thuringia mit Wunderbericht, hg. Huyskens Albert, Quellenstudien zur Geschichte der hl. Elisabeth, Marburg 1908, S. 148–150
Franz Eckhart G., Kloster Haina. Regesten und Urkunden, Marburg 1962, Band 1: 1144–1300, (Veröffentlichungen der Historischen Kommission für Hessen und Waldeck 9,5)
Friedrich Ködiz, Leben des hl. Ludwig, hg. Rückert Heinrich, Das Leben des hl. Ludwig, Landgrafen von Thüringen, Gemahls der hl. Elisabeth, nach der lateinischen Urschrift übersetzt von Friedrich Ködiz von Saalfeld, Leipzig 1851
Hadewijch, Brieven, hg. van Mierlo Joseph, Antwerpen 1947
Hadewijch, De Visioenen van Hadewijch, hg. van Mierlo Joseph, Leuven–Gent–Mechelen 1924 und 1925
Jakob von Vitry, Historia occidentalis, hg. von Hinnebusch John Frederick, Fribourg 1972
Jakob von Vitry, Sermo ad virgines et iuvenculas, hg. von Greven Joseph, Der Ursprung des Beginenwesens, in: Historisches Jahrbuch im Auftrag der Görresgesellschaft 35 (1914), S. 41–49
Jakob von Vitry, Vita der seligen Maria von Oignies mit Brief an Fulco, Acta Sanctorum zum 23. Juni, Paris und Rom, 3. Aufl. 1867, S. 547–572
Jordan von Giano, Denkwürdigkeiten, hg. Voigt Georg, Die Denkwürdigkeiten (1207–1238) des Minoriten Jordanus von Giano. Abhandlungen der philol.-historischen Klasse der königl.sächs. Gesellschaft der Wissenschaften 5, Leipzig 1870, (12. Band der Abhandlungen), S. 421–545; Hardick Lothar, Nach Deutschland und England. Die Chroniken der Minderbrüder Jordan von Giano und Thomas von Eccleston, Werl 1957. Franziskanische Quellenschriften 6 (deutsche Übersetzung nach verbessertem Text (Boehmer-Auweiler) durch K. Kohorst), S. 39–95
Kaiser Friedrich II., Brief an Bruder Elias OFM von 1236, in: Heinisch Klaus J., Kaiser Friedrich II. in Briefen und Berichten seiner Zeit, Darmstadt 1978, S. 296–298
Kanonisationsbulle „Gloriosus in maiestate“ vom 1. 6. 1235, in: Rener Monika, Die Vita der hl. Elisabeth des Dietrich von Apolda, Marburg 1993, S. 136–138
Konrad Holtnicker (Holzinger), Sermo de sancta Elisabeth; Bonaventura, Opera omnia, Moguntiae 1609, S. 289–290
Konrad von Marburg, Summa vitae mit Begleitschreiben, hg. Huyskens Albert, Quellenstudien zur Geschichte der hl. Elisabeth, Marburg 1908, S. 155–160
Landgrafenpsalter, hg. Löffler Karl, Der Landgrafenpsalter, Leipzig 1925
Libellus de dictis quatuor ancillarum, Bericht aus den Protokollen der Zeugenaussagen vom Januar 1235, hs. Huyskens Albert, Der sog. Libellus de dictis quatuor ancillarum s. Elisabeth confectus, München und Kempten 1911. Deutsche Übersetzung von Krage Otto in: Nigg Walter, Elisabeth von Thüringen, Heilige der ungeteilten Christenheit 5, Düsseldorf 1963, S. 70–107
Mechthild von Magdeburg, Das fließende Licht der Gottheit, hg. Neumann Hans, Band 1, Text, besorgt von Vollmann-Profe Gisela, München–Zürich 1990
Narratio brevis de Translatione sanctae Elisabethae, hg. Schoettgen Christian und Kreysig M. Georg Christoph, Diplomataria et Scriptores Historiae Germanicae medii aevi, Altenburg 1753, S. 107–108
Oefele, Edmund Freiherr von, Geschichte der Grafen von Andechs, Innsbruck 1877
Osvaldus de Lasco, Sermones de sanctis Biga salutis intitulati, Hagenau 1497, 108. und 109. Predigt
Papst Gregor IX., Brief an den Mainzer Erzbischof u. a. vom 14. 10. 1232, hg. Graf von Montalembert, Leben der hl. Elisabeth von Ungarn, übersetzt von Städtler J. Ph., 3. Aufl. Regensburg 1862, S. 682–683
Papst Gregor IX., Brief an Beatrix von Kastilien vom 7. 6. 1235, in: Lemmens Leonhard, Mitteilungen des historischen Vereins der Diözese Fulda 4 (1901), S. 2–6
Papst Gregor IX., Brief an das Hospital vom 1. 7. 1234, Monumenta Germaniae Epistolae saeculi 13 e regestis Pontificum Romanorum selectae I, Berlin 1883, S. 275–476
Papst Gregor IX., Brief an den Bischof von Hildesheim vom 11. 10. 1234, a.a.O., S. 486

Papst Gregor IX., Brief an Elisabeth von 1228 (?), hg. Heinisch Klaus Joachim, in: Franziskanische Studien 25 (1938), S. 380–382; deutsch in: 700 Jahre Elisabethkirche in Marburg 1283–1983, Katalog Bd. 4 (Walter Heinemeyer), S. 85–86
Papst Gregor IX., Brief vom 13. 10. 1232, hg. Huyskens Albert, Quellenstudien zur Geschichte der hl. Elisabeth, Marburg 1908, S. 85
Posse Otto, Codex diplomaticus Saxoniae regiae (CDS) I,2 Leipzig 1889; I,3 Leipzig 1898
Potthast A., Regesta pontificum Romanorum inde ab a. post Christum natum 1198 ad a. 1304, 2 Bände, Berlin 1874–1875
Processus et ordo canonizationis beate Elyzabet propter quorundam detractiones et calumpnias (Raymund von Peñaforte ?), Huyskens Albert, Quellenstudien, S. 142–146
Thomas von Cantimpré, Vita der seligen Lutgard von Tongern, Acta Sanctorum zum 16. Juni, 3. Aufl. 1867, S. 189–239
Thomas von Celano, Das Leben der heiligen Klara von Assisi, hg. von Grau Engelbert, Leben und Schriften der heiligen Klara, 1960
Vita aus Zwettl „Beata autem Helisabeth regiis orta natalibus", hg. Henniges Diodorus, Vita s. Elisabeth Landgraviae Thuringiae auctore anonymo, in: Archivum Franciscanum Historicum 2 (1909), S. 240–268
Vita beatae Idae virginis Cist. Ord. Lovaniensi, vallis rosarum, Acta sanctorum zum 13. April, 3. Aufl. 1866, S. 158–189
Walther von der Vogelweide, Die Gedichte, hg. von Kraus Carl von, 1950 u. ö.
Wolfram von Eschenbach, Parzival, hg. von Leitzmann Albert, 1948
Wolfram von Eschenbach, Willehalm, hg. von Leitzmann Albert, 1958
Wunderbericht vom 11. August 1232, Wyß Arthur, Hessisches Urkundenbuch I, UrkB der Deutschordensballei Hessen, Publikationen aus den Preußischen Staatsarchiven 3, Leipzig 1879, S. 25–29

Literatur in Auswahl

Angenendt Arnold, Geschichte der Religiosität im Mittelalter, Darmstadt 2000
Arnold Klaus, Kind und Gesellschaft in Mittelalter und Renaissance, Beiträge und Texte zur Geschichte der Kindheit, Paderborn/München 1980 (Sammlung Zebra, Reihe B)
Benke Christoph, Die Gabe der Tränen. Zur Tradition und Theologie eines vergessenen Kapitels der Glaubensgeschichte, Würzburg 2002
Bogyay Thomas von, Grundzüge der Geschichte Ungarns, Darmstadt 1990
Brandl Leopold, Die Sexualethik des hl. Albertus Magnus, Regensburg 1955
Bumke Joachim, Mäzene im Mittelalter. Die Gönner und Auftraggeber der höfischen Literatur in Deutschland. 1150–1300. München 1979
Bumke Joachim, Wolframs Willehalm. Studien zur Epenstruktur und zum Heiligkeitsbegriff der ausgehenden Blütezeit, Heidelberg 1959
Burandt Walter, Die Baugeschichte der Alten Hofhaltung in Bamberg, Bamberg 1998
Craemer Ulrich, Das Hospital als Bautyp des Mittelalters, Köln 1963
Curschmann Fritz, Hungersnöte im Mittelalter, Leipzig 1900, Nachdruck 1970
De Boor Helmut und Newald Richard, Geschichte der deutschen Literatur von den Anfängen bis zur Gegenwart, Band 2: Die höfische Literatur, München 1953
Degler-Spengler Brigitte, Die religiöse Frauenbewegung des Mittelalters. Konversen – Nonnen – Beginen, in: Rottenburger Jahrbuch für Kirchengeschichte 3 (1984), S. 75–88
Die Andechs-Meranier in Franken, Europäisches Fürstentum im Hochmittelalter, Katalog zur Ausstellung in Bamberg 1998, Mainz 1998
Die deutsche Literatur des Mittelalters. Verfasserlexikon. 2. Aufl. hg. Kurt Ruh u. a., Berlin 1978 ff
Dinkler-von Schubert Erika, Der Schrein der heiligen Elisabeth zu Marburg, Studien zur Schrein-Ikonographie, Marburg 1964
Dinzelbacher Peter und Bauer Dieter R. (Hg.), Frauenmystik im Mittelalter, Ostfildern 1985

Dinzelbacher Peter, Rollenverweigerung, religiöser Aufbruch und mystisches Erleben mittelalterlicher Frauen, in: Religiöse Frauenbewegung und mystische Frömmigkeit im Mittelalter, hg. Dinzelbacher und Bauer, Köln–Wien 1988, (Beihefte zum Archiv für Kulturgeschichte 28), S. 1–58

Dinzelbacher Peter, Vision und Visionsliteratur im Mittelalter, Stuttgart 1981

Eißing Thomas, Dendrochronologische Datierung der Wartburg, in: Wartburg-Jahrbuch 1993, S. 51–62

Ennen Edith, Frauen im Mittelalter, 3. Aufl. 1987 München

Eßer Kajetan, Die Armutsauffassung des heiligen Franziskus, in: Flood David, Poverty in the Middle Ages, 1975, S. 60–70

Feilzer Heinrich, Jugend in der mittelalterlichen Ständegesellschaft. Ein Beitrag zum Problem der Generationen. Wiener Beiträge zu Theologie, Band 36, Wien 1971 (Dissertation)

Franz Adolph, Die kirchlichen Benediktionen im Mittelalter, Band 2, 1960

Fried Johannes, Der päpstliche Schutz für Laienfürsten. Die politische Geschichte des päpstlichen Schutzprivilegs für Laien (11.–13. Jh.), Heidelberg 1980

Goez Werner, Lebensbilder aus dem Mittelalter: Die Zeit der Ottonen, Salier und Staufer, Darmstadt 1998, S. 480–498: Herzogin Sophia von Brabant (1224–1275)

Gottschalk Joseph, St. Hedwig, Herzogin von Schlesien, Köln–Graz 1964

Greven Joseph, Der Ursprung des Beginenwesens, in: Historisches Jahrbuch 35 (1914), S. 26–58 und 291–318

Greven Joseph, Die Anfänge der Beginen. Ein Beitrag zur Geschichte der Volksfrömmigkeit und des Ordenswesens im Hochmittelalter, Münster 1912 (Nachdruck)

Grundmann Herbert, Religiöse Bewegungen im Mittelalter, Untersuchungen über die Zusammenhänge zwischen der Ketzerei, den Bettelorden und der religiösen Frauenbewegung im 12. und 13. Jh. und über die geschichtlichen Grundlagen der deutschen Mystik, Nachdruck der 1. Aufl. von 1935 mit einem Vorwort von 1969 und einem Anhang von 1955, Darmstadt 1977

Grundmann Herbert, Zur Geschichte der Beginen im 13. Jh., in: Archiv für Kulturgeschichte 21 (1931), Leipzig–Berlin, S. 296–320

Györffy György, Die Arpaden und das Christentum, in: Elisabeth, der Deutsche Orden und ihre Kirche, Festschrift 700 Jahre Elisabethkirche in Marburg, 1983, S. 1–8

Häutle Christian, Landgraf Hermann I. von Thüringen und seine Familie, in: ZS des Vereins für Thüringische Geschichte und Altertumskunde 5 (1863), S. 69–220

Heinemeyer Karl, König und Reichsfürsten in der späten Salier- und frühen Stauferzeit, in: Blätter für deutsche Landesgeschichte 122 (1986), S. 1–39

Heinemeyer Karl, Landgraf Ludwig IV. von Thüringen, der Gemahl der hl. Elisabeth, in: Wartburg-Jahrbuch 2000 (2002), S. 17–47

Heinemeyer Walter, Das Werden Hessens, Marburg 1986 (Veröffentlichungen der Historischen Kommission für Hessen 50)

Heinzer Felix, Der Landgrafenpsalter, Kommentarband, Graz–Bielefeld 1992

Hervay Ferenc, Die Geschwister der hl. Hedwig in Ungarn, in: Archiv für schlesische Kirchengeschichte 40 (1982), S. 223–240

Herzöge und Heilige, Das Geschlecht der Andechs-Meranier im europäischen Hochmittelalter, hg. von Josef Kirmeier und Evamaria Brockhoff, München 1993 (Veröffentlichungen zur bayerischen Geschichte und Kultur Nr. 24/93)

Heßler Esther, Stufen der Minne bei Hadewijch, in: Frauenmystik im Mittelalter, hg. von Peter Dinzelbacher und Dieter R. Bauer, Ostfildern 1985, S. 99–122

Heymann E. Zum Ehegüterrecht der hl. Elisabeth, in: ZS des Vereins für Thüringische Geschichte und Altertumskunde 19 (1909), S. 1–22

Holder-Egger Oswald, Studien zu Thüringischen Geschichtsquellen II und III, in: Neues Archiv der Gesellschaft für ältere deutsche Geschichtskunde 20 (1895), S. 569–637; 21 (1896), S. 235–297

Hubel Achim und Schuller Manfred, Überlegungen zur frühen Baugeschichte des Bamberger Domes, in: das münster, Sonderheft Bamberger Dom. Architektur, Skulptur, neue Glasfenster, Regensburg 2003, S. 310–325

Ketsch Peter, Frauen im Mittelalter, Band 1: Frauenarbeit im Mittelalter; Band 2: Frauenbild und Frauenrechte in Kirche und Gesellschaft. Quellen und Materialien, hg. Annette Kuhn, Düsseldorf 1983 und 1984 (Geschichtsdidaktik: Studien, Materialien 14 und 19)

Kluger Helmuth, Hochmeister Hermann von Salza und Kaiser Friedrich II.. Ein Beitrag zur Frühgeschichte des Deutschen Ordens. Marburg 1987 (Quellen und Studien zur Geschichte des Deutschen Ordens, Band 37)
Koch Ernst, Die Bedeutung des Klosters Reinhardsbrunn für das hochmittelalterliche Thüringen, in: Wartburg-Jahrbuch 3 (1995), Eisenach 1996, S. 11–27
Lemmer Manfred, Die Wartburg – Musensitz unter Landgraf Hermann I.?, in: Deutsche Sprache und Literatur in Mittelalter und früher Neuzeit, 1989 (Wissenschaftliche Beiträge der Friedrich-Schiller-Universität Jena), S. 113–129
Maurer Wilhelm, Kirche und Geschichte, Band 2, Göttingen 1970, S. 231–332, (Nachdrucke: Zum Verständnis; Marburger Hospital; Elisabeth im Licht der Frömmigkeit ihrer Zeit)
Mayer Hans Eberhard, Geschichte der Kreuzzüge, Stuttgart 1976
Meffert Franz, Caritas und Krankenwesen bis zum Ausgang des Mittelalters, Freiburg 1927
Meschede Kurt, Das Franziskus-Hospital der hl. Elisabeth als Keimzelle des Marburger Deutschhauses, in: Wieser, Acht Jahrhunderte Deutscher Orden in Einzeldarstellungen, Bad Godesberg 1967
Mollat Michel, Die Armen im Mittelalter, München 1978
Müller Michael, Die Lehre des hl. Augustinus von der Paradiesesehe und ihre Auswirkung in der Sexualethik des 12. und 13. Jahrhunderts bis Thomas von Aquin, Regensburg 1954
Patschovsky Alexander, Zur Ketzerverfolgung Konrads von Marburg, in: Deutsches Archiv 37 (1981), S. 641–693, derselbe in: Sankt Elisabeth, S. 70–77
Patze Hans und Schlesinger Walter (Hg.), Geschichte Thüringens, Köln–Graz, Band 1 1968, Band 2 1974
Petersohn Jürgen, „De ortu principum Thuringie". Eine Schrift über die Fürstenwürde der Landgrafen von Thüringen aus dem 12. Jh., in: Deutsches Archiv für die Erforschung des Mittelalters 48 (1992), S. 548–608, ders., Die Ludowinger, in: Bl. f. dt. Landesgesch. 129 (1993), 1–39
Pixton Paul B., Die Anwerbung des Heeres Christi: Prediger des Fünften Kreuzzuges in Deutschland, in: Deutsches Archiv 34 (1978), S. 166–191
Plattig, Vom Trost der Tränen. Ignatius von Loyola und die Gabe der Tränen, in: Studies in Spirituality 2 (1992), S. 148–199
Reber Ortrud, Die Gestaltung des Kultes weiblicher Heiliger im Spätmittelalter. Die Verehrung der Heiligen Elisabeth, Klara, Hedwig und Birgitta, Hersbruck 1963
Reber Ortrud, Die heilige Elisabeth. Leben und Legende, St. Ottilien 1982
Reicke Siegfried, Das deutsche Spital und sein Recht im Mittelalter, 2 Bände, Stuttgart 1932, Nachdruck Amsterdam 1970
Röhricht Reinhold, Beiträge zur Geschichte der Kreuzzüge, Berlin 1872, Neudruck Aalen 1967
Ruh Kurt, Geschichte der abendländischen Mystik, Band 1 München 1990, Band 2 1993
Sankt Elisabeth. Fürstin, Dienerin, Heilige: Aufsätze, Dokumentation, Katalog; Ausstellung zum 750. Todestag der hl. Elisabeth, Marburg, Landgrafenschloß und Elisabethkirche, hg. von der Philipps-Universität Marburg u. a., Sigmaringen 1981
Schmidt Margot und Bauer R. Dieter (Hg.), Grundfragen christlicher Mystik, Stuttgart-Bad Cannstadt 1987
Schmitt Reinhard, Zu den Wohn- und Palasbauten der Neuenburg bei Freyburg/Unstrut vom Ende des 11. bis zur Mitte des 13. Jhs., in: Forschungen zu Burgen und Schlössern 5 (2000), hg. von der Wartburg-Gesellschaft, S. 15–30
Schoelen Eugen, Erziehung und Unterricht im Mittelalter. Ausgewählte pädagogische Quellentexte, Paderborn 1965
Schwarz Hilmar, Wartburg – die Hauptburg der hl. Elisabeth, in: Wartburg-Jahrbuch 1994, S. 141–147
Shahar Shulamith, Die Frau im Mittelalter, Königstein/Ts. 1981
Strickhausen Gerd, Burgen der Ludowinger in Thüringen, Hessen und dem Rheinland. Quellen und Forschungen zur hessischen Geschichte 109, Darmstadt und Marburg 1998
Taigel Hermann, „Minne" bei Mechthild von Magdeburg und bei Hadewijch, Diss., Tübingen 1955
Van Cranenburgh Dom H., OSB, Hadewijchs 12. Vision und 9. strophisches Gedicht, in: Ruh, Altdeutsche und altniederländische Mystik, S. 151–174

Wachinger Burghart, Sängerkrieg (Münchner Texte zur deutschen Literatur des Mittelalters 42), München 1973
Weigand Rudolf, Die Naturrechtslehre der Legisten und Dekretisten von Irnerius bis Accursius und von Gratian bis Johannes Teutonicus, München 1967
Wentzlaff-Eggebert Friedrich-Wilhelm, Deutsche Mystik zwischen Mittelalter und Neuzeit, Berlin, 3. Aufl. 1969
Werner Matthias, Die Heilige Elisabeth und die Anfänge des Deutschen Ordens in Marburg, in: Dettmering/Grenz, Marburger Geschichte. Rückblick auf die Stadtgeschichte in Einzelbeiträgen, Marburg 1980, S. 121–164
Werner Matthias, Mater Hassiae – Flos Ungariae – Gloria Teutoniae. Politik und Heiligenverehrung im Nachleben der hl. Elisabeth von Thüringen, in: Politik und Heiligenverehrung im Hochmittelalter, hg. Petersohn, Sigmaringen 1994, S. 449–540
Werner Matthias, Reichsfürst zwischen Mainz und Meißen. Heinrich Raspe als Landgraf von Thüringen und Herr von Hessen, in: Heinrich Raspe – Landgraf von Thüringen und römischer König (1227–1247), Fürsten, König und Reich in spätstaufischer Zeit (Jenaer Beiträge zur Geschichte 3), Frankfurt 2003, S. 125–271
Wieser Klemens (Hg.), Acht Jahrhunderte Deutscher Orden in Einzeldarstellungen, Bad Godesberg 1967
Wisniewski Roswitha, Das frühmittelhochdeutsche Hohe Lied – sog. St. Trudperter Hohes Lied – Mit dem Text der Klosterneuburger Handschrift, Frankfurt, Berlin 1995 (Information und Interpretation, Band 1)
Ziegler Josef Georg, Die Ehelehre der Pönitentialsummen von 1200–1350. Studien zur Geschichte der katholischen Moraltheologie, Band 4, Regensburg 1956
Zielinski Herbert, Elisabeth von Thüringen und die Kinder. Zur Geschichte der Kindheit im Mittelalter, in: Elisabeth, der Deutsche Orden und ihre Kirche, Festschrift 700 Jahre Elisabethkirche in Marburg, 1983, S. 27–28

Register der Personen

Bildnachweis

Archiv Elisabethkirche, Marburg: IV, V
Kath. Dompfarramt Fulda: 177 o.
Kath. Pfarramt Münnerstadt: 176 o.

Foto Schütze/Rodemann, Halle/Saale: II, Titelabbildung
Ulrich Kneise, Eisenach: III
Florian Monheim, Meerbusch: 169
Reinhard Rüger, Bamberg: 151
Brita von Schönberg, Bamberg: 167, 180, I
Richard Wimmer, Nürnberg: 177 u.

Privat: 63, 79
O. Reber/W. Krings: 184/185

Entnommen aus:

G. Hoppe, Elisabeth, Landgräfin von Thüringen, Weimar, 1996: 83 (Foto: E. Renno), 176 m. (Foto: K. Beyer)
O. Reber, Die heilige Elisabeth, St. Ottilien, 1982: 12 (Foto Marburg)
Die heilige Elisabeth in Hessen (Kat.), Marburg, 1983: 107 (Museum für Kunst und Kulturgeschichte der Hansestadt Lübeck), VI (Städt. Kunstsammlungen Kassel)
Elisabeth von Thüringen, Altenstadt o. J.: VIII
Herzöge und Heilige (Kat.), München, 1993: 48 o.,176 u., VII
Burg und Herrschaft, Schloss Neuenburg, 2005: 48 u. (Universitätsbibliothek Heidelberg)